TRABALHADORES ENVELHESCENTES E IDOSOS

E A OFENSA AOS DIREITOS DA PERSONALIDADE EM TEMPOS DE CRISE ECONÔMICA NO BRASIL

AUTORIA
LETICIA MAYUMI ALMEIDA TAKESHITA

LTr®

TRABALHADORES ENVELHESCENTES E IDOSOS

E A OFENSA AOS DIREITOS DA PERSONALIDADE EM TEMPOS DE CRISE ECONÔMICA NO BRASIL

2024

LTr Editora Ltda.

Rua Jaguaribe, 571
CEP 01224-003
São Paulo, SP — Brasil
Fone (11) 2167-1101
www.ltr.com.br
Setembro, 2024

Produção Gráfica e Editoração Eletrônica: PIETRA DIAGRAMAÇÃO
Projeto de capa: DANILO REBELLO
Impressão: LOG & PRINT GRÁFICA E LOGÍSTICA

Versão impressa — LTr 6424.0 — ISBN 978-65-5883-271-3
Versão digital — LTr 9923.7 — ISBN 978-65-5883-272-0

Dados Internacionais de Catalogação na Publicação (CIP)
(Câmara Brasileira do Livro, SP, Brasil)

Takeshita, Leticia Mayumi Almeida

Trabalhadores envelhescentes e idosos e a ofensa aos direitos da personalidade em tempos de crise econômica no Brasil/Leticia Mayumi Almeida Takeshita. – São Paulo: LTr Editora, 2024.

Bibliografia.

ISBN 978-65-5883-271-3

1. Crise econômica – Brasil 2. Direito do trabalho – Brasil 3. Direito da personalidade 4. Idosos – Direitos I. Título.

23-176003 CDU-34:331(81)

Índice para catálogo sistemático:

1. Brasil: Direito do trabalho 34:331(81)
Eliane de Freitas Leite – Bibliotecária – CRB 8/8415

Inicialmente, agradeço a Deus por ter me concedido forças em cada passo da caminhada.

Aos meus pais, Marcia Maria Antunes de Almeida Takeshita e Otavio Yoshimitsu Takeshita, meus maiores incentivadores, pelo amor e apoio incondicionais, não medindo esforços ao meu desenvolvimento e de meu irmão.

Ao meu irmão, Yuri Hideki Almeida Takeshita, pela companhia e confiança de sempre.

A minha orientadora do Mestrado, Prof. Dra. Leda Maria Messias da Silva, grande defensora dos direitos dos trabalhadores, pelo amor à pesquisa, dedicação e disponibilidade.

À Universidade Unicesumar, instituição em que concluí o Mestrado, e que resultou na presente obra, pelo incentivo à pesquisa.

Reitero, por fim, os agradecimentos ao homem mais trabalhador que já conheci, meu pai, Otavio, atualmente geriatra aposentado, que dedicou incansáveis anos ao exercício da Medicina com muito amor, respeito e compromisso aos pacientes.

SUMÁRIO

PREFÁCIO

Prefaciar esta obra é fonte de imensa alegria e satisfação na minha vida acadêmica, pois, além de se tratar de uma obra ímpar pela sua abordagem e profundidade, a autora que a escreveu, **Leticia Mayumi Almeida Takeshita**, foi minha aluna no curso de Direito da Universidade Estadual de Maringá e aluna e orientanda do Mestrado, cuja dissertação resultou na presente obra. Portanto, além de Mestre, Leticia é Pós-graduada em Direito Penal e Processual Penal e em Direito Processual Civil. Ademais, tem vários artigos publicados e sempre, ao longo destes anos que venho acompanhando a sua evolução acadêmica, ora como sua professora, ora como sua orientadora, pude testemunhar tratar-se de pessoa comprometida, responsável e extremamente dedicada, com especial preocupação aos temas que envolvem a dignidade do trabalhador no meio ambiente de trabalho. Assim, também é uma honra poder prefaciar a presente obra.

Desde o primeiro momento em que iniciamos a orientação do mestrado, a autora já se manifestou sobre o seu desejo de escrever algo que pudesse abordar questões que envolvessem os envelhescentes e idosos, suas dificuldades e seus direitos fundamentais, especialmente, os direitos da personalidade no meio ambiente de trabalho. Isso porque a sociedade não proporciona um efetivo acolhimento a estes trabalhadores, especialmente, aos idosos, que depois de muito trabalharem, mesmo após a almejada aposentadoria, continuam no mercado de trabalho e muitos enfrentam discriminação, dentre outras dificuldades, até mesmo face à limitação física pelos anos já vividos e os desgastes do ambiente de trabalho indigno que, não raras vezes, deixam sequelas.

O livro "**Trabalhadores envelhescentes e idosos e a ofensa aos direitos da personalidade em tempos de crise econômica no Brasil**" brilhantemente faz um recorte em relação aos tempos mais difíceis, os de crise econômica, porque são nestes períodos que mais ofensas ocorrem aos direitos da personalidade, bem como em relação àqueles que já passam dos quarenta anos de idade, que ainda não são idosos (os envelhescentes), mas o mercado de trabalho já os discrimina e, assim, a obra começou a ser delineada, especialmente, porque as dificuldades encontradas pelos idosos nestas fases são mais severas. Ressalte-se, aqui, a atualidade da obra que perpassa pelos problemas enfrentados durante a pandemia que atingiram muito mais os idosos em sua saúde, direito personalíssimo, pois envolvia a própria vida deste ser vulnerável à doença em razão da idade. E, mesmo assim, diante do risco iminente de contaminação durante a pandemia e a vulnerabilidade deste trabalhador, nem sempre foi aplicado o dever de acomodação razoável para salvaguardar estas preciosas vidas.

Destarte, no primeiro capítulo da obra, a autora trata dos direitos da personalidade, que são aqueles que garantem a dignidade da pessoa humana, do seu conceito à classificação. Ao final deste capítulo, aborda o meio ambiente geral e o meio ambiente de trabalho, nos quais muitos destes envelhescentes e idosos prestam serviços. Estes últimos, justamente, pela irrisória aposentadoria que geralmente recebem, sem contar que muitas vezes são eles que sustentam a sua família e são compelidos pelas dificuldades financeiras a retornarem ao mercado de trabalho após a aposentadoria ou nem mesmo chegam a sair do mercado de trabalho. Na sequência, Leticia aborda a vulnerabilidade destes trabalhadores neste meio ambiente de trabalho, os seus direitos da personalidade e as políticas públicas que podem ser adotadas para um acolhimento destes trabalhadores, quando mais necessitam, ou seja, quando estão em idade mais avançada e acabam sofrendo com uma rescisão sem justa causa ou quando já idosos e aposentados são obrigados a continuar no ambiente de trabalho para manter o sustento próprio ou de sua prole. Isso, sem contar que, geralmente, quando mais precisam, quer seja pela vulnerabilidade, quer seja pelos gastos com remédios e outros tratamentos, e não conseguem uma proteção adequada aos seus direitos da personalidade.

Mas, importante destacar, a autora não se contenta apenas em apresentar as dificuldades destes trabalhadores em sua idade mais crítica, mas comenta as insuficientes políticas públicas existentes para melhoria da condição destes trabalhadores, como também apresenta outras propostas.

De qualquer forma, a obra, por si só, já seria de grande valia por tratar de um tema pouco abordado e de trabalhadores que ainda estão no mercado de trabalho, mesmo após a sonhada aposentadoria, por motivo de subsistência. Para finalizar, parabenizo a autora e deixo alguns versos que podem expressar um pouco da qualidade desta obra que vale o seu tempo de leitura, pois todos que conseguirem viver um pouco mais podem chegar na idade da envelhescência ou na fase idosa, sendo que, na primeira, poderá enfrentar um mercado de trabalho mais reticente e, na última, ser forçado a abandonar a aposentadoria por falta de recursos sequer para adquirir os seus remédios, face aos valores irrisórios recebidos. Então, só nos resta clamar por dignidade e continuar insistindo nestes temas:

Envelhecer é tecer a vida com fios da experiência,
Ser forte e altaneiro,
Mesmo quando o esteio não é favorável,
Mais que tudo é resistência.
É lutar pela dignidade,
Ainda que já falte a força física,
Pelas intempéries da idade.
É sobreviver tentando viver diante de tantas adversidades.

Maringá, 21.07.2023.

Leda Maria Messias da Silva.

Pós-Doutora em Direito do Trabalho pela Universidade de Lisboa, Portugal; Doutora e Mestre em Direito do Trabalho pela PUC-SP; Professora Associada da Universidade Estadual de Maringá; Pesquisadora e Advogada Trabalhista.

|CAPÍTULO - 1|

INTRODUÇÃO

É cediço que nas últimas décadas tem-se observado o fenômeno do aumento da longevidade, havendo, portanto, a transição no cenário demográfico e, por conseguinte, o surgimento de novos desafios à sociedade, mormente tendo em vista que o Brasil é considerado um país em desenvolvimento, de modo que não "enriqueceu" antes que sua população começasse a envelhecer.

Dentre os motivos para o assaz envelhecimento populacional, indica-se o progresso da tecnologia, a urbanização e o desenvolvimento em matéria científica, principalmente na Medicina, eis que são efetuados estudos a fim de alcançar o tratamento ou a cura para determinadas moléstias, de modo a se reduzir a taxa de mortalidade.

Pari passu, assinala-se não somente a inserção das mulheres no mercado de trabalho, mas também a redução da taxa de fecundidade e a evolução dos métodos contraceptivos.

Nesse cenário, o idoso, anteriormente visualizado pela sociedade como detentor de sabedoria e experiência, depara-se com uma sociedade moldada pela tecnologia e pela obsolescência, de modo que seu saber acumulado por anos, para muitos, não é importante o suficiente diante da rapidez da informação na atualidade.

Logo no início dos casos da Covid-19 no Brasil, houve polarização tanto por parte dos particulares quanto dos políticos, no sentido de adotar ou não medidas restritivas. Assim, enquanto alguns entendiam pela adoção destas, com vistas à prevalência da vida e da saúde pública, outros privilegiavam o setor produtivo, de forma a não interromper o desenrolar da economia.

Outra situação foi a que diversos empregadores se depararam, a saber, a de elidir o encerramento de suas atividades, tentando encontrar uma maneira de se manter no mercado, com a redução de despesas, incluindo a dispensa de empregados. Dessa maneira, diferentemente das atividades reputadas essenciais, tais como mercados, as demais perpassaram maiores dificuldades para se manter diante do isolamento social e da crise, nas modalidades sanitária, humanitária e econômica.

Diante da crise desencadeada pela pandemia não é forçoso recordar de outras crises econômicas, sobretudo a de 2008, relativamente mais recente, que iniciando-se nos Estados Unidos, espraiou-se em níveis globais, sendo conhecida como crise do *subprime*. Embora com maior vinculação à economia, impactou diversos setores, trazendo como impactos, por exemplo, o desemprego.

É nesse cenário de crise econômica que o trabalho analisa o aspecto da vulnerabilidade dos trabalhadores envelhescentes e idosos, sobretudo em relação aos efeitos impingidos aos seus direitos da personalidade.

Para o tratamento do tema, o presente trabalho organizou-se em seis capítulos, começando pela análise dos direitos da personalidade no meio ambiente laboral, mediante o estudo do conceito dos direitos em apreço, sua classificação, bem como da conceituação do meio ambiente geral e do trabalho, demonstrando sua interligação.

No capítulo em sequência, aborda-se a concepção de envelhescente, pessoa que se encontra entre a fase adulta, a partir dos quarenta anos, e a velhice, com a análise de seus respectivos direitos da personalidade e sua classificação, sobretudo os referentes à saúde, ao lazer e à educação.

Por seu turno, o capítulo adiante é destinado ao exame da definição de pessoa idosa e do contexto em que está inserida, sublinhando-se a característica da vulnerabilidade, sendo, portanto, membro de grupo vulnerável. São retratados, ainda,seus direitos da personalidade.

O capítulo quarto, de outro lado, tem por condão analisar a situação de vulnerabilidade a que estão submetidos tanto o trabalhador envelhescente quanto, em maior grau, o trabalhador idoso. Aludida característica é visualizada principalmente sob o viés do período de crise econômica, sendo igualmente tratados os impactos aos direitos da personalidade.

Confere-se relevo especialmente às duas crises econômicas, a saber, a de 2008, que tem como referência o declínio mormente nos setores bancário e imobiliário, tendo início na América do Norte, como também a desencadeada pela pandemia da Covid-19, que teve seus primórdios entre o término do ano de 2019 e o início de 2020.

Quanto à pandemia, efetua-se contextualização acerca do panorama jurídico e destacam-se duas medidas provisórias: a de n. 927/2020 e a n. 936/2020, que foi posteriormente convertida em lei (Lei n. 14.020/2020).

A Medida Provisória n. 927/2020, que trouxe a lume mecanismos trabalhistas para o enfrentamento do estado de calamidade provocado pela pandemia, reservou o Capítulo II para o tratamento do teletrabalho, modalidade amplamente utilizada nas empresas a partir das medidas de isolamento social e *lockdown*.

Nesse sentido, é delineado o conceito de grupo de risco para a Covid-19, que consiste em pessoas que são mais suscetíveis às complicações da doença, que se desenvolve com maior letalidade, sendo possível o óbito. São exemplos: gestantes, idosos, obesos, pessoas imunossuprimidas ou com comorbidades.

Diante disso, a pesquisa analisa a possibilidade de utilização do regime de teletrabalho para os trabalhadores enquadrados no grupo de risco para a doença, sublinhando-se, *in casu*, os idosos. Para tanto, examina a aplicabilidade da teoria do dever de acomodação razoável.

Por seu turno, é objeto de análise a Medida Provisória n. 936/2020, responsável por instituir o Programa Emergencial de Manutenção do Emprego e da Renda, além de dispor sobre medidas complementares para o enfrentamento da pandemia.

Esta Medida Provisória possui como instrumentos a redução proporcional de jornada e salário, a suspensão temporária do contrato de trabalho e o pagamento de benefício emergencial. Vigorou por aproximadamente três meses e foi convertida na Lei n. 14.020/2020.

O último capítulo é reservado à descrição das principais políticas públicas existentes e para a sugestão de novas, objetivando a concretização da dignidade dos trabalhadores envelhescentes e idosos no meio ambiente laboral. Assim, inicia-se pelo exame da seara da (re)inserção no mercado de trabalho, ou seja, de envelhescentes e idosos que permaneceram ou devem retornar às atividades laborais. Posteriormente, efetua-se o estudo das propostas para a saúde física e mental, bem como das relacionadas ao campo da educação, com ênfase na Universidade Aberta à Terceira Idade. Por fim, procede-se à análise das políticas públicas direcionadas ao lazer para envelhescentes e idosos.

No que tange à metodologia, o presente trabalho utiliza o método dedutivo, partindo de fenômenos gerais, com o escopo de obtenção de conclusões específicas. Como método de investigação é utilizado o bibliográfico, por intermédio da técnica de documentação indireta para a análise dos conceitos e de pesquisa doutrinária e jurisprudencial, assim como livros e revistas especializadas para o embasamento teórico.

|CAPÍTULO – 2|

DIREITOS DA PERSONALIDADE NO MEIO AMBIENTE DO TRABALHO

2.1. Conceito de direitos da personalidade

Inicialmente, cumpre apontar a definição de personalidade, a qual é visualizada por Diogo Costa Gonçalves (2008, p. 67) da seguinte forma:

> Em primeiro lugar, reservamos aquelas qualidades do ente que, como acidentes intrínsecos à substância, determinam ser pessoa deste ou daquele modo. É o conteúdo útil da acepção psíquica de personalidade [...]. Para além das qualidades, a personalidade ôntica compreende ainda uma outra categoria de acidentes intrínsecos: as relações.

Referido autor sustenta a personalidade não somente em seu aspecto subjetivo, relativo à pessoa em si, mas também desta perante as demais, razão pela qual prefere a expressão personalidade ôntica.

A personalidade consiste na capacidade de ser sujeito de direitos e também de obrigações. Seu início é marcado a partir do nascimento com vida, estando os direitos do nascituro a salvo, nos termos do art. 2º da Lei n. 10.406/2002 (Brasil, 2002)[(1)].

Não se pode olvidar acerca de seu aspecto existencial, consoante asseveram Nuno Manuel Morgadinho dos Santos Coelho e Cleyson de Moraes Mello (2021, p. 16):

> Ao contrário, a compreensão da personalidade jurídica deve se dar em duas vertentes: a primeira, como a possibilidade de ser sujeito de direitos e deveres e a segunda, e mais relevante, como o sentido existencial do próprio ser humano, visto como valor fundamental de nosso ordenamento jurídico.

---

(1) Art. 2º A personalidade civil da pessoa começa do nascimento com vida; mas a lei põe a salvo, desde a concepção, os direitos do nascituro (Brasil, 2002).

É de se ressaltar, todavia, que a concepção de pessoa e, por conseguinte, de personalidade, não é estanque, de modo que anteriormente, nas palavras de Roxana Cardoso Brasileiro Borges (2007, p. 9), possuía teor formal, correspondendo ao requisito para obter direitos e deveres:

> A noção de pessoa e, consequentemente, de sujeito de direito era tida como meramente formal, sem conteúdo, pois significava nada mais que a situação de um ente a quem o ordenamento jurídico reconhecia a potencialidade de participar de relações jurídicas, a potencialidade de adquirir direitos e deveres. O conceito de personalidade jurídica esteve, dessa forma, ligado a um papel que o homem pudesse vir a exercer no mundo jurídico, a uma função que ele pudesse vir a ocupar em dada relação jurídica. Assim, o homem, ao ser dotado de personalidade jurídica, não era considerado como ser humano dotado de dignidade, mas apenas como parte numa relação, um dos polos num vínculo tecnicamente previsto que ligava um lado a outro, atribuindo a esses polos direitos e deveres técnicos (jurídicos). Dessa forma, as pessoas, juntamente com os fatos e os objetos eram nada mais que a matéria-prima das relações jurídicas. E, na condição de matéria-prima, eram, por consequência, valoradas como meio.

Sendo assim, a noção de ser humano por si só não era vinculada à dignidade, tendo em vista ser considerado como meio. Trata-se, pois, de concepção diversa da sustentada por Immanuel Kant (2007, p. 68), que entende que o homem, por ser dotado de razão, deve ser entendido como um fim em si mesmo:

> O homem, e, duma maneira geral, todo o ser racional, *existe* como fim em si mesmo, *não só como meio* para o uso arbitrário desta ou daquela vontade. Pelo contrário, em todas as suas acções, tanto nas que se dirigem a ele mesmo como nas que se dirigem a outros seres racionais, ele tem sempre de ser considerado *simultaneamente como fim.* [...] Os seres cuja existência depende, não em verdade da nossa vontade, mas da natureza, têm, contudo, se são seres irracionais, apenas um valor relativo como meios e por isso se chamam *coisas*, ao passo que os seres racionais se chamam *pessoas*, porque a sua natureza os distingue já como fins em si mesmos, quer dizer como algo que não pode ser empregado como simples meio e que, por conseguinte, limita nessa medida todo o arbítrio [...] (e é um objecto do respeito). (grifos do autor).

Atualmente, os direitos da personalidade seguem a linha do entendimento de Kant (2007). Visam assegurar a concretização do princípio da dignidade da pessoa humana, com o qual estão intrinsicamente relacionados. Aliás, a respeito da dignidade, nas condições de limite e tarefa, preleciona Ingo Wolfgang Sarlet (2005, p. 32) que:

Como limite, a dignidade implica não apenas que a pessoa não pode ser reduzida à condição de mero objeto da ação própria e de terceiros, mas também o fato de a dignidade gera (*sic*) direitos fundamentais (negativos) contra atos que a violem ou a exponham a graves ameaças. Como tarefa, da previsão constitucional (explícita ou implícita) da dignidade da pessoa humana, dela decorrem deveres concretos de tutela por parte dos órgãos estatais, no sentido de proteger a dignidade de todos, assegurando-lhe também por meio de medidas positivas (prestações) o devido respeito e promoção.

A dignidade apresenta como finalidade não somente a de elidir a instrumentalização do ser humano, de modo com que este seja tratado como fim, e não meio, mas também a de estabelecer obrigações aos órgãos estatais, com o fito de garanti-la.

Os direitos da personalidade correspondem aos atributos básicos do ser humano, sendo inerentes a este, a exemplo dos aspectos morais e físicos. De outro lado, Adriano de Cupis (2008, p. 29) aborda sua modalidade de qualificação e distinção em relação aos outros direitos:

> O modo de qualificação próprio dos direitos da personalidade, pelo qual eles revestem o caráter de proeminência relativamente aos outros direitos subjetivos e de essencialidade para a pessoa, deriva do seu ponto de referência subjetivo, isto é, do seu objeto. Este objeto apresenta, de fato, uma dupla característica: 1) encontra-se em um nexo estreitíssimo com a pessoa, a ponto de poder dizer-se orgânico; 2) identifica-se com os bens de maior valor susceptíveis de domínio jurídico.

Particularmente, no arcabouço jurídico, os direitos em apreço encontram amparo na Constituição Federal, além do princípio da dignidade humana (art. 1º, III), e nos incisos V e X do art. 5º[(2)] (Brasil, 1988), que tratam, respectivamente, do direito de resposta e de indenização advindos de dano, bem como da inviolabilidade da intimidade, da vida privada, da honra e da imagem, que, aliás, consistem em direitos da personalidade.

---

(2) Art. 5º Todos são iguais perante a lei, sem distinção de qualquer natureza, garantindo-se aos brasileiros e aos estrangeiros residentes no País a inviolabilidade do direito à vida, à liberdade, à igualdade, à segurança e à propriedade, nos termos seguintes: [...]

V – é assegurado o direito de resposta, proporcional ao agravo, além da indenização por dano material, moral ou à imagem [...]

X – são invioláveis a intimidade, a vida privada, a honra e a imagem das pessoas, assegurado o direito à indenização pelo dano material ou moral decorrente de sua violação (Brasil, 1988).

Essencial é o papel da Constituição no que se refere aos direitos da personalidade, mencionando-se a constitucionalização do Direito Privado, mediante a qual a legislação infraconstitucional tem sua leitura, isto é, interpretação, realizada conforme os ditames constitucionais.

Daniel Sarmento (2004, p. 130) assinala a respeito do citado fenômeno, efetuando correlação com o princípio constitucional da dignidade da pessoa humana:

> Neste processo, a proteção à dignidade da pessoa humana converte-se em tarefa central também do Direito Privado. Esta proteção deve ser ampla e elástica, não se esgotando na tutela um direito subjetivo à abstenção de comportamentos que lesem os bens componentes da personalidade humana. Mais do que isso, a proteção da personalidade humana exigida pela Constituição impõe uma redefinição de todos os conceitos e institutos do Direito Privado, filtrados sob a ótica humanista latente na Lei Maior, pressupõe, também, a possibilidade de aplicação direta das normas constitucionais, em especial dos direitos fundamentais, às relações privadas.

Conforme salientado, os direitos da personalidade possuem viés negativo, ou seja, de abstenção, a fim de tutelar determinado direito, e viés positivo, que corresponde ao direito de prestações, portanto, à conduta comissiva.

Cumpre efetuar menção à Consolidação das Leis do Trabalho (CLT), que em seu art. 223-C indica alguns direitos da personalidade, tais como a honra, a intimidade e a saúde[(3)] (Brasil, 1943). Entende-se, no entanto, que aludido dispositivo deve ser analisado como contendo rol não taxativo dos direitos da personalidade, de forma a proporcionar maior proteção ao trabalhador.

Ainda em nível infraconstitucional, realiza-se menção à Lei n. 10.406/2002, ou Código Civil, no bojo do qual se reservou o Capítulo II para o tratamento do tema, destacando-se que, em regra, os direitos da personalidade são intransmissíveis e irrenunciáveis, sendo vedada a limitação voluntária de seu exercício, conforme seu art. 11[(4)] (Brasil, 2002).

---

(3) Art. 223-C. A honra, a imagem, a intimidade, a liberdade de ação, a autoestima, a sexualidade, a saúde, o lazer e a integridade física são os bens juridicamente tutelados inerentes à pessoa física (Brasil, 1943).

(4) Art. 11. Com exceção dos casos previstos em lei, os direitos da personalidade são intransmissíveis e irrenunciáveis, não podendo o seu exercício sofrer limitação voluntária (Brasil, 2002).

Aliás, ressalta-se que havendo ameaça ou lesão a direito da personalidade, enseja-se a possibilidade de exigir a cessação de tal, reclamando perdas e danos, nos moldes do *caput* do art. 12 do Código Civil[(5)] (Brasil, 2002).

Sublinha-se que a pretensão concernente ao reconhecimento de ofensa a direito da personalidade é imprescritível, consoante tese do Superior Tribunal de Justiça (STJ) (Brasil, 2019, p. 2).

Importante diferenciar direitos da personalidade, direitos humanos e direitos fundamentais. Quanto a estes, ressalta-se que são diretamente aplicáveis, nos moldes do § 1º do art. 5º do texto constitucional[(6)] (Brasil, 1988).

Konrad Hesse (2009, p. 62) relaciona os direitos fundamentais com os direitos à vida e à liberdade, além da dignidade da pessoa humana:

> Os direitos fundamentais devem criar e manter as condições elementares para assegurar uma vida em liberdade e a dignidade humana. Isso só se consegue quando a liberdade da vida em sociedade resulta garantida em igual medida que a liberdade individual. Ambas se encontram inseparavelmente relacionadas. A liberdade do indivíduo só se pode dar numa comunidade livre, e vice-versa; essa liberdade pressupõe seres humanos e cidadãos com capacidade e vontade para decidir por si mesmos, sobre seus próprios assuntos e para colaborar responsavelmente na vida da sociedade publicamente constituída como comunidade.

Os direitos em apreço possuem diversas dimensões ou gerações, das quais destacam-se as três primeiras. A inicial possui como valor fundante a liberdade, em que se propugnou a abstenção do Estado em relação aos particulares, compreendendo os direitos civis e políticos.

A segunda dimensão, embasada na igualdade, abrange os direitos sociais, econômicos e culturais, possuindo por escopo a atuação estatal. Já a terceira engloba a solidariedade e a fraternidade, os direitos coletivos e difusos.

Quanto aos direitos humanos, cumpre indicar que nas relações internacionais a República brasileira se fundamenta, dentre outros, pelo princípio da prevalência dos citados direitos, em consonância com o art. 4º, II, da Constituição Federal[(7)] (Brasil, 1988).

---

(5) Art. 12. Pode-se exigir que cesse a ameaça, ou a lesão, a direito da personalidade, e reclamar perdas e danos, sem prejuízo de outras sanções previstas em lei (Brasil, 2002).

(6) Art. 5º [...] § 1º As normas definidoras dos direitos e garantias fundamentais têm aplicação imediata (Brasil, 1988).

(7) Art. 4º A República Federativa do Brasil rege-se nas suas relações internacionais pelos seguintes princípios: [...] II – prevalência dos direitos humanos (Brasil, 1988).

Outro ponto a ser salientado é que, conforme § 3º do art. 5º do mesmo texto legal, os tratados e convenções internacionais que versem sobre direitos humanos, na ocasião de aprovação, em cada Casa do Congresso Nacional, em dois turnos, por três quintos dos votos dos membros equivalerão às emendas constitucionais[(8)] (Brasil, 1988). Quanto aos direitos da personalidade, ressalta-se que se tratam de direitos intrínsecos ao ser humano, relacionados à pessoa em si e às suas relações interpessoais. Sua classificação, aliás, é o tema a ser analisado a seguir.

2.2. Classificação dos direitos da personalidade

Salutar mencionar, ainda, a respeito dos direitos em apreço, o modo como são categorizados. Para tanto, geralmente a doutrina distingue-os quanto aos pontos de vista físico, psíquico e moral. Nesse sentido, são as palavras de Carlos Alberto Bittar (2015, p. 115):

> Nessa classificação toma-se, de início, a pessoa como ser individual, destacando-se seus dotes físicos, ou atributos naturais em sua composição corpórea (ou conformação física). São os elementos extrínsecos da personalidade. Depois, volvendo-se para o seu interior, encontram-se os direitos psíquicos, ou atributos da inteligência ou do sentimento. São os elementos intrínsecos ou íntimos da personalidade (que compõem o psiquismo humano). De outro lado, à vista da consideração da pessoa como ser social, localizam-se os direitos morais, correspondentes a qualidades da pessoa em razão de valoração na sociedade, em face de projeções ou emanações (ou manifestações) em seu contexto. Respeitam, pois, atributos da pessoa em sua conceituação pela coletividade.

Por outro lado, Rubens Limongi França (2011, p. 661) sustenta a inviabilidade da adoção de crivo único para distinguir os direitos da personalidade, asseverando os seguintes critérios: extensão, esfera do Direito, aspectos fundamentais da personalidade e estado, este subdividido em faixa vital e validez.

Quanto ao primeiro critério, comporta o sentido estrito, que compreende a pessoa sobre si mesma; e o sentido lato, que ainda abarca suas projeções (França, 2011, p. 661). Já em relação à esfera do Direito, este é subdividido em público, social e privado (França, 2011, p. 662).

---

(8) Art. 5º [...] § 3º Os tratados e convenções internacionais sobre direitos humanos que forem aprovados, em cada Casa do Congresso Nacional, em dois turnos, por três quintos dos votos dos respectivos membros, serão equivalentes às emendas constitucionais. (Incluído pela Emenda Constitucional n. 45,de 2004) (Vide ADIN 3392) (Vide Atos decorrentes do disposto no § 3º do art. 5º da Constituição) (Brasil, 1988).

No que tange ao critério dos aspectos fundamentais da personalidade, utiliza-se da divisão tríplice, representada pelo direito à integridade física, o direito à integridade intelectual e o direito à integridade moral, esmiuçando-a (França, 2011, p. 662-664).

A título de exemplo, cita-se o direito ao lazer, ramificação do direito à vida, comportado na categoria dos direitos à integridade física (França, 2011, p. 662-664).

Quanto ao critério do estado, possui como divisões a faixa vital e a validez. Na primeira, englobam-se o nascituro, o menor, o velho, o moribundo e o defunto. Na segunda, enquadram-se a personalidade plena, o menor, o velho, o deficiente, o doente, o viciado, o sentenciado e o egresso (França, 2011, p. 665).

Por sua vez, Elimar Szaniawski (2005, p. 229) posiciona-se contrário ao que entende por multiplicação exacerbada dos direitos da personalidade:

> Consoante estamos constatando, os direitos de personalidade plúrimos e tipificados se sujeitam ao fenômeno de um crescimento ilimitado, em inúmeras e infinitas categorias e subcategorias, além das desvantagens de serem incluídas como tipificações, figuras jurídicas estranhas à natureza e características da categoria dos direitos de personalidade, provocando uma grande e lamentável confusão.

Anderson Schreiber (2013, p. 227-228), da mesma forma, aponta que os direitos da personalidade não compõem rol taxativo, ocorrendo sua categorização com o fito de concretizar outras funções:

> A categoria dos direitos da personalidade não tem como escopo cristalizar o rol dos atributos essenciais ao ser humano. Suas funções jurídicas são outras, como, por exemplo: (i) evidenciar as diferentes ameaças que cada um desses atributos pode sofrer, facilitando a prevenção de danos (função preventiva); (ii) permitir, por meio do desenvolvimento de instrumentos específicos, a mais plena reparação das lesões que venham a atingi-los (função reparatória); (iii) auxiliar a formulação de parâmetros próprios para a ponderação nas hipóteses de colisão entre os próprios direitos da personalidade ou entre eles e outros direitos fundamentais (função pacificadora); e (iv) estimular o desenvolvimento desses atributos por meio de políticas públicas e iniciativas sociais adequadas (função promocional).

Ora, em que pese a ocorrência de divergências doutrinárias acerca da classificação dos direitos da personalidade, temática que foge ao escopo principal do presente trabalho, ressalta-se a necessidade de se proceder à análise de alguns dos referidos direitos.

2.2.1. Direito ao nome

O direito ao nome refere-se à identificação da pessoa perante a sociedade, sendo consagrado no art. 16 do Código Civil, englobando o sobrenome e o prenome[9]. Inclusive, ao pseudônimo, utilizado para atividades lícitas, é conferida a mesma tutela concedida ao nome, nos termos do art. 19 do citado Código (Brasil, 2002)[10].

No mesmo diploma normativo consta a vedação quanto à utilização de nome alheio em publicações ou representações que a exponham em desprezo público, mesmo que destituído de intenção difamatória (art. 17) (Brasil, 2002)[11].

Ainda, protege-se o nome alheio do uso em propaganda comercial sem autorização (art. 18)[12] (Brasil, 2002). Destarte, vislumbra-se a relevância do nome enquanto direito da personalidade.

2.2.2. Direito à privacidade

No que tange ao direito à privacidade, ressalta-se que este possui guarida constitucional, em seu art. 5º, inc. X, que trata da inviolabilidade da vida privada[13] (Brasil, 1988). Em nível infraconstitucional, há disposição similar, constante do art. 21 do Código Civil[14] (Brasil, 2002).

Trata-se de direito que assume particular importância na atualidade, sobretudo com a vigência da Lei n. 13.709/2018 (Lei Geral de Proteção de Dados – LGPD) que tutela não somente ele, mas também a liberdade, a intimidade, a honra e a imagem, os quais são erigidos a fundamentos da proteção de

(9) Art. 16. Toda pessoa tem direito ao nome, nele compreendidos o prenome e o sobrenome (Brasil, 2002).
(10) Art. 19. O pseudônimo adotado para atividades lícitas goza da proteção que se dá ao nome (Brasil, 2002).
(11) Art. 17. O nome da pessoa não pode ser empregado por outrem em publicações ou representações que a exponham ao desprezo público, ainda quando não haja intenção difamatória (Brasil, 2002).
(12) Art. 18. Sem autorização, não se pode usar o nome alheio em propaganda comercial (Brasil, 2002).
(13) Art. 5º [...] X – são invioláveis a intimidade, a vida privada, a honra e a imagem das pessoas, assegurado o direito à indenização pelo dano material ou moral decorrente de sua violação (Brasil, 1988).
(14) Art. 21. A vida privada da pessoa natural é inviolável, e o juiz, a requerimento do interessado, adotará as providências necessárias para impedir ou fazer cessar ato contrário a esta norma. [...] (Brasil, 2002).

dados pessoais, conforme consubstanciado nos incisos I, III e IV do art. 2º (Brasil, 2018)(15).

Nesse aspecto, cumpre apontar que o empregador figura entre os agentes de tratamento dos dados pessoais(16), equivalendo ao controlador, consoante indicam Rodolfo Pamplona Filho e Vicente Vasconcelos Coni Junior (2020, p. 31-32, grifos dos autores):

> Inicialmente, no que diz respeito à figura do **Controlador**, como já pontuado anteriormente, tratam-se dos próprios empregadores que recepcionam os dados pessoais dos empregados e devem adotar e respeitar todos os princípios e garantias de proteção à privacidade e intimidade dos titulares dos dados, cabendo a ele montar todo o "*workflow*" para atendimento adequado dos dados desde a sua recepção, tratamento, destinação e posterior eliminação, incumbindo ainda traçar todas essas diretrizes para pelo (sic) operador. Dito isso, fica claro que essa posição será ocupada exclusivamente pelos empregadores, em geral empresas.

Incumbe aos empregadores, portanto, o cuidado com os dados armazenados(17) (Brasil, 2018) não somente de titularidade dos indivíduos que já compõem o quadro de funcionários, como também dos candidatos em processos seletivos.

Exemplificativamente, alude-se à informação pertinente à existência ou não de filiação sindical do trabalhador, a fim de, no caso positivo, proceder ao desconto em folha de pagamento a título de contribuição sindical.

A informação em comento enquadra-se no inciso II do art. 5º da lei, figurando como dado pessoal sensível(18), e recebendo, por conseguinte, tratamento mais austero do que o dado meramente pessoal.

---

(15) Art. 2º A disciplina da proteção de dados pessoais tem como fundamentos: I – o respeito à privacidade; [...] III – a liberdade de expressão, de informação, de comunicação e de opinião; IV – a inviolabilidade da intimidade, da honra e da imagem (Brasil, 2018).

(16) Conforme art. 5º, inc. IX, da Lei n. 13.709/2018, a saber: Art. 5º Para os fins desta Lei, considera-se: [...] IX – agentes de tratamento: o controlador e o operador (Brasil, 2018).

(17) Art. 5º Para os fins desta Lei, considera-se: [...] VI – controlador: pessoa natural ou jurídica, de direito público ou privado, a quem competem as decisões referentes ao tratamento de dados pessoais (Brasil, 2018).

(18) Art. 5º Para os fins desta Lei, considera-se: [...] II – dado pessoal sensível: dado pessoal sobre origem racial ou étnica, convicção religiosa, opinião política, filiação a sindicato ou a organização de caráter religioso, filosófico ou político, dado referente à saúde ou à vida sexual, dado genético ou biométrico, quando vinculado a uma pessoa natural (Brasil, 2018).

2.2.3. Direito à intimidade

O direito à intimidade, por sua vez, está contido no direito à privacidade, de modo a abarcar foro mais íntimo. Comporta vertentes, das quais consigna-se a religiosa, a respeito da qual asseveram Maria Vital da Rocha e Rogério da Silva e Souza (2019, p. 205):

> A intimidade religiosa é, pois, produto da formação da personalidade de crenças e pensamentos psicológicos que conformam espiritualidade do sujeito; está-se diante de uma religiosidade íntima que não é segredo, mas é resguardada como atributo psicológico da personalidade. O fato de compartilhar ideias religiosas não contraria a intimidade religiosa de alguém, mas a maneira com que se discutem ou professam ideias religiosas a ponto de influir na esfera psicológica de outrem, esta, sim, pode implicar consequências que malferem o direito à intimidade religiosa.

Dessa forma, deve ser garantido ao trabalhador para que não sofra represálias no ambiente de trabalho que se refiram às suas crenças e convicções pessoais, como é o caso da religiosa. Outra modalidade de represália que pode sofrer o trabalhador diz respeito à revista quando íntima. A revista pode ser dividida entre a realizada sobre a pessoa ou sobre os bens do indivíduo.

A modalidade de revista íntima causa constrangimento e é vedada pelo art. 373-A, VI da Consolidação das Leis do Trabalho (Brasil, 1943)[(19)]. Ressalta-se que embora o dispositivo faça referência às mulheres, por analogia, pode ser aplicado aos homens. Fere, portanto, a dignidade e o direito à intimidade de quem labora.

2.2.4. Direito à imagem

O direito à imagem pode ser explanado como o relativo não somente à compleição física, mas à exteriorização da personalidade de uma pessoa. Pode-se englobar, ainda, a voz como componente do direito à imagem.

Possui relevância, sobretudo com o advento da pandemia e a adaptação e, por vezes, permanência com o uso do teletrabalho, em que são utilizados mecanismos de captura de áudio e vídeo, por exemplo, em reuniões da empresa.

Referida temática foi objeto da tese jurisprudencial n. 3 do Superior Tribunal de Justiça (STJ), em sua edição n. 138 do "Jurisprudência em TESES",

---

(19) Art. 373-A. Ressalvadas as disposições legais destinadas a corrigir as distorções que afetam o acesso da mulher ao mercado de trabalho e certas especificidades estabelecidas nos acordos trabalhistas, é vedado: [...] VI – proceder o empregador ou preposto a revistas íntimas nas empregadas ou funcionárias (Brasil, 1943).

de 29 de novembro de 2019, qual seja: "A voz humana encontra proteção nos direitos da personalidade, seja como direito autônomo ou como parte integrante do direito à imagem ou do direito à identidade pessoal" (Brasil, 2019, p. 2).

Nos termos do *caput* do art. 20 do Código Civil, a tutela do direito à imagem alberga a possível proibição de sua exposição ou utilização se a pessoa envolvida a requerer, havendo ofensa à honra, à boa fama, à respeitabilidade ou se destinada a fins comerciais (Brasil, 2002)(20).

Ressalta-se que a proteção, nesse caso, é inclusive *post-mortem*, ocasião em que o cônjuge, os ascendentes ou os descendentes são legitimados a requerê-la, nos termos do parágrafo único do citado dispositivo(21).

2.2.5. Direito à honra

A honra pode ser dividida nas vertentes objetiva e subjetiva, de modo que enquanto a primeira corresponde à reputação do indivíduo perante a sociedade, a segunda possui teor pessoal, traduzida em sentimento de estima.

No que tange à violação à honra subjetiva, exemplifica-se por excerto do acórdão proferido nos autos n. RR-21395-84.2016.5.04.0411 pela 3ª Turma do Tribunal Superior do Trabalho (TST), em que houve a condenação da empresa WMS Supermercados do Brasil Ltda. (Rede Walmart) à indenização de funcionária obrigada a entoar cantos motivacionais durante eventos:

> **Neste contexto, fica demonstrada a obrigatoriedade de participação dos empregados na entoação do cântico *cheers*. Essa imposição extrapola os limites do poder diretivo do empregador, invadindo a esfera jurídica do empregado e violando direitos da personalidade, especialmente a honra subjetiva, a dignidade e a incolumidade psíquica. É inadmissível que o poder de direção do empregador, em flagrante violação ao princípio da dignidade da pessoa humana, sirva de justificativa para a imposição da parte hipossuficiente da relação jurídica de emprego a tratamento degradante, capaz de a expor a situações vexatórias e indesejáveis** (Brasil, 2020, grifos do autor).

---

(20) Art. 20. Salvo se autorizadas, ou se necessárias à administração da justiça ou à manutenção da ordem pública, a divulgação de escritos, a transmissão da palavra, ou a publicação, a exposição ou a utilização da imagem de uma pessoa poderão ser proibidas, a seu requerimento e sem prejuízo da indenização que couber, se lhe atingirem a honra, a boa fama ou a respeitabilidade, ou se se destinarem a fins comerciais (Brasil, 2002).
(21) Art. 20. [...] Parágrafo único. Em se tratando de morto ou de ausente, são partes legítimas para requerer essa proteção o cônjuge, os ascendentes ou os descendentes (Brasil, 2002).

Conforme destacado, tem-se a flagrante ofensa à dignidade humana, princípio norteador dos direitos da personalidade.

2.2.6. Direito ao respeito

Carlos Alberto Bittar (2015, p. 209-210) afirma a distinção entre o direito ao respeito e o direito à honra:

> Os conceitos que constituem o núcleo do direito em causa, apartados do complexo da honra, são: a dignidade, ou sentimento de valor moral, ou honorabilidade (que repele epíteto desqualificador quanto à higidez moral da pessoa), e o decoro, sentimento ou consciência da própria respeitabilidade (a que repugna o atributivo depreciativo, de ordem psíquica ou física) (com os epítetos de "canalha", "animal", "cão", no primeiro caso, e "ignorante", "burro", "morfético", no segundo).

Salienta-se que diante de ofensa ao direito em apreço, apresenta-se o delito de injúria, consubstanciado no art. 140 do Código Penal, Decreto-Lei n. 2848/1940, possuindo por bem jurídico a dignidade ou o decoro (Brasil, 1940)[(22)].

A circunstância de a injúria utilizar elementos relativos à condição de pessoa idosa acarreta pena diferenciada, eis que se depara não mais com a detenção, mas com a reclusão, pelo período de um a três anos e multa.

2.2.7. Direito à liberdade

O direito à liberdade implica não apenas abstenção de intervenção, mas oportunizar a livre escolha ao indivíduo. Nas palavras de Adriano de Cupis (1961, p. 96-97):

---

(22) Injúria – Art. 140. Injuriar alguém, ofendendo-lhe a dignidade ou o decoro: Pena – detenção, de um a seis meses, ou multa.

§ 1º O juiz pode deixar de aplicar a pena:

I – quando o ofendido, de forma reprovável, provocou diretamente a injúria; II – no caso de retorsão imediata, que consista em outra injúria.

§ 2º Se a injúria consiste em violência ou vias de fato, que, por sua natureza ou pelo meio empregado, se considerem aviltantes: Pena – detenção, de três meses a um ano, e multa, além da pena correspondente à violência.

§ § 3º Se a injúria consiste na utilização de elementos referentes a religião ou à condição de pessoa idosa ou com deficiência: Pena - reclusão, de 1 (um) a 3 (três) anos, e multa (Brasil, 1940).

Esta ausência de obstáculos ao exercício da actividade pessoal não é mais do que um modo de ser da pessoa. Ao ter assegurados os bens de viver e de viver incólume, o indivíduo reclama acima de tudo este bem, cuja titularidade o coloca em posição de imprimir às próprias energias o caminho que prefere, de entre os limites juridicamente prescritos. Que o bem da liberdade segue imediatamente os bens da vida e da integridade física, demonstra-se facilmente, pois a liberdade foi sempre e constantemente um dos mais altos fins dos esforços e das aspirações humanas.

O direito à liberdade, dessa forma, para Cupis (1961), está intrinsecamente vinculado aos direitos à vida e à integridade física.

Na seara trabalhista, o cerceamento do direito à liberdade é representado em seu alto grau pelo trabalho análogo à escravidão, condição em que o trabalhador recebe tratamento destituído de dignidade, o que pode ocorrer de diversas maneiras, sendo algumas delas a servidão por dívida, a sujeição a condições degradantes de trabalho e a retenção de documentos pessoais.

Possui criminalização, disposta no art. 149 do Decreto-Lei n. 2.848/1940 (Código Penal), sendo a pena base reclusão de dois a oito anos e multa, além da pena concernente à violência (Brasil, 1940)[(23)].

2.2.8. Direito à integridade física

O direito à integridade física encontra-se previsto no art. 13 do Código Civil, que estabelece que é defeso o ato de disposição do próprio corpo quando implicar redução permanente da integridade física, salvo quando por exigência médica (Brasil, 2002)[(24)].

---

(23) Redução a condição análoga à de escravo. Art. 149. Reduzir alguém à condição análoga à de escravo, quer submetendo-o a trabalhos forçados ou a jornada exaustiva, quer sujeitando-o a condições degradantes de trabalho, quer restringindo, por qualquer meio, sua locomoção em razão de dívida contraída com o empregador ou preposto: Pena – reclusão, de dois a oito anos, e multa, além da pena correspondente à violência.

§ 1º o Nas mesmas penas incorre quem:

I – cerceia o uso de qualquer meio de transporte por parte do trabalhador, com o fim de retê-lo no local de trabalho;

II – mantém vigilância ostensiva no local de trabalho ou se apodera de documentos ou objetos pessoais do trabalhador, com o fim de retê-lo no local de trabalho.

§ 2º o A pena é aumentada de metade, se o crime é cometido:

I – contra criança ou adolescente;

II – por motivo de preconceito de raça, cor, etnia, religião ou origem (Brasil, 1940).

(24) Art. 13. Salvo por exigência médica, é defeso o ato de disposição do próprio corpo, quando importar diminuição permanente da integridade física, ou contrariar os bons costumes. Parágrafo

O dano à integridade física é compreendido, para Eneas Matos (2019, p. 122), como atípico, vez que pode repercutir em uma pluralidade de modalidade de danos:

> Ou seja, o dano à integridade física comporta elementos que transcendem uma simples visão de ofensa causadora de danos extrapatrimoniais ou patrimoniais; o dano à integridade física pode causar (i) danos materiais, (ii) morais e (iii) estéticos; isto é, o dano à integridade física é dano atípico, vez que pode ter vertentes patrimonial (p. ex., danos materiais com verbas de tratamento médico e pensão por incapacidades) e extrapatrimonial (danos morais e danos estéticos, cumuláveis autonomamente a teor da Súmula n. 387 do Superior Tribunal de Justiça: "É lícita a cumulação das indenizações de dano estético e dano moral", DJe 01.9.2009, ed. 430).

Vislumbra-se, portanto, que a ofensa à integridade física pode causar, conforme asseverado, danos de natureza material, moral e estética. Destarte, tem-se a importância de se resguardar a integridade física da pessoa, sua higidez, enquanto direito da personalidade, a ser esmiuçado no decorrer do trabalho, notadamente concernente ao idoso e ao envelhescente.

2.3. Conceito de meio ambiente geral e meio ambiente do trabalho

Primeiramente, aponta-se a existência de ramificações do conceito de meio ambiente, a saber: natural, artificial, laboral e cultural. Quanto ao primeiro, alberga a fauna, a flora, a atmosfera, a biosfera, o solo e o subsolo.

A respeito dele, trata a Constituição Federal, proclamando, no *caput* do art. 225, que o meio ambiente ecologicamente equilibrado é direito de todos, sendo bem de uso comum do povo e essencial à sadia qualidade de vida, devendo ser defendido e preservado para as hodiernas e futuras gerações (Brasil, 1988)[(25)].

Para maior compreensão, cita-se o art. 3º, I, da Lei n. 6.938/1981, que dispõe sobre a Política Nacional do Meio Ambiente, conceituando meio ambiente como o conjunto de elementos de teor físico, químico e biológico, que possibilita a vida em todas as suas formas (Brasil, 1981)[(26)].

único. O ato previsto neste artigo será admitido para fins de transplante, na forma estabelecida em lei especial. (Brasil, 2002).

(25) Art. 225. Todos têm direito ao meio ambiente ecologicamente equilibrado, bem de uso comum do povo e essencial à sadia qualidade de vida, impondo-se ao Poder Público e à coletividade o dever de defendê-lo e preservá-lo para as presentes e futuras gerações (Brasil, 1988).

(26) Art. 3º Para os fins previstos nesta Lei, entende-se por: I – meio ambiente, o conjunto de condições, leis, influências e interações de ordem física, química e biológica, que permite, abriga e rege a vida em todas as suas formas (Brasil, 1981).

Por sua vez, o meio ambiente artificial "é compreendido pelo espaço urbano construído, consistente no conjunto de edificações (chamado de espaço urbano fechado), e pelos equipamentos públicos (espaço urbano aberto)", conforme preceitua Celso Antonio Pacheco Fiorillo (2021, p. 31), razão pela qual referido autor aproxima aludido conceito da definição de cidade.

De outra monta, quanto ao meio ambiente cultural, efetua-se referência ao art. 216 do diploma constitucional, que delineia o significado de patrimônio cultural, reconhecido como os bens de natureza material e imaterial, individualmente ou em conjunto, e que se relacionam com a identidade, a ação e a memória dos diversos grupos formadores da sociedade brasileira (Brasil, 1988)[(27)].

Por outro lado, a previsão constitucional da espécie do meio ambiente do trabalho encontra-se consubstanciada no art. 200, VIII, responsável por designar as atribuições do Sistema Único de Saúde (SUS) (Brasil, 1988)[(28)].

O meio ambiente laboral não se resume às relações empregatícias, assim entendidas como as que combinam os elementos da prestação de serviços de modo não eventual, com onerosidade, pessoalidade e subordinação, nos moldes do art. 3º, *caput*, da Consolidação das Leis do Trabalho (Brasil, 1943)[(29)].

Equivale não somente ao espaço físico da empresa, mas também às relaçõs interpessoais. Nas palavras de Raimundo Simão de Melo (2013, p. 29):

> [...] o meio ambiente do trabalho não se restringe ao local de trabalho estrito do trabalhador. Ele abrange o local de trabalho, os instrumentos de trabalho, o modo da execução das tarefas e a maneira como o trabalhador é tratado pelo empregador ou tomador de serviço e pelos próprios

---

(27) Art. 216. Constituem patrimônio cultural brasileiro os bens de natureza material e imaterial, tomados individualmente ou em conjunto, portadores de referência à identidade, à ação, à memória dos diferentes grupos formadores da sociedade brasileira, nos quais se incluem:

I - as formas de expressão;

II - os modos de criar, fazer e viver;

III - as criações científicas, artísticas e tecnológicas;

IV - as obras, objetos, documentos, edificações e demais espaços destinados às manifestações artístico-culturais;

V - os conjuntos urbanos e sítios de valor histórico, paisagístico, artístico, arqueológico, paleontológico, ecológico e científico [...] (Brasil, 1988).

(28) Art. 200. Ao sistema único de saúde compete, além de outras atribuições, nos termos da lei: [...] VIII - colaborar na proteção do meio ambiente, nele compreendido o do trabalho (Brasil, 1988).

(29) Art. 3º – Considera-se empregado toda pessoa física que prestar serviços de natureza não eventual a empregador, sob a dependência deste e mediante salário (Brasil, 1943).

colegas de trabalho. Por exemplo, quando falamos em assédio moral no trabalho, nós estamos nos referindo ao meio ambiente do trabalho, pois em um ambiente onde os trabalhadores são maltratados, humilhados, perseguidos, ridicularizados, submetidos a exigências de tarefas abaixo ou acima da sua qualificação profissional, de tarefas inúteis ou ao cumprimento de metas impossíveis de atingimento, naturalmente haverá uma deterioração das condições de trabalho, com adoecimento do ambiente e dos trabalhadores, com extensão até para o ambiente familiar. Portanto, o conceito de meio ambiente do trabalho deve levar em conta a pessoa do trabalhador e tudo que o cerca.

Sob esse prisma, cumpre apontar, a título de exemplo, os direitos dos trabalhadores de redução dos riscos inerentes ao trabalho, mediante normas de segurança, saúde e higiene(30), bem como a previsão de adicional de remuneração para atividades penosas, insalubres e perigosas(31), além do seguro contra acidentes de trabalho(32), estabelecidos, respectivamente, nos incisos XXII, XXIII e XXVIII do art. 7ª da Constituição Federal (Brasil, 1988).

Relevante se faz compreender que a própria Política Nacional do Meio Ambiente tem, dentre suas finalidades, a qualidade ambiental propícia à vida, à garantia de condições ao desenvolvimento socioeconômico e à proteção da dignidade da vida humana, nos termos do *caput* de seu art. 2º (Brasil, 1981)(33).

Fábio Aurélio da Silva Alcure e Juliana Patrícia Sato (2011, p. 180) asseveram que o dever de respeito ao meio ambiente laboral por parte do empregador deve ser de modo amplo, abrangendo não apenas os diretamente envolvidos, ou seja, os trabalhadores:

> Tendo em vista que, ao se tratar de meio ambiente do trabalho, não se está a falar apenas em normas ambientais ou em direitos trabalhistas, mas também, de forma imediata, nos direitos fundamentais à vida e à saúde, não pode haver dúvida de que o cuidado com o meio ambiente do trabalho apresenta-se como dever primordial do empresário perante a sociedade. A função social da empresa só estará sendo efetivamente

---

(30) Art. 7º [...] XXII – redução dos riscos inerentes ao trabalho, por meio de normas de saúde, higiene e segurança (Brasil, 1988).
(31) Art. 7º [...] XXIII – adicional de remuneração para as atividades penosas, insalubres ou perigosas, na forma da lei (Brasil, 1988).
(32) Art. 7º [...] XXVIII – seguro contra acidentes de trabalho, a cargo do empregador, sem excluir a indenização a que este está obrigado, quando incorrer em dolo ou culpa; (Brasil, 1988).
(33) Art. 2º A Política Nacional do Meio Ambiente tem por objetivo a preservação, melhoria e recuperação da qualidade ambiental propícia à vida, visando assegurar, no País, condições ao desenvolvimento sócio-econômico, aos interesses da segurança nacional e à proteção da dignidade da vida humana, atendidos os seguintes princípios: (Brasil, 1981).

cumprida, contudo, se esse cuidado não se limitar ao quadro específico de funcionários do empreendimento, estendendo-se também aos negócios e relações contratuais desenvolvidas pelo empresário individual ou coletivo. Adentra-se, assim, ao terreno da função social do contrato.

Acerca da interrelação entre meio ambiente geral e meio ambiente do trabalho, salutar consignar o constante no Decreto n. 9.571/2018, que vigorou até 9 de novembro de 2018, no art. 6º, II, consoante o qual incumbia às empresas elidir que suas atividades acarretasssem, contribuessem ou estivessem diretamente relacionadas aos impactos negativos sobre direitos humanos e aos danos ambientais e sociais (Brasil, 2018)(34).

Apontava-se o comprometimento do Estado brasileiro perante a comunidade internacional no que se referia a exigir das empresas a realização de gerenciamento de riscos sobre a saúde e a segurança dos empregados, nos moldes do art. 10, II do Decreto n. 9.571/2018 (Brasil, 2018)(35).

Cabe consignar, assim, o constante do art. 186, III, do diploma constitucional(36),a respeito da função social, a qual é considerada cumprida quando a propriedade rural observa as disposições concernentes às relações laborais (Brasil, 1988).

Pilar Carolina Villar e Juliana Cassano Cibim (2017, p. 363-364) sublinham a complementariedade entre o direito ambiental e o setor produtivo, sendo o respeito às normas ambientais vantajoso, inclusive sob o ponto de vista financeiro:

> A inclusão da dimensão ambiental nas empresas se torna uma obrigação, mas também uma oportunidade de negócios. O direito ambiental e a atividade produtiva não são polos opostos, as normas ambientais instigam a renovação das práticas empresarias (*sic*) e uma crescente

---

(34) Art. 6º É responsabilidade das empresas não violar os direitos de sua força de trabalho, de seus clientes e das comunidades, mediante o controle de riscos e o dever de enfrentar os impactos adversos em direitos humanos com os quais tenham algum envolvimento e, principalmente: [...] II – evitar que suas atividades causem, contribuam ou estejam diretamente relacionadas aos impactos negativos sobre direitos humanos e aos danos ambientais e sociais, (Brasil, 2018).

(35) Art. 10. É responsabilidade das empresas estabelecer mecanismos operacionais de denúncia e de reclamação que permitam identificar os riscos e os impactos e reparar as violações, quando couber, em especial: [...] II – implementar sistema de gerenciamento de riscos de abusos de direitos humanos, incluídos o gerenciamento de riscos sobre a saúde e a segurança dos empregados, com a identificação dos impactos negativos sobre os direitos humanos, direta ou indiretamente relacionados com a sua atividade (Brasil, 2018).

(36) Art. 186. A função social é cumprida quando a propriedade rural atende, simultaneamente, segundo critérios e graus de exigência estabelecidos em lei, aos seguintes requisitos: [...] III – observância das disposições que regulam as relações de trabalho (Brasil, 1988).

busca pela inovação, em contrapartida, o dinamismo empresarial contribui para diversificar as formas de proteção do ambiente e os instrumentos do direito ambiental.

Antonio Herman Vasconcellos Benjamin (1995, p. 32) exemplifica a inter-relação entre o meio ambiente geral e o meio ambiente do trabalho, demonstrando os respectivos efeitos:

> Assim, p. ex., uma atividade poluidora pode causar danos ao meio ambiente em geral (contaminação do ar, extinção de espécies, chuva ácida), ao meio ambiente do trabalho (afetando os trabalhadores da empresa emissora, todos filiados ao sindicato local) e a indivíduos particularizados (diminuição da produção leiteira ou degradação do patrimônio imobiliário dos vizinhos da fonte poluidora). Para uma mesma ação (ou "fato ambiental"), várias modalidades de danos, cada uma delas a ensejar diverso dever de reparação.

Especificamente levando-se em consideração a conjuntura atual, faz-se referência à pandemia da Covid-19 e à correspondente obrigação dos empregadores de proporcionar meio ambiente de trabalho hígido, com a observância das medidas de prevenção à enfermidade. É que, a partir de um meio ambiente laboral em que não se verifiquem condições de saúde, abre-se a possibilidade, *in casu*, de contágio da doença entre os trabalhadores e, posteriormente, destes aos seus familiares, que embora não estejam envolvidos diretamente na empresa, sofrem os corolários do seu desrespeito às normas de segurança e saúde.

Nessa senda, embora a presente pesquisa não se destine à análise pormenorizada desta situação, pontua-se a Portaria n. 620, de 1º de novembro de 2021, do Ministério do Trabalho e Previdência, que entendeu por discriminatória a exigência, pelo empregador, de certificado de vacinação para a contratação de trabalhadores, bem como a demissão por justa causa que tenha por pano de fundo a não apresentação, pelo empregado, do respectivo documento (art. 1º, § 2º[(37)]). De igual modo, a vedação abarcou o período de manutenção do contrato de emprego (Brasil, 2021).

Contudo, de análise de referido ato normativo, confere-se relevo ao fato de que se descumpriu a competência para legislar a matéria, haja vista ser

---

(37) Art. 1º [...] § 2º Considera-se prática discriminatória a obrigatoriedade de certificado de vacinação em processos seletivos de admissão de trabalhadores, assim como a demissão por justa causa de empregado em razão da não apresentação de certificado de vacinação. (Brasil, 2021).

a União, e não o órgão ministerial em apreço, o ente competente privativo em legislar assunto trabalhista, consoante art. 22, I, da Constituição Federal (Brasil, 1988)(38). Além disso, vai de encontro não somente com as decisões discutidas no âmbito do Tribunal Superior do Trabalho (TST), como também com o Tema 1103, de repercussão geral no Supremo Tribunal Federal (STF), que estabeleceu, em suma, a constitucionalidade da imposição de imunização por vacina, de modo a não representar violação à liberdade de convicção filosófica e de consciência de pais ou responsáveis. É o tema citado (Brasil, 2021):

> É constitucional a obrigatoriedade de imunização por meio de vacina que, registrada em órgão de vigilância sanitária, (i) tenha sido incluída no Programa Nacional de Imunizações ou (ii) tenha sua aplicação obrigatória determinada em lei ou (iii) seja objeto de determinação da União, Estado, Distrito Federal ou Município, com base em consenso médico-científico. Em tais casos, não se caracteriza violação à liberdade de consciência e de convicção filosófica dos pais ou responsáveis, nem tampouco ao poder familiar.

Induvidoso que a Portaria n. 620 traz insegurança jurídica, salientando-se que instituições se insurgiram contra ela, a exemplo do *Parquet* trabalhista, que na Nota Técnica n. 5, de 4 de novembro 2021, em seu item 1, instou aos empregadores e à administração pública no sentido da exigência da comprovação de vacinação dos trabalhadores e de outras pessoas, tais como estagiários (MPT, 2021)(39).

De modo contrário, tem-se que o contágio, a partir de um trabalhador que optou por não se vacinar, é capaz de transcender o meio ambiente do trabalho, eis que expõe não apenas os demais trabalhadores em risco, mas também seus familiares. Assim, a decisão individual teria, por consequência, a capacidade de afetar uma coletividade, em detrimento da saúde e da vida desta.

---

(38) Art. 22. Compete privativamente à União legislar sobre:

I – direito civil, comercial, penal, processual, eleitoral, agrário, marítimo, aeronáutico, espacial e do trabalho (Brasil, 1988).

(39) 1. POR MEIO DE PROGRAMAS DE GESTÃO DE SAÚDE E SEGURANÇA DO TRABALHO, regulamento ou ordem de serviço em matéria de saúde e segurança do trabalho, procedam à exigência da comprovação de vacinação de seus trabalhadores e trabalhadoras (observados o esquema vacinal aplicável e o cronograma vigente) e de quaisquer outras pessoas (como prestadores de serviços, estagiários etc.), como condição para ingresso no meio ambiente laboral, ressalvados os casos em que a recusa do trabalhador seja devidamente justificada, mediante declaração médica fundamentada em contraindicação vacinal descrita na bula do imunizante [...] (MPT, 2021).

Insta clarificar que o próprio direito ao meio ambiente está incluído entre os direitos da personalidade. São as lições de Patrícia Iglecias (2019, p. 231) que traça seu escopo de garantia do pleno desenvolvimento da personalidade:

> O direito ao meio ambiente é um novo direito, essencial à personalidade individual e à difusa, configurada na qualidade de vida. Danos ao meio ambiente podem diminuir a própria expectativa de vida. Na verdade, a personalidade não pode se desenvolver sem um meio ambiente sadio e equilibrado. Por isso, o reconhecimento do meio ambiente como direito da personalidade integra e completa a concretude dos outros direitos da personalidade, já que tem forte ligação com o direito à vida. Vida só é vida com qualidade. Constata-se a necessidade de um meio ambiente salubre para a garantia do pleno desenvolvimento da personalidade.

Por conseguinte, aplicando-se ao meio ambiente de modo geral, aplica-se também ao meio ambiente em sua faceta laboral. Nesse sentido lecionam Leda Maria Messias da Silva e Marice Taques Pereira (2013, p. 49):

> Constatou-se, enfim, que o direito da personalidade se aplica ao ambiente de trabalho e também na relação trabalhista, tanto quanto este o extrapola ou quando se omite e não evita lesões aos direitos de personalidade dos seus empregados com o objetivo de defender o trabalhador do poder diretivo do empregador. A ofensa a esse direito se traduz, em suma, como uma violência aos direitos da personalidade.

Importante consideração tecida pelas autoras é a pertinente ao poder diretivo do empregador e sua relação com a ofensa aos direitos da personalidade, razão pela qual faz-se mister sua conceituação. Trata-se de prerrogativa do empregador, que responde pelos riscos de seu empreendimento e dirige a prestação de serviços. É o que, aliás, consta do *caput* do art. 2º da Consolidação das Leis do Trabalho (Brasil, 1943)[(40)]. Corresponde, em oposição, à subordinação jurídica do empregado, ínsita à relação empregatícia. Desse modo, o trabalhador deve observância às ordens do empregador.

Para Francisco Ferreira Jorge Neto e Jouberto de Quadros Pessoa Cavalcante (2019, p. 328), "o poder diretivo representa a faculdade legal que é concedida ao empregador, de comandar a prestação pessoal dos serviços, organizando-a, controlando-a e punindo o trabalhador, se for necessário".

---

(40) Art. 2º Considera-se empregador a empresa, individual ou coletiva, que, assumindo os riscos da atividade econômica, admite, assalaria e dirige a prestação pessoal de serviço (Brasil, 1943).

Extrai-se, pois, que o poder em questão reúne outros poderes, quais sejam: organização, controle e disciplinar. O primeiro pode ser explicado pela gestão da prestação de serviços, a exemplo da fixação do local e do horário de trabalho dos funcionários. Já o poder de controle possui pertinência com a fiscalização, por parte do empregador, das atividades realizadas pelo trabalhador.

O poder disciplinar refere-se à possibilidade de o empregador aplicar punições ao trabalhador que descumpre as regras decorrentes do contrato de trabalho. São elas: advertência, suspensão e dispensa por justa causa.

O exercício do poder diretivo pelo empregador é inerente à relação de emprego.O que não se pode, todavia, é a exacerbação desse poder, ocasião em que se incorre no abuso de direito, estatuído no art. 187 do Código Civil (Brasil, 2002)[(41)].

Frisa-se que é a partir dessa linha tênue que se verifica a observância ou não aos direitos da personalidade. Agindo além de seu poder, e desrespeitando o meio ambiente de trabalho, tem-se a ofensa a tais direitos do trabalhador, acerca dos quais se mencionará a seguir, especificamente do envelhescente.

---

(41) Art. 187. Também comete ato ilícito o titular de um direito que, ao exercê-lo, excede manifestamente os limites impostos pelo seu fim econômico ou social, pela boa-fé ou pelos bons costumes (Brasil, 2002).

|CAPÍTULO - 3|

DIREITOS DA PERSONALIDADE DOS ENVELHESCENTES NO MEIO AMBIENTE DO TRABALHO

3.1. Conceito de envelhescente

Antes de delinear o conceito de envelhescente, cumpre trazer à baila o fenômeno do envelhecimento. Salienta-se que, entre os anos de 1940 e 2019, observou-se o aumento de 31,1 anos na expectativa de vida do brasileiro ao nascer, de modo que se saltou da média dos 45,5 para 76,6 anos, consoante pesquisa empreendida pelo Instituto Brasileiro de Geografia e Estatística (IBGE) (Brasil, 2020, p. 8).

Dentre as razões que remontam à aludida transição demográfica, sublinha-se a diminuição na taxa de mortalidade, devido ao desenvolvimento da ciência, especialmente a Medicina, como também a redução da taxa de fecundidade, impulsionada pelos métodos contraceptivos e a inserção da mulher no mercado de trabalho.

Paulo Roberto Barbosa Ramos (2014, p. 41), de outra monta, analisa os avanços tecnológicos por outro viés, no sentido de que desencadearam o aumento da longevidade de modo artificial, sobretudo em países em desenvolvimento:

> Os avanços tecnológicos na área da medicina beneficiaram sobremaneira os países pobres, especialmente aqueles hoje considerados em desenvolvimento, como o Brasil, que compraram os resultados dessas tecnologias para combater várias doenças que atingiam as suas populações. Com isso, o envelhecimento nesses países se processou de uma forma artificial, à medida que a população passou a envelhecer não tanto pela oferta de melhores condições sanitárias, mas de substâncias capazes de combater doenças que antes matavam as pessoas ainda nos seus primeiros anos de vida. Por isso, tornou-se possível encontrar pessoas subnutridas e envelhecidas.

O envelhescente, para Daniela Lustoza Marques de Souza Chaves (2006, p. 98), é entendido como detentor de experiência profissional e vigor intelectual e físico, mas destituído do viço da juventude:

> O segmento da força de trabalho de 40 anos e mais, por sua vez, merece atenção, sendo integrado por trabalhadores em "meio caminho". Não são mais jovens. Não possuem o viço da juventude. Porém, não são idosos. Possuem a maturidade daqueles que já trilharam alguns significativos anos de trabalho; em sua maioria, possuem família, o que os levam a refletir melhor sobre a mobilidade mais facilmente aceita pelos mais moços; apresentam-se,ainda, em seu vigor físico e intelectual.

Estão, desse modo, entre a fase adulta e a velhice, já experimentando a discriminação e o preconceito próprios desta última, apesar de em menor grau. Assim sendo, podem ser enquadrados entre os quarenta e os cinquenta e nove anos.

Nilson Tadeu Reis Campos Silva (2012, p. 134), ao mencionar a fase adulta, aduzindo então ao período dos trinta e cinquenta e nove anos de idade, dentre o qual se enquadram os envelhescentes, pontuou essa categoria como ignorada perante as outras que estão regulamentadas de modo específico, por meio de estatutos, por exemplo:

> [...] a pessoa que se situe na faixa dos trinta aos cinquenta e nove anos, a adulta, hoje parafrênica ante estatutos que outorgam tutela prioritária à criança e ao adolescente; ao jovem; e ao idoso, tornar-se-á um pária, do Direito, qual personagem à procura de um autor engendrada por Pirandello [...], um Ser abandonado e desencaixado desse mosaico cubista de especificidades etárias em que se transformou a Constituição Federal. Consequência inevitável desse fatiamento do Ser em categorias derivadas exclusivamente da idade é o esmaecimento da força normativa das normas constitucionais.

Inobstante as considerações tecidas pelo autor, há de se considerar que a razão pela qual os direitos das crianças e dos adolescentes apresentam-se aparentemente em detrimento dos direitos dos adultos converge com o fato de que aqueles merecem tutela específica, em virtude de sua condição especial de desenvolvimento.

Não se está, portanto, a marginalizar o adulto em seus interesses, mas atentarquanto à necessidade de equalizar as desigualdades a que estão sujeitos, emespecial crianças, adolescentes e idosos. Inclusive, dentre os adultos, já se pontuou a categoria dos envelhescentes, em vias de atingir a velhice, e que também demandam tutela específica.

Entre os envelhescentes, tem-se cada vez mais o fenômeno observável da "geração sanduíche", em que no seio familiar responsabilizam-se simultaneamente pelo cuidado tanto de pais e/ou sogros quanto de filhos em idade escolar ou universitária. Geralmente inseridos no mercado de trabalho e planejando a aposentadoria, ainda amparam financeiramente e emocionalmente outras gerações.

Nesse cenário, a situação da mulher apresenta contornos de complexidade, tendo em vista a tradição arraigada de ser a figura de amparo às crianças e aos idosos, além de ser incumbida dos cuidados domésticos, caracterizando a dupla-jornada, considerando sua inserção no mercado de trabalho.

Particularmente no Brasil, conforme pesquisa realizada pelo Instituto Brasileiro de Geografia e Estatística (IBGE), no ano de 2015, já se identificava a "geração canguru", haja vista que 1 (uma) em cada 4 (quatro) pessoas na faixa etária dos 25 aos 34 anos reside com familiares mais velhos, ainda que possua alguma ocupação (Brasil, 2015).

Os encargos da geração sanduíche foram deveras acrescidos com o advento da pandemia da Covid-19, tendo em vista que, de um lado, houve o período de adaptação dos filhos menores com a educação *online*, e, de outro, o aumento das preocupações com os idosos diante da enfermidade até então desconhecida e que os atingia com maior severidade.

Desse modo, ainda que os mais velhos não residissem com seus filhos adultos, representaram maiores demandas, tais como o fornecimento de medicações e de alimentação, vez que a saída daqueles de suas residências não era recomendável diante das medidas de isolamento social.

Outro ponto a ser salientado é que, com o cenário pandêmico, muitas pessoas perderam seus empregos, o que pode ser retratado seja pelo retorno de filhos adultos a residir com os pais envelhescentes, seja com a perda do trabalho destes, de qualquer modo, evidenciando a precarização da renda e, por consequência, da qualidade de vida.

Já fragilizados em razão das vicissitudes que circundavam a doença, sem tratamento eficaz e, por certo período de tempo, sem vacina, o estresse tornou-se, em regra, inevitável, com maiores incumbências a serem suportadas, resultando em enfermidades psíquicas e físicas.

A envelhescência encontra-se em harmonia com a definição de envelhecimento ativo, o qual tem seu objetivo explanado pela Organização Mundial da Saúde (OMS): "o objetivo do envelhecimento ativo é aumentar a expectativa de uma vida saudável e a qualidade de vida para todas as pessoas que estão envelhecendo, inclusive as que são frágeis, fisicamente incapacitadas e que requerem cuidados" (WHO, 2005, p. 13).

Com efeito, é possível inferir que a expressão "envelhecimento ativo" desvela-se como resposta ao acréscimo da expectativa de vida populacional. Ademais, destaca-se que, a despeito do termo "ativo", a nomenclatura em apreço não ignora as pessoas que com o avanço da idade encontram-se debilitadas, de forma a efetuar referência à oportunização de melhores condições de vida a esse grupo etário da sociedade.

Repousa-se diametralmente oposta à estigmatização da pessoa que envelhece, ora como alguém dotado de passividade e fragilidade, ora como ativo e plenamente independente.

Nessa senda, são as considerações apresentadas por Selena Mesquita de Oliveira Teixeira *et al.* (2015, p. 513), que evidenciam que a envelhescência contrapõe-se à estigmatização do ancião pertinente a perdas e à passividade:

> A envelhescência gera um processo de ressignificação e valorização da vida de forma a permitir que o envelhescente lide melhor com os obstáculos inerentes ao processo de envelhecimento. Assim, pode-se dizer que esse sujeito envelhescente se desenvolve sob uma lógica contrária à que se evidencia na dinâmica estigmatizadora do velho, de passividade e perdas, contribuindo, em longo prazo, para a quebra de paradigmas dessa natureza.

Por outro lado, Emmanuel Teófilo Furtado (2004, p. 315) não somente pontua que as perdas são enfatizadas em detrimento dos ganhos do processo de envelhecimento, como também assevera que no âmbito laboral o conceito de velhice é deveras abreviado:

> Importa que haja a distinção entre o processo de envelhecimento e a velhice propriamente dita, o que nem sempre é feito no mundo do trabalho, para o qual o conceito de velhice é extremamente abreviado, vale dizer, o trabalhador já é considerado velho e, portanto, inútil para o labor, a partir dos 35 anos, portanto em momento muito aquém da velhice biológica e emocional. O fato é que nascemos envelhecendo e seremos sempre mais novos ou mais velhos que alguém, daí ser possível comparar o processo de envelhecimento com o processo de desenvolvimento, no qual sempre ocorrem perdas e ganhos. Contudo, quando se faz menção ao processo de envelhecimento, as perdas são sempre mais ressaltadas, enquanto os ganhos dificilmente são reconhecidos.

Márcia Tavares, fundadora do WeAge, Fran Winandy, sócia do Acalântis Services, e Mórris Litvak, fundador do Maturi, empresas voltadas aos recursos humanos, com foco em diversidade etária e na longevidade, organizaram, de acordo com os padrões comportamentais, os perfis de profissionais com idade superior a cinquenta anos (Tavares, 2020, p. 47):

O CONSULTOR

> São pessoas que tiveram uma carreira ligada ao conhecimento, professores, especialistas, acadêmicos ou líderes que, após os 50 anos, decidiram abrir sua própria consultoria com a vontade de ter mais flexibilidade de horário, poder se dedicar à família, ter espaço na agenda para buscar outros interesses e se aventurar em novas experiências.

O EMPREENDEDOR

> São pessoas que precisam continuar trabalhando e gerando renda ou querem se manter ativos, criando e se desafiando. Gostam de trocar ideias, conhecer pessoas novas, são curiosos e dedicados a aprender ferramentas tecnológicas e novos formatos de trabalho. São os reis e rainhas da *gig economy*, se não por prazer, por necessidade.

O INCONFORMADO

> São pessoas que se ressentem muito pela falta de espaço no mercado de trabalho para profissionais maduros e frequentemente relembram os tempos do passado, quando eram valorizados e tinham um trabalho que gostavam e pagava as contas. Se fixam no sonho do CLT e acabam sendo mais fechados para novos formatos de trabalho, novos aprendizados e diferentes fontes de renda.

O MENTOR

> São pessoas que, em geral, já aposentados, dedicam-se a contribuir para as causas que acreditam, muitas vezes de forma voluntária. São comprometidos e sérios nas atividades que exercem. De encontros religiosos, projetos sociais a mentorias com empreendedores e jovens, alguns até se aventuram como investidores-anjo em *startups*, sendo várias e diversas as oportunidades de *give back*.

Com efeito, são variados os perfis dos profissionais envelhescentes e idosos, desde aqueles com interesse em passar mais tempo com a família até os que estão em busca de novos formatos de trabalho. Há quem almeja remuneração e quem se satisfaz com trabalho voluntário.

Entretanto, apesar da aparente abertura do mercado de trabalho às pessoas com mais idade, os trabalhadores envelhescentes não estão isentos de condutas discriminatórias, ainda que não possuam sessenta anos, sendo, portanto, idosos. Experienciam a discriminação, mesmo que em menor grau.

Esta é manifestada seja na fase de contratação, no decurso do contrato ou de modo a "embasar" a rescisão contratual. Em relação à primeira, menciona-se pesquisa realizada pela Infojobs, empresa de tecnologia para recrutamento, em abril de 2021, com mais de 4500 profissionais acima dos quarenta anos de idade, obtendo-se os seguintes dados (Infojobs, 2021):

> **70,4%** dos profissionais acima dos 40 anos que participaram da pesquisa afirmam que já sofreram preconceito etário durante processos seletivos; **78,5%** deles afirmam que o mercado de trabalho não dá as mesmas chances para profissionais 40+, quando comparado com os mais jovens; **27,1%** acreditam que é preciso estar mais atualizado para competir com as novas gerações; **68,4%** alegam que muitas vezes estar atualizado ainda não é o suficiente.

Denota-se, portanto, que o preconceito etário é deveras frequente na etapa pré-contratual e, não raro, sobrepõe-se ao eventual conhecimento que o candidato detenha em termos de atualização comparativamente aos mais jovens.

Desta feita, essa espécie de preconceito é visível não somente no processo seletivo, quando as empresas recusam candidatos pela idade e acabam contratando indivíduos mais jovens no lugar, mas também em anúncios de emprego, em que se elegem como requisitos ao cargo determinada idade, como a de vinte a trinta anos, restando excluídos os com idade superior.

Ressalvam-se, é certo, os cargos que, por sua natureza, inviabilizem seu exercício por pessoas com idade mais avançada, por exigirem, por exemplo, acentuada força física. Do contrário, demonstra-se irrazoável e ilegal tal critério. Por sua vez, no decorrer do contrato de trabalho, o tratamento discriminatório pode ser demonstrado por diferenças salariais, de promoção no emprego e de assédio moral por parte dos colegas ou de superiores hierárquicos.

Em se tratando do cômputo salarial, cumpre consignar que não se tolera a discriminação embasada na idade, de modo a se equiparar o salário de pessoas que exerçam a mesma função na empresa, em trabalho de igual valor, nos termos do *caput* do art. 461 da CLT (Brasil, 1943)(42).

Quanto ao citado assédio em razão da idade, pode ocorrer tanto por colegas, portanto, de mesmo nível hierárquico, ocasião em que é denominado horizontal, ou de superiores ou inferiores, sendo, portanto, vertical descendente e ascendente, respectivamente.

---

(42) Art. 461. Sendo idêntica a função, a todo trabalho de igual valor, prestado ao mesmo empregador, no mesmo estabelecimento empresarial, corresponderá igual salário, sem distinção de sexo, etnia, nacionalidade ou idade (Brasil, 1943).

Modalidade diversa é o assédio moral organizacional, representado por condutas e métodos que consistem em prática da empresa, como a exigência de cumprimento de metas de produtividade exorbitantes e impraticáveis.

No caso da rescisão contratual, esta será considerada arbitrária, nos termos do inciso I do art. 7º da Constituição Federal(43) se, em verdade, embasar-se no fator etário (Brasil, 1988). É comum a situação do indivíduo que labora há anos na mesma empresa e, por conseguinte, é enxergado pelo empregador como de alto custo, sendo-lhe mais vantajoso financeiramente dispensá-lo e contratar outro funcionário em seu lugar, com menos experiência. Possibilidade diversa é a que concerne ao trabalhador que está próximo a obter o direito à aposentadoria.

Nesse diapasão, transcreve-se acórdão proferido pela 3ª Turma do Tribunal Superior do Trabalho, nos autos de Recurso de Revista n. 73000-64.2010.5.17.0008, no bojo do qual se concluiu que é discriminatória a dispensa fundada, mesmo que implicitamente, no tempo de vida do trabalhador. *In casu*, reconheceu-se a discriminação representada pela rescisão de contrato de trabalho de bancária com mais de 48 anos, logo, envelhescente, obrigando-se o empregador a indenizar em R$ 80.000,00 por danos morais. A dispensa ocorreu, conforme a então empregada, próxima ao momento de fazer jus à aposentadoria integral. *In verbis*:

> **AGRAVO REGIMENTAL EM AGRAVO DE INSTRUMENTO EM RECURSO DE REVISTA. BANESTES. DISPENSA DISCRIMINATÓRIA. UTILIZAÇÃO DE CRITÉRIOS DE TEMPO DE SERVIÇO E DE IDADE. CONFIGURAÇÃO.** O entendimento da e. SBDI-1 do TST é de que, por ser inegável a relação diretamente proporcional existente entre a idade e o tempo de serviço, deve-se considerar discriminatória a dispensa que se funda, ainda que de forma implícita, no fator idade devendo ser decretada a nulidade do ato com os efeitos da Lei n. 9.029/95. **AGRAVO REGIMENTAL CONHECIDO E PROVIDO. II – AGRAVO DE INSTRUMENTO EM RECURSO DE REVISTA. BANESTES. DISPENSA DISCRIMINATÓRIA. UTILIZAÇÃO DE CRITÉRIOS DE TEMPO DE SERVIÇO E DE IDADE. CONFIGURAÇÃO.** Demonstrado no agravo de instrumento que o recurso de revista preenchia os requisitos do art. 896 da CLT, quanto ao tema em epígrafe, deve ser dado provimento ao agravo de instrumento para melhor análise da arguição de violação dos artigos 3º, IV, da Constituição da República e 1º da Lei 9.029/95. **AGRAVO DE INSTRUMENTO CONHECIDO E PROVIDO. III – RECURSO DE REVISTA. NULIDADE DO ACÓRDÃO POR NEGATIVA DE PRESTAÇÃO JURISDICIONAL.** Evidenciada a possibilidade de êxito da parte a quem aproveita a declaração de nulidade, deixa-se de examinar a preliminar, nos termos do artigo 822, § 2º, do

---

(43) Art. 7º São direitos dos trabalhadores urbanos e rurais, além de outros que visem à melhoria de sua condição social: I – relação de emprego protegida contra despedida arbitrária ou sem justa causa, nos termos de lei complementar, que preverá indenização compensatória, dentre outros direitos (Brasil, 1988).

> CPC/2015. **BANESTES. DISPENSA DISCRIMINATÓRIA. UTILIZAÇÃO DE CRITÉRIOS DE TEMPO DE SERVIÇO E DE IDADE. CONFIGURAÇÃO.** A questão debatida nos presentes autos está relacionada à utilização de critério relativo à idade na política de desligamento, implementada por meio da Resolução 696/2008 – BANESTES, que prevê a demissão do empregado que "*completar 30 anos de serviços efetivamente prestados ao BANESTES, desde que o empregado tenha também assegurada a condição de aposentado ou de elegibilidade à aposentadoria proporcional ou integral pela Previdência Social, processando esse desligamento por iniciativa do BANESTES, como Rescisão Sem Justa Causa, mediante o pagamento das verbas rescisórias previstas em lei*". O que se observa da citada resolução é que o seu intento era respaldar demissão de empregados do réu sem justa causa, com o critério objetivo do tempo de serviço ao banco ou de tempo de serviço junto à previdência social para fins de aposentadoria proporcional ou integral. Claro está que, em razão do critério relativo à idade, o desligamento do autor foi, de fato, discriminatório, contrariando frontalmente os artigos 3º, IV, da Constituição da República e 1º da Lei n. 9.029/95. E ainda que se reconheça o direito potestativo de resilição contratual, não há como se afastar a conclusão de que a dispensa do trabalhador foi discriminatória, na medida em que foi vinculada exclusivamente ao critério de tempo de serviço e de idade, o que é inaceitável, em face do princípio protetivo que norteia o Direito do Trabalho. Também não há como negar que a dispensa efetivada pelo banco, ao atingir a todos os empregados que se encontram em idade mais avançada e com maior tempo de trabalho cria um verdadeiro clima de apreensão entre os trabalhadores, trazendo, por óbvio, prejuízos ao autor, que teve de se aposentar proporcionalmente pela previdência social, experimentando significativa perda pecuniária. Este é o entendimento prevalecente nesta Corte Superior. Precedentes. **Recurso de revista conhecido por violação dos artigos 3º, IV, da Constituição da República e 1º da Lei 9.029/95 e provido. CONCLUSÃO: Agravo regimental conhecido e provido**. Agravo de instrumento conhecido e provido. Recurso de revista conhecido e provido (Brasil, 2017, grifos do autor).

Essa situação discriminatória também é visualizada no acórdão prolatado pela 5ª Câmara do Tribunal Regional do Trabalho da 12ª Região, referente ao processo RO 0003623-53.2011.5.12.0026:

> DISCRIMINAÇÃO ETÁRIA. PROFESSOR. REDUÇÃO DA CARGA HORÁRIA NO PERÍODO QUE ANTECEDEU À APOSENTADORIA. ATRIBUIÇÃO DAS CLASSES A PROFESSOR MAIS NOVO, RECÉM CONTRATADO. DANOS MORAIS. INDENIZAÇÃO. A redução da carga horária de professor mais idoso, praticada no período que antecedeu a sua aposentadoria, com atribuição das classes a outro professor, mais novo e recém contratado, caracteriza atitude discriminatória pela idade, ensejadora de direito à indenização por danos morais. Toda a discriminação é odiosa. A discriminação dirigida contra um profissional com vários anos de serviço, em razão da idade, desprezando tanto sua experiência, quanto os serviços que prestou, é agravada pela ingratidão, que aumenta a sensação de injustiça e de ser apenas uma peça descartável da produção (Santa Catarina, 2013, grifos do autor).

Nessa situação, resta evidente a desconsideração pelos anos de dedicação do profissional, que viu sua carga horária sendo reduzida até ser substituído por professor mais novo, nas vésperas de sua aposentadoria. "E, mais que isso, tais atos representam a materialização de uma das mais cruéis discriminações que pode sofrer o ser humano: o preconceito por viver mais" (Magalhães, 2008).

Além disso, deve se considerar que, hodiernamente, o envelhescente que intenta (re)inserir-se no mercado de trabalho, em significativa parcela das vezes, não está inserido digitalmente, condição imprescindível para obter emprego. É o que afirmam Lilian Simone Andreola e Rodrigo Goldschmidt (2012, p. 470):

> Oportuno lembrar que o mercado de trabalho atual está muito distante do que existia há duas décadas. O envelhecente (*sic*) de hoje vem de uma cultura organizacional em que se fazia curso de datilografia, e que ter uma formação de nível superior e saber falar inglês era um diferencial que o fazia destacar-se demasiado entre os demais.

Entretanto, apesar de se referir a indivíduo que tem envidado esforços para garantir sua inclusão no mercado, inclusive geralmente possuindo condições para a competitividade deste, levando-se em consideração sua inserção digital, ainda encontra maiores dificuldades para tanto, sendo preterido em relação ao profissional mais jovem. Nesse sentido, Marja Mariane Feuser (2020, p. 79-80) acrescenta como motivo para as dificuldades do envelhescente no acesso ao mercado de trabalho o fato de que geralmente os empregadores buscam baixo custo salarial:

> Nesse contexto, onde o sistema capitalista neoliberal almeja o lucro, na busca de profissionais qualificados e adaptados à velocidade tecnológica, mas que apresentem baixo custo salarial, diante das evidências que apontam a clara dificuldade do trabalhador acima dos quarenta anos, tanto na fase contratual como pré-contratual, bem como diante da dificuldade de comprovação da discriminação etária na prática, especialmente, por não serem considerados os trabalhadores "envelhescentes" sujeitos vulneráveis, com (*sic*) ocorre com os trabalhadores jovens, os idosos, as mulheres e os negros [...].

Não obstante os apontamentos da autora, ao apresentar embasamento para os embaraços na comprovação da discriminação etária, ter destacado que os trabalhadores compreendidos como envelhescentes ou maduros não são considerados sujeitos vulneráveis, entende-se o contrário.

É que em que pese não comporem o grupo vulnerável das pessoas idosas, já vivenciam a discriminação, a estigmatização e o preconceito a que estão expostos cotidianamente os anciãos, apresentando, assim, vulnerabilidade em menor grau.

3.2. Classificação dos direitos da personalidade do envelhescente

3.2.1. Saúde, educação, lazer

De início, cumpre apontar que a saúde, a educação e o lazer são direitos sociais, em consonância com o art. 6º do diploma constitucional[44], além de constituírem direitos e garantias fundamentais, estando inseridos no Título II do referido diploma (Brasil, 1988).

A saúde consiste em direito de todos e dever estatal, que é assegurado mediante políticas sociais e econômicas que objetivem a redução do risco de doenças e de outros agravos e ao acesso universal e igualitário para sua promoção, proteção e recuperação, nos termos do art. 196 da Constituição Federal[45](Brasil, 1988).

Salutar asseverar a disposição relativa à saúde, constante do Pacto Internacional sobre Direitos Econômicos, Sociais e Culturais, incorporado pela legislação pátria, que em seu art. 12 prescreve o direito de toda pessoa de desfrutar do mais elevado nível possível de saúde física e mental (Brasil, 1992)[46].

Nessa linha, cuidou de delinear como medida que deve ser adotada pelos Estados Partes a melhoria dos aspectos de higiene do trabalho e do meio ambiente, além da prevenção, do tratamento e da luta contra doenças epidêmicas, endêmicas, profissionais e outras[47].

A propósito, salienta-se a Convenção n. 155 da Organização Internacional do Trabalho sobre Segurança e Saúde dos Trabalhadores e o Meio Ambiente de Trabalho, disposta no Anexo LI, do Decreto n. 10.088/2019 (Brasil, 2019).

---

(44) Art. 6º São direitos sociais a educação, a saúde, a alimentação, o trabalho, a moradia, o transporte, o lazer, a segurança, a previdência social, a proteção à maternidade e à infância, a assistência aos desamparados, na forma desta Constituição. (Redação dada pela Emenda Constitucional n. 90, de 2015) (Brasil, 1988).

(45) Art. 196. A saúde é direito de todos e dever do Estado, garantido mediante políticas sociais e econômicas que visem à redução do risco de doença e de outros agravos e ao acesso universal e igualitário às ações e serviços para sua promoção, proteção e recuperação (Brasil, 1988).

(46) ARTIGO 12 1. Os Estados Partes do presente Pacto reconhecem o direito de toda pessoa de desfrutar o mais elevado nível possível de saúde física e mental. [...] (Brasil, 1992).

(47) ARTIGO 12 [...] 2. As medidas que os Estados Partes do presente Pacto deverão adotar com o fim de assegurar o pleno exercício desse direito incluirão as medidas que se façam necessárias para assegurar: [...] b) A melhoria de todos os aspectos de higiene do trabalho e do meio ambiente; c) A prevenção e o tratamento das doenças epidêmicas, endêmicas, profissionais e outras, bem como a luta contra essas doenças (Brasil, 1992).

É que em conformidade com o art. 3, alínea "*e*", da citada Convenção, o termo saúde, atinente ao trabalho, engloba não somente a ausência de enfermidades, mas também os elementos físicos e mentais que afetam a saúde e estão diretamente relacionados com a segurança e a higiene no trabalho (Brasil, 2019)[(48)].

A saúde para o indivíduo idoso, em consonância com o item 1, alínea "*d*" da Política Nacional de Saúde da Pessoa Idosa, é conceituada "mais pela sua condição de autonomia e independência que pela presença ou ausência de doença orgânica" (Brasil, 2006).

Nessa senda, a fim de que o idoso usufrua de uma velhice em condições dignas de saúde, é imperiosa a atenção à saúde em todo o decorrer da vida, especialmente com viés preventivo, a fim de se obter diagnóstico precoce, *in casu*, de doenças que comumente acometem anciãos, para fornecer tratamento adequado e maiores chances de cura. Por isso, a premência da garantia desse direito ao envelhescente.

Por sua vez, quanto à educação, ressalta-se que constitui direito de todos e dever do Estado e da família, sendo promovida e incentivada com a colaboração da sociedade, além de ter por escopo o pleno desenvolvimento da personalidade, preparo para o exercício da cidadania e sua qualificação para o trabalho, nos termos do art. 205 da Constituição Federal (Brasil, 1988).

Outro ponto digno de relevo concerne ao fato de que o salário mínimo, direito do trabalhador, deveria ser capaz de atender às necessidades vitais básicas suas e de sua família com, inclusive, educação, saúde e lazer, conforme rege o inciso IV do art. 7º, da Constituição Federal (Brasil, 1988)[(49)].

Tem-se que é por meio da renda adquirida pelo trabalho que se viabilizam não somente a subsistência do trabalhador e de seu seio familiar, mas outros direitos, a exemplo dos sociais, como a educação, a saúde e o lazer, estatuídos no art. 6º do texto constitucional (Brasil, 1988).

---

(48) Artigo 3. Para os fins da presente Convenção: [...] e) o termo "saúde", com relação ao trabalho, abrange não só a ausência de afecções ou de doenças, mas também os elementos físicos e mentais que afetam a saúde e estão diretamente relacionados com a segurança e a higiene no trabalho (Brasil, 2019).

(49) Art. 7º São direitos dos trabalhadores urbanos e rurais, além de outros que visem à melhoria de sua condição social: IV – salário mínimo, fixado em lei, nacionalmente unificado, capaz de atender as suas necessidades vitais básicas e às de sua família com moradia, alimentação, educação, saúde, lazer, vestuário, higiene, transporte e previdência social, com reajustes periódicos que lhe preservem o poder aquisitivo, sendo vedada sua vinculação para qualquer fim (Brasil, 1988).

A educação pode ser vislumbrada por outro viés, qual seja, o de proporcionar à sociedade maior compreensão acerca dos direitos da pessoa de idade avançada. Dessa maneira, pode-se citar o conhecimento mediante disciplinas voltadas à conscientização do respeito ao idoso e do envelhecimento, processo inexorável da vida humana.

Maria Garcia (2014, p. 200, grifos da autora) destaca a importância da educação, em especial às pessoas idosas, que, por vezes, até essa idade não lhes foi efetiva e devidamente oportunizada a instrução escolar:

> Pode-se concluir que todas essas possibilidades são interditadas à pessoa, pela falta de acesso à educação, *em qualquer idade*. Com referência à pessoa idosa a situação apresenta-se de especial gravidade porquanto assinala que não chegou a obter, até essa etapa existencial, o acesso às potencialidades que caracterizam a personalidade humana, no seu livre desenvolvimento. Com maior nível de gravidade, ainda, a falta de acesso à educação toca o ponto nevrálgico da liberdade individual, dados os prejuízos ao conhecimento – inatingido, nesse caso, das liberdades públicas e ao ápice da liberdade, a *cidadania*.

Conforme assinalado pela autora, a ausência da educação traz efeitos negativos, tendo em vista que esta colabora para o livre desenvolvimento da personalidade, bem como influi na liberdade em seus vieses particular e pública, desembocando na cidadania.

Por certo, as considerações aludidas pela autora referem-se igualmente ao envelhescente, considerando seu re(ingresso) no mercado de trabalho. A propósito, menciona-se a Lei de Diretrizes e Bases da Educação Nacional (Lei n. 9.394/1996), que prevê, em seu art. 37, *caput*, a educação de adultos que não tiveram acesso ou continuidade de estudos nos ensinos fundamental e médio na idade própria[(50)].

O § 1º, inclusive, assegura a gratuidade do ensino aos adultos nas condições retromencionadas, ocasião em que são consideradas as particularidades do alunado, como condições de vida e de trabalho[(51)] (Brasil, 1996).

---

(50) Art. 37. A educação de jovens e adultos será destinada àqueles que não tiveram acesso ou continuidade de estudos nos ensinos fundamental e médio na idade própria e constituirá instrumento para a educação e a aprendizagem ao longo da vida (Brasil, 1996).

(51) § 1º Os sistemas de ensino assegurarão gratuitamente aos jovens e aos adultos, que não puderam efetuar os estudos na idade regular, oportunidades educacionais apropriadas, consideradas as características do alunado, seus interesses, condições de vida e de trabalho, mediante cursos e exames (Brasil, 1996).

Eliane Ferreira de Sousa (2010, p. 70) realça, na seara da educação, a importância da informação de qualidade a fim de se elidir a exclusão social:

> Na atualidade, o maior problema não é encontrar a informação, mas ter acesso à informação de qualidade, que potencialize o desenvolvimento dos indivíduos, para que se tornem menos distantes da exclusão social. E a exclusão social, aliás, tem como um dos seus mais importantes ingredientes a falta de informação. Muitas vezes, o acesso aos direitos não custa nada, mas as pessoas que precisam não são beneficiadas. E quem mais perde é o país, pois a falta de desenvolvimento está atrelada à desinformação social. Isso porque o direito à informação não alcança apenas a produção, mas o direito às políticas sociais (normas e regras legítimas).

Danilo Henrique Nunes, Dirceu Pereira Siqueira e Thiago Florentino Gonçalves (2019, p. 57) analisando a Lei n. 13.415/2017, que retirou a obrigatoriedade da Educação Física e das Artes durante o Ensino Médio; a Lei n. 11.494/2007[(52)], em que se dispõe a distribuição proporcional para a formação técnica e profissional; e, a Emenda Constitucional n. 95/2016, que restringe por vinte anos os gastos públicos, incluindo-se os setores da educação e saúde, asseveram a desvalorização da educação enquanto desenvolvimento da cidadania:

> Com isso, é possível ver uma preocupação com uma educação mais voltada para o trabalho do que para a formação e desenvolvimento do cidadão. Disciplinas que poderiam desenvolver as questões do lazer e de práticas liberatórias, onde o indivíduo poderia se desenvolver suas práticas para auto-satisfação. Tudo leva a crer que a educação para a realização pessoal é menos importante do que a formação técnico-profissional. Isso sem levar em conta os (sic) o teto dos gastos com educação que mostra uma total desvalorização desta área.

Por seu turno, em relação ao lazer, constitui direito ao efetivo repouso, a ser desempenhado conforme melhor aprouver a cada pessoa, por exemplo, mediante atividades esportivas, recreativas e culturais. É poder usufruir de momentos isentos de atividades laborais e demais obrigações.

Cumpre consignar por se desvincular a necessária relação entre lazer e ócio, tendo em vista ser substancial o descanso até mesmo para melhoria da produtividade do trabalhador.

---

(52) Trata-se de legislação posteriormente revogada, com a ressalva do art. 12.

Possibilita esse direito a observância à duração da jornada de trabalho[(53)], com a fruição do descanso semanal remunerado[(54)] e das férias[(55)], garantidos constitucionalmente, no art. 7º, além dos intervalos intra (art. 71, *caput*)[(56)]e interjornada (art. 66)[(57)], consubstanciados na CLT (Brasil, 1943).

Nesse ponto, a extrapolação da jornada pode ocorrer devido à cobrança excessiva e à exigência desproporcional de atividades comparativamente à duração da jornada de trabalho, inviabilizando a fruição do direito à desconexão pelo trabalhador. De outro lado, também é possível que as cobranças pelo empregador sejam efetuadas fora da jornada de trabalho do trabalhador, sobrecarregando-o, impedindo, igualmente, seu direito à desconexão, *in casu*, personificado no descanso semanal remunerado.

Desta feita, Matheus Ribeiro de Oliveira Wolowski (2018, p. 86) traz considerações à vulnerabilidade da vítima de assédio moral, que para manter seu emprego, que lhe confere o sustento e o de sua família, acaba por se sujeitar às condições impostas por seu empregador:

> Como o ritmo global tem se intensificado, juntamente com as ameaças de desemprego e a garantia de emprego cada vez menor, o trabalhador se sujeita a essas questões e se silencia para garantir o seu sustento e de seus familiares. Além de doenças a sua saúde, a vítima do assédio moral por excesso de trabalho pode sofrer com divórcios, má educação dos filhos e a perda da relação de amigos, já que a sua ausência no seio familiar e social foi consequência do excesso de trabalho exigido reiteradamente pelo tomador de serviços.

O assédio em comento, portanto, possui repercussões para além do meio ambiente laboral, afetando a família do trabalhador, em razão da ausência desta para se devotar ao trabalho. Por essas razões, aumenta-se a incidência de divórcios e problemas com os filhos.

---

(53) Art. 7º [...] XIII – duração do trabalho normal não superior a oito horas diárias e quarenta e quatro semanais, facultada a compensação de horários e a redução da jornada, mediante acordo ou convenção coletiva de trabalho [...] (Brasil, 1988).

(54) Art. 7º [...] XV – repouso semanal remunerado, preferencialmente aos domingos; (Brasil, 1988).

(55) Art. 7º [...] XVII – gozo de férias anuais remuneradas com, pelo menos, um terço a mais do que o salário normal (Brasil, 1988).

(56) Art. 71. – Em qualquer trabalho contínuo, cuja duração exceda de 6 (seis) horas, é obrigatória a concessão de um intervalo para repouso ou alimentação, o qual será, no mínimo, de 1 (uma) hora e, salvo acordo escrito ou contrato coletivo em contrário, não poderá exceder de 2 (duas) horas.[...] (Brasil, 1943).

(57) Art. 66. – Entre 2 (duas) jornadas de trabalho haverá um período mínimo de 11 (onze) horas consecutivas para descanso (Brasil, 1943).

A Declaração Universal dos Direitos Humanos de 1948 possui os artigos 13 e 24 que tratam do tema, o primeiro referindo-se ao turismo e o segundo à limitação da jornada de trabalho (ONU, 1948):

> Artigo 13° 1. Toda a pessoa tem o direito de livremente circular e escolher a sua residência no interior de um Estado. 2. Toda a pessoa tem o direito de abandonar o país em que se encontra, incluindo o seu, e o direito de regressar ao seu país [...].
>
> Artigo 24° Toda a pessoa tem direito ao repouso e aos lazeres, especialmente, a uma limitação razoável da duração do trabalho e as férias periódicas pagas.

Ainda no que concerne ao lazer, na condição de desporte, há previsão constitucional de que o Poder Público procederá ao seu incentivo, como forma de promoção social, consoante o art. 217, *caput* e § 3º (Brasil, 1988)[(58)].

Por fim, o próximo capítulo tem por objeto de análise não mais os envelhescentes, mas os sujeitos que os sucedem, ou seja, as pessoas idosas e os direitos da personalidade correlatos no meio ambiente do trabalho.

---

(58) Art. 217. É dever do Estado fomentar práticas desportivas formais e não-formais, como direito de cada um, observados: [...] § 3º O Poder Público incentivará o lazer, como forma de promoção social (Brasil, 1988).

|CAPÍTULO - 4|

IDOSOS E DIREITOS DA PERSONALIDADE NO MEIO AMBIENTE DO TRABALHO

4.1. Conceito de idoso

A priori, cumpre delinear a evolução dos direitos das pessoas idosas, salientando, por exemplo, que entre a promulgação da Constituição Federal, em 1988, até o advento do Estatuto da Pessoa Idosa, de 2003 (atualmente Estatuto da Pessoa Idosa – redação dada pela Lei n. 14.423/2022), decorreu um hiato temporal de praticamente quinze anos. A tutela jurídica aos anciãos no Brasil, portanto, caminhou a passos lentos.

Importa apontar, assim, a influência das discussões entabuladas nas assembleias da Organização das Nações Unidas (ONU) sobre o envelhecimento, nos anos de 1982 e 2002, das quais resultaram planos de ação internacional acerca da temática.

Faz-se necessário aludir à Resolução n. 46/1991, da Organização das Nações Unidas, aprovada em sua assembleia geral, que possui princípios, divididos nos seguintes âmbitos: independência, participação, assistência, autorrealização e dignidade (UFRGS, 2000).

Diante disso, alude-se à publicação da Lei n. 8.842/1994, que dispõe sobre a Política Nacional do Idoso, com objetivo de criar condições para a promoção de sua autonomia, integração e participação efetiva na sociedade, conforme seu artigo inicial[(59)]. A princípio, há de se mencionar que, para conceituar o idoso, variados são os critérios passíveis de utilização, a exemplo do biológico, do psicológico e do etário. Quanto ao primeiro, aborda-se sua relação com o corpo da pessoa e suas condições mormente físicas.

---

(59) Art. 1º A política nacional do idoso tem por objetivo assegurar os direitos sociais do idoso, criando condições para promover sua autonomia, integração e participação efetiva na sociedade (Brasil, 1994).

No que concerne ao crivo psicológico, Matheus Papaléo Netto, Renata Freitas Nogueira Salles e Maria Cristina Guapindaia Carvalho (2015, p. 40) assinalam seus pontos de convergência e divergência com o critério cronológico, isto é, pelo decurso do tempo:

> O conceito de idade psicológica, à semelhança do significado de idade biológica, refere-se à relação que existe entre a idade cronológica e as capacidades, tais como percepção, aprendizagem e memória, as quais prenunciam o potencial de funcionamento futuro do indivíduo. Paralelamente, a idade psicológica tem sido relacionada também com o senso subjetivo de idade, isto é, como cada pessoa avalia a presença de marcadores biológicos, sociais e psicológicos do envelhecimento, comparando-se com outros indivíduos de mesma idade.

O crivo utilizado no viés jurídico é o etário, tendo em vista que o art. 1º do Estatuto da Pessoa Idosa considera idosa a pessoa com sessenta anos ou mais de idade (Brasil, 2003)[(60)].

Não obstante constar do texto constitucional, no § 2º do art. 230, a gratuidade dos transportes coletivos urbanos aos maiores de sessenta e cinco anos, fazendo referência, portanto, aos idosos, conforme se extrai do seu *caput* e do § segundo[(61)], deve-se entender como sessenta anos a faixa etária para se considerar idoso, nos termos do Estatuto da Pessoa Idosa, em seu citado artigo inicial (Brasil, 2003).

De acordo com a Organização Mundial da Saúde (OMS), classifica-se o indivíduo como idoso a partir dos sessenta anos, caso se trate de habitante de país em desenvolvimento, como é o caso pátrio, ou a partir dos sessenta e cinco anos de idade, tratando-se de país desenvolvido.

Impende diferenciar a terceira e a quarta idades, sendo aquela comumente entendida como a fase iniciada aos sessenta anos, enquanto esta começa aos oitenta anos, sendo, de certa forma, um idoso com idade mais avançada. Inclusive, no Estatuto da Pessoa Idosa há disposição no sentido de conferir prioridade especial aos maiores de oitenta anos (art. 3º, § 2º) (Brasil, 2003)[(62)].

---

(60) Art. 1º É instituído o Estatuto da Pessoa Idosa, destinado a regular os direitos assegurados às pessoas com idade igual ou superior a 60 (sessenta) anos (Brasil, 2003).
(61) Art. 230. A família, a sociedade e o Estado têm o dever de amparar as pessoas idosas, assegurando sua participação na comunidade, defendendo sua dignidade e bem-estar e garantindo-lhes o direito à vida. [...] § 2º Aos maiores de sessenta e cinco anos é garantida a gratuidade dos transportes coletivos urbanos (Brasil, 1988).
(62) Art. 3º [...] § 2º Entre as pessoas idosas, é assegurada prioridade especial aos maiores de 80 (oitenta) anos, atendendo-se suas necessidades sempre preferencialmente em relação às demais pessoas idosas (Brasil, 2003).

Por outro vértice, são pertinentes as considerações tecidas por Pierre Vellas (2009, p. 81-82), que retrata acerca da plasticidade das expressões cunhadas em referência aos citados estágios, por estarem imbuídas de contexto individual:

> A terceira idade não se inicia com a idade jurídica da aposentadoria para findar com a própria vida. Inicia-se ao cessar a vida ativa, qualquer que seja a idade em que isso se produza, 65 anos, na maioria dos casos, 60 anos, 55 anos, ou talvez menos, para certas atividades profissionais. Mas para as mães de família pode ser um momento, qualquer que seja a idade, em que elas terminam de educar seus filhos. Para outros, é o momento em que uma doença, uma incapacidade física ou mental, provoca o fim das atividades profissionais, a menos que não seja a impossibilidade de exercer sua profissão por motivos de crise econômica, especialmente com antecipações da aposentadoria. A terceira idade caracteriza-se, assim, pela liberdade do tempo de que se dispõe. E vai até o momento em que não temos mais essa liberdade porque perdemos fisicamente, ou mentalmente a autonomia indispensável. Com a perda da autonomia, ingressa-se na quarta idade. Mas, ainda aí, o momento é muito variável. Para uns, ele pode vir mais cedo, por um acidente, por exemplo. Para outros, aos 90 anos ainda se está plenamente na terceira idade.

É de se pontuar que o idoso dos dias atuais diverge daquele de décadas passadas. Em geral, tem melhores condições de saúde, dinheiro e disposição, consoante asseveram Evandro da Costa, Eduardo Alexandre Martins e Mariza Farias de Liz (2012, p. 292):

> Os idosos acima de 60 anos, hoje, pertencem a um grupo denominado por eles como grupo da melhor idade. Isso porque o que se vê atualmente são idosos com mais disposição, saúde e dinheiro para curtir a vida ao máximo. Deixaram de lado a decisão de pendurar as chuteiras no trabalho, alegando ainda possuírem energia de sobra [...]. Além de incrivelmente mais conservados, em decorrência das inúmeras benfeitorias das cirurgias plásticas, dos tratamentos estéticos, das ginásticas e dos esportes.

Alguns idosos, inclusive, rejeitam ser categorizados como tais. Eles simplesmente não se visualizam no estereótipo do idoso como alguém fragilizado e dependente, eis que se sentem com vitalidade e energia. Podem, até mesmo, se recusar a utilizar as filas prioritárias em estabelecimentos e, de certa forma, se ofender ao serem taxados de senhores.

Simone de Beauvoir (2018, p. 228) retrata o constante tratamento direcionado ao idoso e sua semelhança ao dispensado à criança:

Até certo tempo, essa condição do velho é simétrica à da criança, com a qual o adulto também não estabelece reciprocidade. Não é por acaso que é tão comum se falar, nas famílias, da criança "extraordinária para sua idade", e também do velho "extraordinário para sua idade": o extraordinário é que, não sendo ainda homens, ou não sendo mais homens, eles tenham condutas humanas.

Em relação a essa conduta, tão comum na atualidade, de infantilizar o idoso, desdobra-se como deveras perniciosa, tendo em vista que, ao considerá-lo como incapaz, são antecipados cuidados, realizando-se atividades em seu lugar, de modo a aniquilar sua autonomia.

Adverte-se quanto ao risco de se afirmar o idoso ora como pessoa frágil e passiva, ora como necessariamente ativo. Tratam-se de dois pontos limítrofes, que desconsideram a característica da heterogeneidade, ou seja, que generalizam aludidos indivíduos, de modo a desaguar em estereótipos.

Relativamente ao primeiro estereótipo indicado, ressalta-se, do mesmo modo, que o idoso, por si só, não é, em regra, incapaz. Assim sendo, apenas excepcionalmente é que terá declarada sua incapacidade, mediante intervenção judicial. Aliás, é o que se preceitua no art. 10, § 1º, da Política Nacional do Idoso (Brasil, 1994)[(63)]. Ademais, constantemente, a velhice é enxergada como uma fase em que se vivenciam inúmeras perdas, podendo-se nomear as relativas às capacidades físicas e mentais, além da disposição.

É com esteio nessas ideias, não raro, que as famílias concedem tratamento aos seus anciãos. Paulo Roberto Barbosa Ramos (2015, p. 474) recorda da prática de certas famílias de deixarem seus idosos, notadamente enfermos, em espaços como hospitais:

> Inicialmente as famílias que não conseguiam cuidar dos seus velhos não mais independentes ou enfermos passaram a buscar espaços externos para abrigá-los. No começo esses espaços eram os hospitais gerais, para os quais eram enviadas todas as pessoas tidas como impertinentes para sociedade, como loucos, mendigos. Passando os velhos incapazes a serem abrigados nesses espaços, os quais posteriormente passaram a ser considerados asilos, quer dizer, locais de isolamento, começa a ser desenvolvida uma percepção negativa sobre o próprio envelhecimento, associando-se então a velhice à noção do que não serve, não tem utilidade, do que é incapaz.

---

(63) Art. 10. [...] § 1º É assegurado ao idoso o direito de dispor de seus bens, proventos, pensões e benefícios, salvo nos casos de incapacidade judicialmente comprovada (Brasil, 1994).

Oportuno acrescer a diferença entre senescência e senilidade, já que a primeira corresponde às mudanças perpassadas pelo indivíduo em decorrência natural do processo de envelhecimento, como o embranquecimento dos fios de cabelo, ao passo que a segunda comporta enfermidades provenientes da velhice, como o Alzheimer, estando, portanto, voltada à patologia.

Nesse diapasão, faz-se alusão à celeuma engendrada em razão da notícia de modificação, que entraria em vigor em janeiro de 2022, por parte da Organização Mundial da Saúde (OMS), na Classificação Internacional de Doenças (CID-11), por intermédio da inserção da velhice como enfermidade.

As razões repousavam na formalização adequada, ao atestar o óbito, por exemplo, cuja causa foi idade avançada. Todavia, diversas instituições se insurgiram, assinalando que geraria invisibilidade das dores do idoso, que redundariam na doença velhice, além de fomentar o preconceito pela associação das palavras velhice e doença.

A Sociedade Brasileira de Geriatria e Gerontologia, em seu site, declarou que: "classificar a velhice como doença poderá mascarar diagnósticos, pesquisas e coletas de dados, ou seja, irá prejudicar a implementação de ações de saúde voltadas aos idosos, além de potencializar a discriminação com a faixa etária" (SBGG, 2021).

Após, com a mobilização da sociedade, não se implementou o referido CID categorizando a velhice como enfermidade. Com efeito, verifica-se que a categorização da velhice, condição natural da vida, como doença, poderia obstaculizar a verdadeira investigação acerca das causas das enfermidades que acometem os anciãos. Ademais, possuía o efeito nefasto de inflamar o preconceito que já assola a sociedade, que desconsidera o ancião.

Outro ponto digno de menção refere-se ao fato de que, ao contrário do que comumente se acredita, as pessoas idosas compõem grupo vulnerável, e não minoria. Nesse sentido, mister pontuar que o conceito de minoria destaca o aspecto quantitativo em termos populacionais. Por outro lado, o que caracteriza o ancião como componente de grupo vulnerável é sua subjugação perante o restante da sociedade diante do desrespeito a seus direitos e interesses, consoante leciona Liliana Lyra Jubilut (2013, p. 16):

> Estes grupos seriam compostos de pessoas não pertencentes às minorias nacionais, mas que, em face de suas relações de subjugação no que tange à sociedade majoritária, precisariam estar englobados nos tratamentos diferenciados que devem ser dados às minorias em geral e precisariam de uma proteção diferenciada em função de suas peculiaridades. Trata-se, por exemplo, dos grupos das mulheres, crianças, idosos, "minorias" LGBTT e da população que vive na rua.

Alessandro Severino Vallér Zenni e João Lucas Silva Terra (2016, p. 83) pontuam que tanto as minorias quanto os grupos vulneráveis correspondem a "pessoas que necessitam de uma atenção maior do Estado e do direito a fim de alcançarem a sua emancipação, autonomia, e permitir que tenham acesso a bens fundamentais".

Nesse diapasão, aponta-se o princípio da proteção integral, disposto no art. 2º do Estatuto da Pessoa Idosa, consoante o qual esta, além dos direitos fundamentais inerentes à pessoa humana, goza da proteção integral da lei em comento (Brasil, 2003)[(64)]. Vislumbra-se que, além da proteção conferida às pessoas genericamente, aos idosos é assegurada maior guarida, por meio de legislação específica.

Maria Lúcia Cardoso de Magalhães (2008, p. 36), por outro lado, retrata a realidade dos anciãos que, ao não mais desempenharem um trabalho, sentem-se como que alijados de sua identidade:

> Ao se retirar ou se negar o trabalho ao idoso, estar-se-á retirando toda uma realidade construída e mais alguns sonhos ainda não realizados. Perdido o emprego, mudam-se as rotinas, perdem-se os vínculos sociais e, às vezes, o idoso perde até o seu próprio referencial como ser social. Viver passa a ser um fardo, um dia a dia sem perspectivas nem estímulos. Sucessivamente vem o ostracismo, a angústia, a depressão e essa série de mal-estar psicológico acaba por refletir no físico do indivíduo.

Tratam-se de pessoas, geralmente, que dedicaram assaz esforço e atenção de suas vidas à esfera profissional e que quando se veem fora do mercado de trabalho podem, inclusive, ter consequências em sua saúde.

Contribui para que o idoso desempregado ou aposentado se sinta assim o pensamento do senso comum, de teor capitalista, de que, por não mais estar economicamente ativo, o indivíduo torna-se invisível ou até mesmo um peso para as contas públicas.

Zygmunt Bauman (2001, p. 157-158) assevera a respeito da valoração exacerbada do trabalho, de modo a considerar a pessoa que está sem trabalho como em situação de anormalidade:

> O "trabalho" assim compreendido era a atividade em que se supunha que a humanidade como um todo estava envolvida por seu destino e natureza,

---

(64) Art. 2º A pessoa idosa goza de todos os direitos fundamentais inerentes à pessoa humana, sem prejuízo da proteção integral de que trata esta Lei, assegurando-se-lhe, por lei ou por outros meios, todas as oportunidades e facilidades, para preservação de sua saúde física e mental e seu aperfeiçoamento moral, intelectual, espiritual e social, em condições de liberdade e dignidade (Brasil, 2003).

e não por escolha, ao fazer história. E o "trabalho" assim definido era um esforço coletivo de que cada membro da espécie humana tinha que participar. O resto não passava de consequência: colocar o trabalho como "condição natural" dos seres humanos, e estar sem trabalho como anormalidade; denunciar o afastamento dessa condição natural como causa da pobreza e da miséria, da privação e da depravação; ordenar homens e mulheres de acordo com o suposto valor da contribuição de seu trabalho ao empreendimento da espécie como um todo; e atribuir ao trabalho o primeiro lugar entre as atividades humanas, por levar ao aperfeiçoamento moral e à elevação geral dos padrões éticos da sociedade.

Deve-se levar em consideração, ainda, a transição perpassada nas dinâmicas familiares, no que se refere ao papel do idoso. Ora, é que anteriormente, figura de maior prestígio, dada sua sabedoria e experiência adquiridas pelos anos de vida, o ancião, com o decurso do tempo, inclusive em razão das rápidas mudanças propiciadas pela tecnologia, passou a ser relegado no seio familiar.

A agilidade representada pelos avanços do capitalismo, sobretudo quanto à industrialização e o acesso à informação, bem como o desenvolvimento da tecnologia, o surgimento da internet e a obsolescência dos bens e produtos, concorreu para que ao saber do idoso não se conferisse tanta relevância.

Acerca de tal industrialização, Hannah Arendt (2018, p. 163) tece observações a respeito da automação no trabalho e seus impactos na vida humana:

> O perigo da futura automação não é tanto a tão deplorada mecanização e artificialização da vida natural, quanto o fato de que, a despeito de sua artificialidade, toda a produtividade humana seria sugada por um processo vital enormemente intensificado e seguiria automaticamente, sem dor e sem esforço, o seu ciclo natural sempre-recorrente. O ritmo das máquinas aumentaria e intensificaria enormemente o ritmo natural da vida, mas não mudaria, apenas tornaria mais mortal a principal característica da vida em relação ao mundo, que é a de minar a durabilidade.

Denota-se a durabilidade como aspecto praticamente distintivo do ser humano. Tem-se, portanto, de um lado, os bens não duráveis, haja vista a obsolescência, isto é, a necessidade de descarte do que é entendido como ultrapassado. De outro lado, o ser humano durável, mas mortal.

Aliado a isso, observou-se a inserção da mulher no mercado de trabalho, de modo que esta sai de sua residência, onde anteriormente era lhe demandado o cuidado com filhos e anciãos da família, para alcançar sua independência financeira.

Outra situação a ser considerada refere-se ao que se pode denominar instabilidade afetiva, eis que hodiernamente os divórcios são entendidos com maior naturalidade, comparativamente a décadas atrás. Ademais, visando a alcançar os objetivos pertinentes ao âmbito profissional, frequentemente, as famílias tendem a adiar a maternidade e/ou paternidade, de modo que ao chegar à envelhescência e à velhice possuem, não raro, filhos em idade escolar e universitária.

Fenômeno diverso constitui o da saída tardia dos filhos maiores da casa dos pais, tendo em vista que maior importância é conferida à educação. Desse modo, não raro, os filhos permanecem em corresidência com os genitores, em dependência econômica destes.

Deve-se mencionar, quanto à aposentadoria, que consiste em direito do trabalhador, para a qual este deve se preparar, consoante art. 7º, XXIV, da Constituição Federal(65), sendo componente da previdência social, a qual constitui direito social, conforme art. 6º do mesmo diploma normativo (Brasil, 1988)(66). A aproximação da aposentadoria torna mais complexa a relação entre candidatos e empregadores.

Cumpre apontar que se veda, ainda, a diferença de salários, exercício de funções e critério de admissão, dentre outros, pelo crivo da idade, em consonância com o art. 7º, XXX, da Constituição Federal(67) (Brasil, 1988). Todavia, há situações em que a utilização do fator etário não se traduz em teor efetivamente discriminatório, ocorrendo o que se denomina discriminação positiva, ou seja, de modo a respeitar a diferença. É o caso, exemplificativamente, da natureza do cargo e sua incompatibilidade quanto ao vigor físico demandado.

Cita-se, assim, a Súmula 683 do Supremo Tribunal Federal que, a respeito do setor público, estabelece que o limite de idade para a inscrição em concurso público só é dotado de legitimidade se justificado pela natureza das atribuições do cargo (Brasil, 2016)(68). Por outro lado, proíbe-se a utilização do fator etário para embasar a prática discriminatória e limitativa para efeito

---

(65) Art. 7º São direitos dos trabalhadores urbanos e rurais, além de outros que visem à melhoria de sua condição social: [...] XXIV – aposentadoria (Brasil, 1988).

(66) Art. 6º São direitos sociais a educação, a saúde, a alimentação, o trabalho, a moradia, o transporte, o lazer, a segurança, a previdência social, a proteção à maternidade e à infância, a assistência aos desamparados, na forma desta Constituição (Brasil, 1988).

(67) Art. 7º São direitos dos trabalhadores urbanos e rurais, além de outros que visem à melhoria de sua condição social: [...] XXX – proibição de diferença de salários, de exercício de funções e de critério de admissão por motivo de sexo, idade, cor ou estado civil (Brasil, 1988).

(68) STF – Súmula 683 – O limite de idade para a inscrição em concurso público só se legitima em face do art. 7º, XXX, da Constituição, quando possa ser justificado pela natureza das atribuições do cargo a ser preenchido (Brasil, 2016).

de acesso ou manutenção em relação de trabalho, em conformidade com o art. 1º da Lei n. 9.029/1995 (Brasil, 1995)[(69)].

Diante dessa infração, prevê-se como cominação multa administrativa e a proibição de obtenção de empréstimo ou financiamento junto a instituições financeiras oficiais (art. 3º) (Brasil, 1995)[(70)]. Todavia, por vezes, o que se denota são políticas de recrutamento que, ora de forma manifesta ora velada, desestimam ou repudiam a pessoa de idade mais avançada. Exemplificativamente, há a prática de os potenciais empregadores admitirem, de antemão, que os indivíduos em questão não possuem habilidades com tecnologia, tampouco de aprendê-las.

No caso do decurso da relação de trabalho, faz-se menção ao assédio moral, que pode se apresentar, por exemplo, por agressões verbais, por intermédio de humilhações e xingamentos, gestos de desprezo e, até mesmo, pela atribuição de tarefas aquém da capacidade do trabalhador ou sua inação, ou seja, não lhe conferindo qualquer atividade a ser desempenhada.

Tratam-se, pois, de atitudes que podem assaz minar a autoestima do trabalhador, que se vê menosprezado em razão de sua idade. Inclusive, pode se tratar de espécie de estratégia por parte do empregador, a fim de que o trabalhador se importune com a situação e solicite sua demissão, hipótese em que a empresa obtém vantagens no que diz respeito às verbas rescisórias.

À guisa de exemplificação, acosta-se ementa de julgado (autos n. 0001194-17.2013.5.09.0127) proveniente da 3ª Turma do Tribunal Regional do Trabalho da 9ª Região (TRT9), correspondente ao Estado do Paraná, decisão em que restou verificada a situação de assédio moral por discriminação etária, mediante a pressão dos superiores para que os trabalhadores com maior tempo de empresa aderissem ao Plano de Demissão Voluntária (PDV):

---

(69) Art. 1º É proibida a adoção de qualquer prática discriminatória e limitativa para efeito de acesso à relação de trabalho, ou de sua manutenção, por motivo de sexo, origem, raça, cor, estado civil, situação familiar, deficiência, reabilitação profissional, idade, entre outros, ressalvadas, nesse caso, as hipóteses de proteção à criança e ao adolescente previstas no inciso XXXIII do art. 7º da Constituição Federal (Brasil, 1995).

(70) Art. 3º Sem prejuízo do prescrito no art. 2º desta Lei e nos dispositivos legais que tipificam os crimes resultantes de preconceito de etnia, raça, cor ou deficiência, as infrações ao disposto nesta Lei são passíveis das seguintes cominações:

I – multa administrativa de dez vezes o valor do maior salário pago pelo empregador, elevado em cinqüenta por cento em caso de reincidência;

II – proibição de obter empréstimo ou financiamento junto a instituições financeiras oficiais. (Brasil, 1995).

COHAPAR. EMPREGADO QUE NÃO OPTOU PELO PDV. ASSÉDIO MORAL. Os depoimentos demonstraram que reclamada pressionou empregados mais antigos para que aderissem ao PDV, servindo-se do gestor para intimidá-los. Ficou evidente que a reclamada queria renovar o quadro depessoal, sob o argumento de que os empregados antigos estavam defasados. As situações narradas pelas testemunhas revelam a política de recursos humanos da reclamada, com relação aos empregados mais antigos, através de práticas veladas de discriminação. Em razão do ato ilícito praticado pelo empregador, é evidente que o reclamante teve agredido a sua esfera íntima, sentindo-se humilhado e desprestigiado pela empresa. Inequívoco, pois, o dano moral suportado pelo empregado em decorrência da conduta da ré. Recurso da ré negado (Paraná, 2015).

Vale lembrar que o plano de demissão voluntária, efetuado por convenção ou acordo coletivo de trabalho, enseja, em regra, a quitação plena e irrevogável dos direitos provenientes da relação empregatícia, conforme art. 477-B da CLT (Brasil, 1943)[(71)], o que evidencia, portanto, sua importância ao efetivo consentimento das pessoas envolvidas.

De modo categórico, tem-se do citado acórdão excerto em que resta patente o assédio moral perpetrado em face do trabalhador:

> Como o sr. Claudinei não obteve êxito em impor a adesão ao PDV, foi substituído pelo gestor Juba, que intensificou a pressão, ao emitir frases como "aceite o PDV, você não consegue se adequar a esta Diretoria; – a empresa está renovando o seu quadro de empregados, e pessoas iguais a você não mais se encaixam na estrutura; – seu tempo já passou; – você não vai aguentar o ritmo da atual Diretoria; – você não serve mais para a Companhia; – eu não preciso de pessoas como você no Escritório; – você está velho, fedendo a naftalina" (Paraná, 2015).

De qualquer forma, frisa-se que o assédio moral traz consequências nefastas à saúde do trabalhador, podem ser tanto psíquicas, como a depressão e a ansiedade, quanto físicas, tais como enfermidades psicossomáticas. Além disso, pode afetar o convívio social e familiar do indivíduo. Quanto ao último, clarifica João Luís Vieira Teixeira (2016, p. 46) que:

> Outros, todavia, tenderão a descarregar sua revolta em seus filhos e cônjuges. Assim, sem sombra de dúvida, uma pessoa vítima de assédio em

---

(71) Art. 477-B. Plano de Demissão Voluntária ou Incentivada, para dispensa individual, plúrima ou coletiva, previsto em convenção coletiva ou acordo coletivo de trabalho, enseja quitação plena e irrevogável dos direitos decorrentes da relação empregatícia, salvo disposição em contrário estipulada entre as partes (Brasil, 1943).

seu local de trabalho terá muito maior probabilidade de ser agressivo em casa; desinteressado pelos afazeres domésticos; não conversar e orientar seus filhos e, inclusive, ser violento para com eles e com seu cônjuge.

Em se tratando de rompimento da relação trabalhista por ato discriminatório, disciplina-se, além do direito à reparação pelo dano moral, a faculdade de o empregado optar entre a reintegração com ressarcimento integral do período do afastamento ou a percepção em dobro da remuneração do período de afastamento (art. 4º, da Lei n. 9.029/1995) (Brasil, 1995)[72].

Como exemplificação de inobservância à norma, menciona-se que constantemente, havendo necessidade de redução de despesas nas empresas, opta-se pela dispensa dos trabalhadores mais antigos no estabelecimento, considerando-se seu maior custo comparativamente aos mais jovens.

Neste sentido é o acórdão prolatado pela 3ª Turma do Tribunal Superior do Trabalho (TST), no âmbito do processo RRAg 21738-31.2016.5.04.0201:

> I – **AGRAVO DE INSTRUMENTO EM RECURSO DE REVISTA. DESPACHO AGRAVADO NA VIGÊNCIA DA INSTRUÇÃO NORMATIVA N. 40/16 DO C. TST. TUTELA ANTECIPADA. DISPENSA ARBITRÁRIA. NULIDADE. FATOR EM RAZÃO DA IDADE ERIGIDO EM CRITÉRIO DE DISCRÍMEN. REINTEGRAÇÃO AO EMPREGO. PEDIDOS DAÍ DECORRENTES.** Em razão do provimento do recurso de revista para inclusive deferir a tutela provisória de urgência requerida para determinar a imediata reintegração do autor no emprego, com restabelecimento de todos os benefícios, inclusive o Plano de Saúde, julga-se prejudicado o exame do tema nesse momento. **II – RECURSO DE REVISTA. NULIDADE PROCESSUAL POR NEGATIVA DE PRESTAÇÃO JURISDICIONAL.** Nos termos do artigo 282, § 2º, do CPC de 2015 (correspondente ao artigo 249, § 2º, do CPC de 1973), quando puder decidir o mérito a favor da parte a quem aproveite a decretação de nulidade, o juiz não a pronunciará nem mandará repetir o ato ou suprir-lhe a falta. No caso, infere-se que o exame do mérito pode ser favorável à pretensão do autor, pelo que se deixa de apreciar a preliminar em epígrafe. **DISPENSA ARBITRÁRIA. NULIDADE. FATOR EM RAZÃO DA IDADE ERIGIDO EM CRITÉRIO DE DISCRÍMEN. REINTEGRAÇÃO AO EMPREGO. PEDIDOS DAÍ DECORRENTES.** O art. 5º, "*caput*", da Constituição Federal estabelece firmemente que todos são iguais perante a lei, sem distinção de qualquer natureza. Busca-se, entretanto, não apenas a aparente igualdade formal, consagrada no liberalismo clássico, mas, sobretudo, a igualdade material, em que a lei deverá tratar igualmente os iguais e desigualmente os desiguais. Noutro norte, sobressai do art. 1º da Declaração dos Direitos Humanos que "*todos os seres*

---

(72) Art. 4º O rompimento da relação de trabalho por ato discriminatório, nos moldes desta Lei, além do direito à reparação pelo dano moral, faculta ao empregado optar entre:

I – a reintegração com ressarcimento integral de todo o período de afastamento, mediante pagamento das remunerações devidas, corrigidas monetariamente e acrescidas de juros legais;

II – a percepção, em dobro, da remuneração do período de afastamento, corrigida monetariamente e acrescida dos juros legais (Brasil, 1995).

> *humanos nascem livres e iguais em dignidade e direitos".* Na mesma trilha, o art. 1º da Declaração dos Direitos Humanos dispõe que "*todos os seres humanos nascem livres e iguais em dignidade e direitos".* Privilegiada na Carta Magna (art. 1º, III, da Constituição Federal), a dignidade da pessoa humana figura no rol dos fundamentos da República Federativa do Brasil e erige-se como princípio-matriz de todos os direitos fundamentais, na esteira do qual, o combate à discriminação se lança como um dos objetivos fundamentais da República Federativa do Brasil (artigo 3º, IV). Segundo Maurício Godinho Delgado: "*Discriminação é a conduta pela qual se nega à pessoa, em face de critério injustamente desqualificante, tratamento compatível como o padrão jurídico assentado para a situação concreta por ela vivenciada*".

Faz-se importante apontar, de aludido acórdão, a diferenciação entre os princípios da isonomia e da não discriminação:

> Ao traçar distinção entre o princípio da não discriminação e o da isonomia, argumenta que "*o princípio da não discriminação é princípio de proteção, de resistência, denegatório de conduta que se considera gravemente censurável. Portanto, labora sobre um piso de civilidade que se considera mínimo para a convivência entre as pessoas. Já o princípio da isonomia é mais amplo, mais impreciso, mais pretensioso. Ele ultrapassa, sem dúvida, a mera não discriminação, buscando igualizar o tratamento jurídico a pessoas ou situações que tenham relevante ponto de contato entre si*". Em arremate ainda pontua que, "*rigorosamente, o Direito do Trabalho incorporou, de fato, como critério básico, apenas o princípio da não discriminação. A proposição mais ampla e imprecisa da isonomia tem sido aplicada somente em certas circunstâncias mais estreitas e não como parâmetro informador universal. O princípio antidiscriminatório, contudo, é onipotente no ramo juristrabalhista especializado."* (Curso de Direito do Trabalho. 18ª edição. São Paulo: Editora LTr, 2019). Para o jurista Uruguaio Américo Plá Rodriguez, citado por Maurício Godinho Delgado, *pela proposição não discriminatória excluem-se "todas aquelas diferenciações que põem um trabalhador numa situação de inferioridade ou mais desfavorável que o conjunto, e sem razão válida nem legítima"* (RODRIGUEZ, Américo Plá. "Princípios de Direito do Trabalho", 3ª ed. São Paulo: LTr, 2000, p.442). Na mesma linha, esclarece Arion Sayão Romita: "*Proíbe-se a distinção que não se assente num fundamento razoável. A distinção é lícita, desde que razoável, não arbitrária. A distinção é aceitável, é plenamente justificável quando não for discriminatória*". O art. 1º da Convenção Americana sobre Direitos Humanos determina que "*os Estados Partes nesta Convenção comprometem-se a respeitar os direitos e liberdades nela reconhecidos e a garantir seu livre e pleno exercício a toda pessoa que esteja sujeita à sua jurisdição, sem discriminação alguma por motivo de raça, cor, sexo, idioma, religião, opiniões políticas ou de qualquer outra natureza, origem nacional ou social, posição econômica, nascimento ou qualquer outra condição social*".

Ademais, quanto à não discriminação em matéria de emprego, no diploma em questão são salientadas as Convenções 111 e 168 da Organização Internacional do Trabalho:

> A Convenção 111 da OIT sobre discriminação em matéria de emprego, por sua vez, dispõe que os Estados-membros para a qual a mesma se encontre em vigor devem formular e aplicar uma política nacional que tenha por fim promover, por métodos adequados às circunstâncias e aos usos nacionais, a igualdade de oportunidade e

de tratamento em matéria de emprego e profissão, com o objetivo de eliminar toda discriminação nessa matéria.

Além disso, destacam-se os conteúdos provenientes da Lei Federal n. 9.029/1995, Consolidação das Leis do Trabalho e Constituição Federal a respeito do tema:

> O art. 6º da Convenção 168 da OIT, relativa à promoção do emprego e proteção contra o desemprego dispõe que "*todos os Membros deverão garantir a igualdade de tratamento de todas as pessoas protegidas, sem discriminação com base na raça, cor, sexo, religião, opinião política, ascendência nacional, nacionalidade, origem étnica ou social, deficiência ou idade*". O art. 1º da Lei Federal 9.029/95, por sua vez, veda a adoção "*de qualquer prática discriminatória e limitativa para efeito de acesso à relação de trabalho, ou de sua manutenção, por motivo de sexo, origem, raça, cor, estado civil, situação familiar, deficiência, reabilitação profissional, idade, entre outros*". O art. 373-A, II, da CLT veda: "*recusar emprego, promoção ou motivar a dispensa do trabalho em razão de sexo, idade, cor, situação familiar ou estado de gravidez, salvo quando a natureza da atividade seja notória e publicamente incompatível*". Do arcabouço jurídico elencado, observa-se a notável "*diretriz geral vedatória de tratamento diferenciado à pessoa em virtude de fator injustamente qualificante*", máxime no âmbito das relações trabalhistas. As empresas estatais, quando atuam na exploração de atividade econômica, submetem-se a regime jurídico próprio das empresas privadas, inclusive quanto aos direitos e obrigações civis, comerciais, trabalhistas e tributários. Assim, não passam ao largo da proibição de prática de conduta discriminatória, conforme se extrai do art. 173, § 1º, da Constituição Federal.

Por fim, evidenciou-se no bojo do acórdão a ocorrência de dispensa coletiva em face de empregados aposentados ou em vias de aposentadoria:

> Na hipótese dos autos, a Corte Regional consignou que "*é assente nos autos que a saída do autor foi resultante de dispensa coletiva que recaiu sobre os empregados já aposentados ou na iminência de se aposentar, justificada pela existência de fonte de renda diversa*". Segundo posto no voto vencido, o desligamento massivo procedido pela reclamada foi estabelecido de forma unilateral e com base, apenas, no critério de idade (empregados aposentados ou prestes a se aposentar pelo Regime Geral da Previdência). Não erige do v. acórdão recorrido outra conclusão se não a de que a ora ré pretendeu desligar empregados com idade avançada de seu quadro funcional. Notórios a ilegalidade e o abuso de direito no ato perpetrado pela CEEE. Sendo insofismável então que a idade avançada do autor se constituiu como único fator para seu desligamento, o ato arbitrário perpetrado pela CEEE, "*sob o pretexto de direito adquirido à aposentadoria, porquanto esta encontra-se condicionada ao preenchimento de dois requisitos cumulativos (idade e tempo de serviço), e que, por consequência, abarcassem os empregados que apresentassem maiores salários*" (pag. 2.340), importou em ofensa ao princípio da dignidade da pessoa humana, não havendo como ser chancelado pelo Poder Judiciário, "*impondo a declaração de sua nulidade, sob pena de considerar o empregado, após longos anos de dedicação ao trabalho, como mero custo a ser extirpado do balanço financeiro/contábil da empresa, o quecontraria frontalmente os artigos 1º, incisos III e IV, 3º, inciso I, 6º, caput, e 170, caput e inciso VIII, todos da CF*". Portanto, o v. acórdão recorrido, mediante o qual se concluiu que "*a dispensa do reclamante não possui caráter discriminatório, não sendo passível de reconhecimento de nulidade*", não se mostra consentâneo com a jurisprudência do c. TST e com o ordenamento

jurídico. Precedentes. **Recurso de revista conhecido por afronta aos arts. 1º, III, da Constituição Federal e 373-A, II, da CLT e provido. CONCLUSÃO: Recurso de revista conhecido e provido** (Brasil, 2021, grifos do autor).

A Previdência Social, consoante *caput* do art. 3º da Lei n. 8.212/1991, possui por condão garantir aos seus beneficiários meios indispensáveis de manutenção, em razão, dentre outros motivos, de idade avançada e tempo de serviço(73). Ressalta-se, todavia, que o indivíduo aposentado, no caso de continuar ou retornar ao mercado de trabalho, deve continuar vertendo as respectivas contribuições para o sistema previdenciário, conforme rege o art. 12, § 4º, da Lei n. 8.212/1991, o que por si só demonstra situação deveras injusta(74) (Brasil, 1991).

Lado outro, há de se considerar os resultados obtidos em pesquisa de 2018 pela Comissão Econômica para a América Latina e o Caribe (CEPAL) e pela Organização Internacional do Trabalho (OIT), que destacaram que considerável parcela dos idosos na América Latina não auferiam aposentadoria (OIT, 2018, p. 5-6):

> A situação é muito diferente na América Latina, pois, nesta região, a principal razão pela qual as pessoas idosas se mantêm ativas no mercado laboral para além da idade de aposentadoria é a falta de renda, sobretudo no caso das mulheres. Ultimamente, em muitos países, tem havido avanços notáveis no que diz respeito à ampliação da cobertura nos sistemas de aposentadoria contributivos e da criação ou extensão de sistemas não contributivos. No entanto, a partir dos dados de oito países da região se depreende, por exemplo, que, em média, 57,7% das pessoas entre 65 e 69 anos e 51,8% das pessoas de 70 anos não recebem uma aposentadoria de um sistema contributivo e estas taxas são ainda mais elevadas no caso das mulheres. Esta situação obriga muitas pessoas idosas a trabalhar, de forma que a taxa de ocupação para o conjunto das pessoas de 60 anos e mais alcança 35,4%, e é alta nos grupos etários que já superaram a idade legal de aposentadoria: 39,3% no grupo de 65 a 69 anos e 20,4% no de 70 anos e mais. As taxas são

---

(73) Art. 3º A Previdência Social tem por fim assegurar aos seus beneficiários meios indispensáveis de manutenção, por motivo de incapacidade, idade avançada, tempo de serviço, desemprego involuntário, encargos de família e reclusão ou morte daqueles de quem dependiam economicamente (Brasil, 1991).

(74) Art. 12 São segurados obrigatórios da Previdência Social as seguintes pessoas físicas [...] § 4º O aposentado pelo Regime Geral de Previdência Social – RGPS que estiver exercendo ou que voltar a exercer atividade abrangida por este Regime é segurado obrigatório em relação a essa atividade, ficando sujeito às contribuições de que trata esta Lei, para fins de custeio da Seguridade Social. (Acrescido pela Lei 9.032/1995) (Brasil, 1991).

mais elevadas nos países em que a cobertura dos sistemas contributivos de aposentadorias é escassa[75].

Verifica-se a proporcionalidade entre a taxa de ocupação e a amplitude da cobertura dos sistemas contributivos de aposentadoria. Nessa linha é o tema a ser abordado a seguir, que apresenta as circunstâncias que envolvem o idoso aposentado que permanece ou retorna ao mercado de trabalho.

4.1.1. Trabalhador idoso aposentado

Tendo em vista os trabalhadores idosos e os envelhescentes, que já se aposentaram ou estão em preparação para a aposentadoria, mister abordar acerca da Previdência Social, ramificação da Seguridade Social, nos termos do *caput* do art.194 da Constituição Federal (Brasil, 1988)[76].

Encontra-se organizada pelo Regime Geral de Previdência Social, possuindo teor contributivo e filiação obrigatória, com o escopo de preservar o equilíbrio financeiro e atuarial, nos moldes do *caput* do art. 201 do mesmo texto legal (Brasil, 1988)[77]. A contributividade é explanada pelo fato de que, a fim de usufruir dos benefícios previdenciários, exige-se a contribuição mensal ao sistema, o qual possui por objetivo fornecer condições indispensáveis de manutenção aos beneficiários, em razão, dentre outros motivos,

---

(75) No original: "La situación es muy diferente en América Latina, pues, en esta región, la principal razón por la que las personas mayores se mantienen activas en el mercado laboral más allá de la edad de jubilación es la falta de ingresos, sobre todo en el caso de las mujeres. Últimamente, en muchos países se han producido notables avances en lo que respecta a la ampliación de la cobertura de los sistemas de pensiones contributivos y la creación o extensión de sistemas no contributivos. Sin embargo, de los datos de ocho países de la región se desprende, por ejemplo, que, en promedio, un 57,7% de las personas de entre 65 y 69 años y un 51,8% de las personas de 70 años y más todavía no perciben una pensión de un sistema contributivo, y estas tasas son aún más elevadas en el caso de las mujeres. Esta situación obliga a muchas personas mayores a trabajar, por lo que la tasa de ocupación para el conjunto de las personas de 60 años y más alcanza el 35,4%, y es aún bastante alta en los grupos etarios que ya han superado la edad legal de jubilación: un 39,3% en el grupo de 65 a 69 años y en 20,4% en el de 70 años y más. Las tasas son más elevadas en los países en que la cobertura de los sistemas contributivos de pensiones es escasa" (OIT, 2018, p. 5-6).

(76) Art. 194. A seguridade social compreende um conjunto integrado de ações de iniciativa dos Poderes Públicos e da sociedade, destinadas a assegurar os direitos relativos à saúde, à previdência e à assistência social [...] (Brasil, 1988).

(77) Art. 201. A previdência social será organizada sob a forma do Regime Geral de Previdência Social, de caráter contributivo e de filiação obrigatória, observados critérios que preservem o equilíbrio financeiro e atuarial, e atenderá, na forma da lei [...] (Brasil, 1988).

de idade avançada e tempo de serviço, nos termos do *caput* do art. 3º da Lei n. 8.212/1991 (Brasil, 1991)[(78)].

Salienta-se, no entanto, que a pessoa aposentada, optando por permanecer ou reingressar ao mercado de trabalho, possui o dever de continuar vertendo as correspondentes contribuições para a Previdência Social, inobstante já tenha contribuído anteriormente com o sistema. É o que disciplina o art. 12, § 4º, da Lei n. 8.212/1991, que elenca o aposentado nessas condições como segurado obrigatório[(79)](Brasil, 1991).

Entretanto, apesar de constituir segurado, o que ocorre na prática é que do desconto mensal em seu salário, concernente às contribuições por ele vertidas, o aposentado não aufere efetivamente contraprestação. É o que resta estabelecido por força do art. 18, § 2º da Lei n. 8.213/1991[(80)], em consonância com o qual somente estão disponíveis ao trabalhador aposentado, quando este eventualmente necessite,o salário-família e a reabilitação profissional (Brasil, 1991).

Em relação ao salário-família, pontua-se que é devido na existência de filho menor do empregado, até o limite de quatorze anos de idade, nos moldes do art. 2º da Lei n. 4.266/1963 (Brasil, 1963)[(81)]. Ademais, o parágrafo único do art. 65 da Lei n. 8.213/1991 preconiza que os aposentados por invalidez ou idade, além de os demais aposentados, com sessenta e cinco anos ou mais de idade, e com sessenta anos ou mais de idade, referentes, respectivamente, às

---

(78) Art. 3º A Previdência Social tem por fim assegurar aos seus beneficiários meios indispensáveis de manutenção, por motivo de incapacidade, idade avançada, tempo de serviço, desemprego involuntário, encargos de família e reclusão ou morte daqueles de quem dependiam economicamente [...] (Brasil, 1991).

(79) Art. 12. São segurados obrigatórios da Previdência Social as seguintes pessoas físicas [...] § 4º O aposentado pelo Regime Geral de Previdência Social – RGPS que estiver exercendo ou que voltar a exercer atividade abrangida por este Regime é segurado obrigatório em relação a essa atividade, ficando sujeito às contribuições de que trata esta Lei, para fins de custeio da Seguridade Social. (Acrescido pela Lei 9.032/1995) (Brasil, 1991).

(80) Art. 18. O Regime Geral de Previdência Social compreende as seguintes prestações, devidas inclusive em razão de eventos decorrentes de acidente do trabalho, expressas em benefícios e serviços: [...] § 2º O aposentado pelo Regime Geral de Previdência Social – RGPS que permanecer em atividade sujeita a este Regime, ou a ele retornar, não fará jus a prestação alguma da Previdência Social em decorrência do exercício dessa atividade, exceto ao salário-família e à reabilitação profissional, quando empregado (Brasil, 1991).

(81) Art. 2º. O salário-família será pago sob a forma de uma quota percentual, calculada sobre o valor do salário-mínimo local, arredondado esta para o múltiplo de mil seguinte, por filho menor de qualquer condição, até 14 anos de idade (Brasil, 1963).

pessoas do sexo masculino e feminino fazem jus a auferir referida modalidade de verba, juntamente com a aposentadoria (Brasil, 1991)(82).

Apesar de positivada, a regra em comento, isto é, concernente ao salário-família, é praticamente destituída de viabilidade na prática, bastando citar que a idade limite dos filhos para o empregado gozar do correspondente benefício, em considerável parcela das vezes, é infactível, diante da idade do indivíduo, frisa-se, aposentado.

À guisa de reflexão, uma mulher de sessenta anos, com filho de treze anos, teria de ter se tornado genitora aos quarenta e sete anos, o que, em regra, não é viável, considerando-se as condições biológicas, para que assim pudesse usufruir do direito em questão. Por outro lado, há a contrapartida da reabilitação profissional, descrita no *caput* do art. 62 da Lei n. 8.213/1991, a que se submete o segurado em auxílio-doença, insuscetível de recuperação para sua atividade habitual (Brasil, 1991)(83).

Trata-se, dessa forma, de benefício temporário, eis que tem por termo final a decisão que o reabilite para o desempenho de atividade diversa à habitual ou quando seja o caso de aposentadoria por invalidez, nos termos do § 1º do artigo retrocitado (Brasil, 1991)(84). Apesar de se extrair a praticamente inviabilidade dos benefícios do salário-família e da reabilitação profissional para o trabalhador aposentado, tendo em vista a própria condição do avanço da idade, poder-se-ia, então, indagar a respeito das possibilidades de eventual desaposentação ou reaposentação.

A desaposentação corresponde à hipótese de renúncia à aposentadoria, visando à solicitação de revisão do benefício. Por seu turno, a reaposentação envolve novo cálculo previdenciário, tendo-se por referências as contribuições realizadas no novo período, ou seja, após a primeira aposentadoria.

---

(82) Art. 65. O salário-família será devido, mensalmente, ao segurado empregado, inclusive o doméstico, e ao segurado trabalhador avulso, na proporção do respectivo número de filhos ou equiparados nos termos do § 2º do art. 16 desta Lei, observado o disposto no art. 66.

Parágrafo único. O aposentado por invalidez ou por idade e os demais aposentados com 65 (sessenta e cinco) anos ou mais de idade, se do sexo masculino, ou 60 (sessenta) anos ou mais, se do feminino, terão direito ao salário-família, pago juntamente com a aposentadoria (Brasil, 1991).

(83) Art. 62. O segurado em gozo de auxílio-doença, insuscetível de recuperação para sua atividade habitual, deverá submeter-se a processo de reabilitação profissional para o exercício de outra atividade (Brasil, 1991).

(84) Art. 62. [...] § 1º. O benefício a que se refere o *caput* deste artigo será mantido até que o segurado seja considerado reabilitado para o desempenho de atividade que lhe garanta a subsistência ou, quando considerado não recuperável, seja aposentado por invalidez (Brasil, 1991).

No que se refere à desaposentação, houve sua vedação em 2016, estabelecendo-se o Tema 503 do STF (Recurso Extraordinário n. 661256), atinente à conversão de aposentadoria proporcional em aposentadoria integral por intermédio do instituto da desaposentação (Brasil, 2020).

Em relação à reaposentação, no ano de 2020, da mesma forma, entendeu-se por sua impossibilidade, razão pela qual ao aludido tema conferiu-se acréscimo nesse sentido, constando-se a decisão do seguinte modo: No âmbito do Regime Geral de Previdência Social – RGPS, "somente lei pode criar benefícios e vantagens previdenciárias, não havendo, por ora, previsão legal do direito à 'desaposentação' ou à 'reaposentação', sendo constitucional a regra do art. 18, § 2º, da Lei n. 8.213/91" (Brasil, 2020).

Não bastasse a impossibilidade, portanto, da desaposentação e da reaposentação, ou seja, de utilizar esse novo período de contribuição para obter aposentadoria em condições melhores, há de se lançar luzes à proibição, salvo no caso de direito adquirido, e inclusive quando oriundo de acidente de trabalho, do recebimento em conjunto de auxílio por incapacidade temporária e de aposentadoria, assim como de aposentadoria e auxílio-acidente, conforme art. 167, I e IX, do Decreto n. 3.048/1999 (Brasil, 1999)[85].

Outro ponto a se ressaltar repousa no caso de doença, situação em que não aufere o auxílio-doença e aposentadoria o indivíduo aposentado que continua a trabalhar.

Nessa senda, ressalta-se a previsão no art. 7º do Decreto n. 9.921/2019, no sentido de que a pessoa idosa aposentada, a não ser que tal aposentadoria decorra de invalidez, ao retornar às atividades após acidente no trabalho, apesar de ser encaminhada à reabilitação do Instituto Nacional de Seguridade Social, auferirá apenas e tão somente as verbas relativas à aposentadoria (Brasil, 2019)[86].

De igual modo, é vedado o recebimento conjunto da aposentadoria com o seguro-desemprego, em consonância com o parágrafo único do art. 124

---

(85) Art. 167. Exceto na hipótese de direito adquirido, não é permitido o recebimento conjunto dos seguintes benefícios do RGPS, inclusive quando decorrentes de acidente do trabalho: [...]

I – aposentadoria com auxílio por incapacidade temporária; [...]

IX – auxílio-acidente com qualquer aposentadoria (Brasil, 1999).

(86) Art. 7º A pessoa idosa aposentada, exceto por invalidez, que retornar ao trabalho nas atividades abrangidas pelo Regime Geral de Previdência Social, quando acidentada no trabalho, será encaminhada ao programa de reabilitação do INSS e não fará jus a outras prestações de serviço, exceto aquelas decorrentes de sua condição de aposentada (Brasil, 2019).

da Lei n. 8.213/1991 (Brasil, 1991)(87). Logo, são duas circunstâncias, quais sejam: o acometimento de um acidente de trabalho e a dispensa do trabalho, em que o trabalhador se encontra especialmente vulnerável e que lhe é tolhida a possibilidade da concessão dos correspondentes benefícios.

São momentos em que não apenas o trabalhador diretamente envolvido, como também sua família, estão fragilizados e necessitam, com maior premência, como no caso do acidente de trabalho, efetuar despesas com medicamentos e plano de saúde, despesas essas que acabam por exorbitar o orçamento habitual de uma família.

Importante consideração a ser tecida diz respeito à ofensa ao princípio da isonomia, preconizado no *caput* do art. 5º da Constituição Federal, segundo o qual "[...] todos são iguais perante a lei, sem distinção de qualquer natureza [...]" (Brasil, 1988). É que se atinge a situação de que enquanto os demais trabalhadores auferem as respectivas contrapartidas da Previdência Social, aqueles aposentados, inobstante continuarem a verter as contribuições, não recebem efetivos benefícios.

Poder-se-ia, inclusive, indicar enriquecimento ilícito por parte do Estado que arrecada mensalmente, mediante o desconto nos salários de empregados que apesar de aposentados são obrigados a continuar contribuindo, mesmo que despojados de quaisquer contrapartidas efetivas. Outro ponto digno de destaque é que, de certa forma, aludida situação acaba por estimular que os aposentados ingressem no mercado informal, no qual não terão o citado dever de contribuir para o sistema previdenciário.

Entre os que defendem a continuidade da contribuição à Previdência Social após a aposentadoria, há os que sustentam essa ideia com base no princípio da solidariedade, alegando que não há necessariamente uma simbiose entre quem verte as contribuições e quem aufere os correspondentes proveitos.

Trata-se, inclusive, de posicionamento chancelado pelo Supremo Tribunal Federal (STF), do qual traz-se o exemplo do discutido no bojo do Agravo Regimental em Recurso Extraordinário n. 430.418:

> AGRAVO REGIMENTAL EM RECURSO EXTRAORDINÁRIO. CONTRIBUIÇÃO SOCIAL DO APOSENTADO QUE RETORNA À ATIVIDADE. POSSIBILIDADE. PRINCÍPIO DA SOLIDARIEDADE. PRECEDENTES. O Supremo Tribunal Federal consolidou o entendimento de que é constitucional a cobrança de contribuição

---

(87) Art. 124. [...] Parágrafo único. É vedado o recebimento conjunto do seguro-desemprego com qualquer benefício de prestação continuada da Previdência Social, exceto pensão por morte ou auxílio- acidente (Brasil, 1991).

> previdenciária sobre o salário do aposentado que retorna à atividade. O princípio da solidariedade faz com que a referibilidade das contribuições sociais alcance a maior amplitude possível, de modo que não há uma correlação necessária e indispensável entre o dever de contribuir e a possibilidade de auferir proveito das contribuições vertidas em favor da seguridade. Agravo regimental a que se nega provimento (Brasil, 2014).

Todavia, não se compreende como justa a situação em que se encontra o trabalhador aposentado e frisa-se, constantemente idoso, que contribui e não aufere contrapartidas efetivas. Não se ignora, porém, que o país se depara com desafios diante da sua estrutura demográfica, ampliada pelo aumento da expectativa de vida, pela diminuição da mortalidade infantil e da taxa de fecundidade. O sistema previdenciário, por conseguinte, vislumbra os contornos complexos em que se visualiza a progressiva redução da população economicamente ativa e contribuindo em face do aumento do contingente inativo.

Frisa-se que se presume, erroneamente, que o idoso aposentado já estaria suficientemente guarnecido pelo valor conferido a título de aposentadoria. No entanto, não é o que se demonstra na realidade, eis que grande parte permanece ou retorna ao trabalho, notadamente em razão da insuficiência de renda, que compromete as despesas ordinárias, inclusive com a saúde, principalmente em se tratando de idoso.

A solidariedade deveria imperar em relação ao aposentado, pois, muitas vezes, acometido de doença e afastado do trabalho, quando mais precisa, fica sem a renda complementar.

4.2. Vulnerabilidade

O vocábulo vulnerabilidade costuma estar atrelado a fraquezas e debilidades. Desse modo, Claudia Lima Marques e Bruno Miragem (2014, p. 120) o relacionam, na tutela jurídica, ao amparo ao sujeito entendido como mais fraco:

> A vulnerabilidade não é, pois, o fundamento das regras de proteção do sujeito mais fraco, é apenas a "explicação" destas regras ou da atuação do legislador, é a técnica para as aplicar bem, é a noção instrumental que guia e ilumina a aplicação destas normas protetivas e reequilibradoras, à procura do fundamento da Igualdade e da Justiça equitativa.

A vulnerabilidade e a hipossuficiência são conceitos constantemente objeto de confusão, todavia, são distintos. Para Rolf Madaleno (2020, p. 129-130), a vulnerabilidade é ínsita à existência da pessoa, ao passo que a hipossuficiência se vincula à pobreza:

A vulnerabilidade é um traço universal de alguns grupos de pessoas existentes na sociedade e destinatários de especial proteção, justificando-se o tratamento diferenciado em razão das suas condições políticas, sociais e culturais. A vulnerabilidade, no entanto, não se confunde com a hipossuficiência, pois esta está vinculada à pobreza e só legitima alguns tratamentos diferenciados, porque nem toda pessoa vulnerável tem dificuldades econômicas e sociais, que pudesse ser classificada como pobre. A vulnerabilidade é inerente à existência da pessoa, seja ela hiper ou hipossuficiente, tendo em conta que a existência ou ausência de lastro econômico e financeiro não impede que, em dado momento, qualquer indivíduo possa estar vulnerável e assim ser ferido ou ofendido em sua integridade física ou psicológica.

Para dissertar acerca da vulnerabilidade, faz-se essencial assinalar a igualdade, a respeito da qual filósofos como Aristóteles já tratavam, a exemplo da máxima de que se deve tratar os iguais de maneira igual e os desiguais na medida de sua desigualdade. Seguindo essa esteira, assinala Celso Antônio Bandeira de Mello (2000, p. 25) que: "[...] sem agravos à isonomia, a lei pode atingir uma categoria de pessoas ou então voltar-se para um só indivíduo, se, em tal caso, visar a um sujeito indeterminado e indeterminável no presente". Destarte, tem-se que, a fim de se concretizar a isonomia, faz-se necessário, por vezes, que os ditames legais atinjam pessoa ou grupo de pessoas, de modo que, a partir das desigualdades, verifique-se a igualdade, conforme elucidou Aristóteles.

Menciona-se, para tanto, o constante do *caput* do art. 5º do texto constitucional, que prevê a igualdade de todos perante a lei, destituída de distinção de qualquer natureza (Brasil, 1988)[88]. Trata-se, pois, da igualdade visualizada pelo aspecto formal contida na lei. Acresça-se que a noção de vulnerabilidade frequentemente é associada à relação entre empregado e empregador, em que o primeiro se encontra em situação vulnerável diante do segundo. Inclusive, no senso comum é constante que se relacione a Justiça do Trabalho necessariamente à defesa intransigente do trabalhador.

Para tanto, cumpre analisar que a criação do Direito do Trabalho remonta à Revolução Industrial, época em que se verificava o processo produtivo em série, com nítida separação entre os operários, que detinham a força de trabalho, e os empregadores, donos do capital.

---

(88) Art. 5º Todos são iguais perante a lei, sem distinção de qualquer natureza, garantindo-se aos brasileiros e aos estrangeiros residentes no País a inviolabilidade do direito à vida, à liberdade, à igualdade, à segurança e à propriedade, nos termos seguintes [...] (Brasil, 1988).

Nesse cenário, a necessidade do arcabouço jurídico ocorreu a fim de impedir a arbitrariedade dos empregadores perante os trabalhadores, elidindo a instrumentalização destes, ou seja, a sua não consideração como sujeito de direitos. Nessa senda, situa-se a Encíclica Rerum Novarum, elaborada pelo Papa Leão XIII no ano de 1891, no bojo da qual se destacam, no item 25, disposições contrárias à coisificação dos trabalhadores (Vaticano, 1891):

> No que diz respeito aos bens naturais e exteriores, primeiro que tudo é um dever da autoridade pública subtrair o pobre operário à desumanidade de ávidos especuladores, que abusam, sem nenhuma descrição, tanto das pessoas como das coisas. Não é justo nem humano exigir do homem tanto trabalho a ponto de fazer pelo excesso da fadiga embrutecer o espírito e enfraquecer o corpo. A actividade do homem, restrita como a sua natureza, tem limites que se não podem ultrapassar. O exercício e o uso aperfeiçoam-na, mas é preciso que de quando em quando se suspenda para dar lugar ao repouso. Não deve, portanto, o trabalho prolongar-se por mais tempo do que as forças permitem. Assim, o número de horas de trabalho diário não deve exceder a força dos trabalhadores, e a quantidade de repouso deve ser proporcionada à qualidade do trabalho, às circunstâncias do tempo e do lugar, à compleição e saúde dos operários.

Denota-se, assim, a desigualdade fática entre as partes, demonstrada na assimetria de poder, de modo que o trabalhador figura como vulnerável, oferecendo sua força de trabalho ao dono do capital, sendo vítima, constantemente, de jornadas excessivas de trabalho e em condições insalubres, perigosas e penosas.

Sergio Pinto Martins (2012, p. 140-142), em vez do vocábulo vulnerabilidade, utiliza subordinação, elencando como espécies: a econômica, a técnica, a moral, a social, a hierárquica, a jurídica, a objetiva, a subjetiva, a estrutural, a direta, a indireta, a típica e a atípica. No entanto, ressalta que a subordinação não corresponde ao que denomina *status* do trabalhador, já que “a subordinação é o estado de sujeição em que se coloca o empregado em relação ao empregador, aguardando ou executando ordens. A subordinação não pode ser considerada como *status* do empregado”.

Sob o mesmo prisma, Mauricio Godinho Delgado (2017, p. 325, grifos do autor) expõe suas considerações sobre a subordinação ser visualizada sob ótica objetiva e não subjetiva:

> Como se percebe, no Direito do Trabalho a subordinação é encarada sob um *prisma objetivo*: ela atua sobre o *modo de realização* da prestação e não sobre a pessoa do trabalhador. É, portanto, incorreta, do ponto de vista jurídico, a *visão subjetiva* do fenômeno, isto é, que se compreenda

a subordinação como atuante sobre a pessoa do trabalhador, criando-lhe certo estado de sujeição (*status subjectiones*). Não obstante essa situação de sujeição possa concretamente ocorrer, inclusive com inaceitável frequência, ela não explica, do ponto de vista sociojurídico, o conceito e a dinâmica essencial da relação de subordinação. Observe-se que a visão subjetiva, por exemplo, é incapaz de captar a presença de subordinação na hipótese de trabalhadores intelectuais e altos empregados.

Adriana Wyzykowski (2019), por seu turno, menciona três dimensões de vulnerabilidade no mundo do trabalho, sendo a primeira a correspondente ao trabalhador como ser humano dotado de suas peculiaridades, como é o caso da pessoa idosa.

A segunda equivale à vulnerabilidade do trabalho em si, em substituição à expressão hipossuficiência. "É frágil não apenas pelo poderio econômico do empregador em relação a ele, mas pela combinação de fatores que faz com que este se encontre numa posição de subordinação" (Wyzykowski, 2019, p. 100).

Por fim, a terceira dimensão compreende os elementos laborais. "As condições extralaborais corroboram a existência de vulnerabilidade do trabalhador no mundo do trabalho, em especial diante da realidade social vivenciada no Brasil" (Wyzykowski, 2019, p. 100). Nesse particular, destaca-se a desigualdade social, a condição de país em desenvolvimento e o desemprego, que marcam o Brasil.

Confere-se relevo, ainda, às palavras de Amauri Cesar Alves (2019, p. 122) sobre a vulnerabilidade na seara laboral:

> A vulnerabilidade nas relações de trabalho pode ser vista como fundamento da proteção estatal, como justificativa de uma tutela específica e também como instrumento de alargamento da esfera de incidência do Direito do Trabalho.

De qualquer forma, ainda que não se entenda pela vulnerabilidade do empregado como *status* subjetivo deste perante o empregador, não é acertado concebê-los em pé de igualdade.

Ana Flávia Messa (2010, p. 84-85) elenca as razões para a característica da vulnerabilidade dos idosos:

> a) falta de consciência do idoso quanto aos seus direitos e deveres; b) falta de educação e informação sobre os direitos dos idosos; c) falta de intervenção do Estado como promotor dos direitos dos idosos mediante a criação

das políticas públicas adequadas; d) falta de implementação das punições para violação dos direitos dos idosos.

É de se consignar, ainda, que aos idosos que careçam de recursos financeiros para se manterem dispõe-se a Assistência Social, a qual, dentre outros objetivos, possui o de proteção à velhice, nos moldes do inciso I do art. 203 do diploma constitucional (Brasil, 1988)[(89)].

A vulnerabilidade também é observada pelos atos de desrespeito, desprezo, preconceito e discriminação a que estão expostos os idosos simplesmente por conta de sua idade. Frequentemente, pressupõe-se de antemão a incapacidade desses indivíduos para a realização de atividades que sejam entendidas como mais complexas, como a resolução de problemas.

Com o objetivo de amenizar a estigmatização a que são impingidas essas pessoas, menciona-se, à guisa de exemplo, o Projeto de Lei n. 3.413/2021, apresentado em 04/10/2021, de autoria do deputado federal Julio Cesar Ribeiro, a respeito da sinalização de atendimento prioritário ou espaço reservado para pessoas idosas (Brasil, 2021).

É que a atual sinalização retrata uma pessoa curvada, utilizando bengala, sendo, portanto, uma clara alusão ao estigma do idoso frágil, além de ser pejorativa. Assim, o deputado em questão pugnou pela substituição por uma figura que retrate a pessoa idosa em pleno vigor e saúde, propondo o acréscimo do § 3º do art. 3º do Estatuto da Pessoa Idosa, conforme art. 2º do citado projeto (Brasil, 2021)[(90)].

Sob essa esteira, menciona-se o etarismo, idadismo ou ageísmo, que comporta práticas que expressam o preconceito, a discriminação e os estereótipos devido à faixa etária, independentemente de se tratar de idoso ou não, mas sendo mais frequentemente direcionados a essa idade.

O idadismo, em que pese não circunscrito ao envelhescente e ao idoso, especialmente acompanha-os em praticamente todo o seu cotidiano, seja nas relações familiares, nos estabelecimentos bancários e comerciários, nos *shopping centers* e não poderia ser diferente no meio ambiente laboral.

---

(89) Art. 203. A assistência social será prestada a quem dela necessitar, independentemente de contribuição à seguridade social, e tem por objetivos:

I – a proteção à família, à maternidade, à infância, à adolescência e à velhice (Brasil, 1988).

(90) Art. 2º O art. 3º da Lei n. 10.741, de 1º de outubro de 2003 passa a vigorar acrescido do seguinte § 3º: [...] § 3º A referência a direito do idoso far-se-á por meio de símbolo – a ser definido em regulamento – desprovido de caráter pejorativo e de juízo de valor, com pictografia que indique objetivamente a idade mínima de 60 (sessenta) anos ou de 80 (oitenta) anos, conforme o caso." (NR) (Brasil, 2021).

Na citada seara, o indivíduo de idade mais avançada é particularmente atingido, mormente com ideias preconcebidas de descrédito acerca de suas capacidades em razão da idade, em situações que podem ir além da fase pré-contratual, ou seja, durante o contrato e até embasando o término deste.

Também é de se apontar que particularmente os envelhescentes são visualizados pelas empresas como pessoas com maior experiência acumulada, melhores currículos e, portanto, representariam maior custo e, em razão disso, nem sempre são valorizados como deveriam.

A seguir são diferenciadas "três dimensões do ageísmo – estereótipos, preconceito e discriminação – cada uma relacionada a uma faculdade psicológica distinta": "pensamentos (estereótipos), sentimentos (preconceitos) e ações ou comportamentos (discriminação)" (WHO, 2021, p. 3)[(91)].

Para corroborar, Alexandre Kalache (2021) afirma acerca de sua conceituação como também da dos "ismos" de racismo, sexismo e LGBTIsmo:

> 1. deologia: crença que um grupo é superior a outro (você vale menos). 2. Institucional: o sistema operacionaliza tal crença (por exemplo, negando uma intervenção a um idoso). 3. Interpessoal: declarações e piadinhas que apequenam o "outro" e lhes tira a autoestima. 4. Internalizado: a pessoa acaba aceitando que vale menos que as demais.

Apresenta-se, nesse sentido, pesquisa desenvolvida no âmbito da Universidade de Yale, nos Estados Unidos, em que se efetivou análise sistemática, por meio de um conglomerado de outras pesquisas a respeito do ageísmo e seus impactos nos mais velhos, levando-se em consideração o ambiente de trabalho (Chang *et al.*, 2020, p. 8):

> No domínio de falta de oportunidades de trabalho, 91,2% das 34 associações em 27 estudos constataram que o ageísmo no local de trabalho previa pior saúde, como aumento dos sintomas depressivos e doenças crônicas. Os mais velhos enfrentaram o ageísmo durante as fases do ciclo de emprego. Por exemplo, 90,9% das 22 associações revelaram que os empregadores eram significativamente menos propensos a contratar candidatos mais velhos do que os mais jovens. Uma vez empregados, trabalhadores mais velhos tiveram menos acesso a treinamento (78,6% das 14 associações) e aqueles que enfrentavam o ageísmo no local de trabalho tinham maior probabilidade de se aposentar mais cedo (61,5%

---

(91) No original: "The three dimensions of ageism – stereotypes, prejudice and discrimination – each relate to a distinct psychological faculty: thoughts (stereotypes), feelings (prejudices) and actions or behaviours (discrimination)" (WHO, 2021, p. 3).

das 14 associações). Esses estudos incluíram trabalhadores de colarinho azul e branco que vivem em 17 países e quatro continentes. Por exemplo, os empregadores britânicos e americanos eram significativamente mais propensos a colocar trabalhadores mais velhos do que trabalhadores mais jovens com qualificações semelhantes em cargos com baixa remuneração e baixa responsabilidade(92).

Pontos frequentemente levantados em consideração por empregadores no que se refere ao momento de contratação de trabalhadores dizem respeito à maior dificuldade de envelhescentes e idosos em lidar com a tecnologia e as inovações, bem como a eventual proximidade do período de aposentadoria. Inobstante, há de se considerar as situações em que a não contratação provém de mero preconceito e discriminação pelo fator etário dessas pessoas, o que, é forçoso constatar, encontra-se espraiado na sociedade.

Por outro lado, enfatizam-se aspectos positivos da contratação das pessoas em comento, como a maior experiência profissional e a facilidade com relações interpessoais, além de geralmente possuírem inteligência emocional. Assim, a empresa promove a diversidade, oportunizando a troca intergeracional de experiências, possuindo a pessoa com mais idade, em geral, maior capacidade de enfrentar adversidades e de trabalhar em grupo.

Tratam-se, por vezes, de pessoas que laboraram por tempo considerável em uma mesma empresa, o que caracteriza seu maior grau de comprometimento, em oposição à juventude atual, que troca de empregos com mais facilidade.

A vulnerabilidade, ainda, pode ser explanada por atos de desrespeito e desprezo aos direitos dos idosos, a exemplo das vagas de estacionamento reservadas a esse público, no percentual de 5% (cinco por cento), conforme art. 41 da Lei n. 10.741/2003 (Brasil, 2003)(93), as quais, não raro, são

---

(92) No original: "In the lack-of-work-opportunities domain, 91.2% of the 34 associations in 27 studies found workplace ageism predicted worse health, such as increased depressive symptoms (Shippee et al., 2017; Marchlondo; Gonzales; William, 2017) and long- term illness (Viitasalo; Nãtti, 2015). Older persons faced ageism throughout the employment-cycle stages. For example, 90.9% of the 22 associations revealed that employers were significantly less likely to hire older than younger job applicants. Once employed, older workers had less access to training (78.6% of the 14 associations) and those who faced ageism in the workplace were more likely to retire early (61.5% of the 13 associations). These studies included both blue- and white-collar living in 17 countries and four continentes. For instance, British and American employers were significantly more likely to put older workers than younger workers with similar qualifications in positions with low pay and low responsibility (Lain, 2012)" (Chang et al., 2020, p. 8).

(93) Art. 41. É assegurada a reserva para as pessoas idosas, nos termos da lei local, de 5% (cinco por cento) das vagas nos estacionamentos públicos e privados, as quais deverão ser posicionadas de forma a garantir a melhor comodidade à pessoa idosa (Brasil, 2003).

usurpadas por pessoas que não são idosas, inviabilizando o direito destas, não obstante configure infração grave e haja previsão de penalidade no art. 181, XVII, do Código de Trânsito Brasileiro (Lein. 9.503/1997) (Brasil, 1997)[(94)].

Quanto ao panorama em que se enquadram as pessoas de idade mais avançada, incluindo-se aqui envelhescentes e idosos, faz-se menção à recente reforma previdenciária, mediante a Emenda Constitucional n. 103/2019, de forma que houve o enrijecimento das regras para obter a aposentadoria.

A modalidade de aposentadoria por tempo de contribuição foi extinta, havendo, então, a junção dos requisitos de tempo de contribuição e idade. Desse modo, enquanto para o homem a idade para concessão exigida ficou em sessenta e cinco anos, para a mulher houve o acréscimo de dois anos, sendo sessenta e dois.

Cumpre apontar, ainda, que a vulnerabilidade, conforme já ressaltado, no caso das pessoas idosas, é verificada em sua maior propensão quanto ao desenvolvimento de enfermidades, mas também ao corolário do maior custo relativo aos cuidados em saúde, a fim de suportar eventuais tratamentos, com medicações e procedimentos.

Outra razão para seu enquadramento em grupo vulnerável repousa na maior dificuldade a que estão submetidos na ocorrência de abuso ou violência, no que se refere a combater e desvencilhar-se da situação, tendo em vista o declínio da autonomia e da independência, próprios do avançar da idade.

É em decorrência da fragilidade pela idade, simbolizada pelo declínio cognitivo, por exemplo, e de sua maior dificuldade em efetuar denúncia de violência a que por ventura esteja submetido, que se enseja a notificação compulsória por serviços de saúde públicos ou privados. Destaca-se que, não raro, a violência é perpetrada por membros de sua família, fato que, de certa forma, desestimula a vítima a denunciar, mormente em razão de dependência emocional e/ou financeira.

Diante de suspeita ou confirmação de violência contra pessoas idosas, os serviços de saúde públicos e privados devem efetuar notificação às autoridades sanitárias, sendo ainda comunicados quaisquer destes órgãos: autoridade policial, Ministério Público e Conselhos do Idoso em seus níveis

---

(94) Art. 181. Estacionar o veículo: [...] XVII – em desacordo com as condições regulamentadas especificamente pela sinalização (placa – Estacionamento Regulamentado):

Infração – grave; Penalidade – multa; Medida administrativa – remoção do veículo; (Brasil, 1997).

nacional,estadual e municipal, nos termos do art. 19 e seus incisos da Lei n. 10.741/2003 (Brasil, 2003)[(95)].

Acresça-se que, dentre as pessoas idosas, existem aquelas que possuem maior grau de vulnerabilidade, quais sejam, as maiores de oitenta anos de idade, razão pela qual a Lei n. 13.466/2017 alterou dispositivos do Estatuto da Pessoa Idosa, de modo a conceder prioridade especial a esse grupo de indivíduos (art. 2º, § 2º) (Brasil, 2017)[(96)]. Especialmente consoante à temática do presente trabalho, retrata-se a condição de vulnerabilidade do trabalhador idoso na seara do meio ambiente laboral, isto é, quando empregado e sofrendo tratamento discriminatório por parte de seu empregador. Refere-se, pois, à situação em que o indivíduo é ridicularizado e objeto de zombaria pelo empregador em razão de sua idade, o que pode configurar, inclusive, assédio moral.

Diante disso, ressalta-se que o trabalhador tem à sua disposição a possibilidade de pleitear a rescisão indireta do contrato de trabalho, que seria uma espécie de justa causa praticada pelo patrão, pleiteando a devida indenização, com fulcro no art. 483, "b" da CLT (Brasil, 1943), em razão do rigor excessivo utilizado em seu tratamento, discriminatório[(97)].

Referido enquadramento é entendido como possível por Carlos Henrique Bezerra Leite (2019, p. 939):

> [...] é o que ocorre quando o empregador discrimina determinado empregado, tratando-o de forma bem mais rigorosa que a adotada com outros empregados, por meio de repreensões ou punições sem fundamentação razoável ou desproporcional. Em regra, a intenção do empregador é criar um "clima" que induza o empregado a pedir a sua demissão.

---

(95) Art. 19. Os casos de suspeita ou confirmação de violência praticada contra pessoas idosas serão objeto de notificação compulsória pelos serviços de saúde públicos e privados à autoridade sanitária, bem como serão obrigatoriamente comunicados por eles a quaisquer dos seguintes órgãos:

I – autoridade policial; II – Ministério Público; III – Conselho Municipal da Pessoa Idosa; IV – Conselho Estadual da Pessoa Idosa; V – Conselho Nacional da Pessoa Idosa [...] (Brasil, 2003).

(96) Art. 2º O art. 3º da Lei n. 10.741, de 1º de outubro de 2003 , passa a vigorar acrescido do seguinte § 2º, renumerando-se o atual parágrafo único para § 1º:

"Art. 3º ....

§ 1º ....

§ 2º Dentre os idosos, é assegurada prioridade especial aos maiores de oitenta anos, atendendo-se suas necessidades sempre preferencialmente em relação aos demais idosos." (NR) (Brasil, 2017).

(97) Art. 483. – O empregado poderá considerar rescindido o contrato e pleitear a devida indenização quando: [...] b) for tratado pelo empregador ou por seus superiores hierárquicos com rigor excessivo;(Brasil, 1943).

É o típico caso do empregador que, desejando desvencilhar-se das verbas rescisórias que teria se dispensasse o trabalhador, cria situação deveras insustentável no ambiente da empresa, a fim de que este solicite a demissão. No caso da rescisão indireta há possibilidade de o trabalhador pugnar por indenização em danos morais.

Particularmente, evidencia-se a característica em comento do ancião quanto a sua inserção marginal no mercado de trabalho, acerca da qual assinala Jorge Felix (2016, p. 250):

> Seja formalmente, aceitando salário mais baixo para complemento de renda na aposentadoria (numa distorção completa do sentido e do significado de aposentadoria); seja informalmente, nas várias manifestações da informalidade, sobretudo a que é decorrente da fragilização da segunda metade da vida laboral do trabalhador. A situação vulnerável se agrava, muitas vezes, quando esta fragilização ocorre em idade próxima à da aposentadoria.

São variados os contextos em que pode estar inserido o idoso, seja desempregado, seja empregado, mas em condições precárias de trabalho. Conforme elucidado pelo autor, o ancião pode estar inserto no mercado de trabalho informal ou no formal, inclusive aceitando salário de pequena monta para complementar a renda obtida pela aposentadoria.

A aposentadoria, dessa forma, resta prejudicada em seu efetivo exercício, tendo em vista que se torna cada vez mais comum permanecer ou buscar nova colocação no mercado de trabalho, diante da insuficiência da renda representada pelo provento em questão. Pode-se apontar, inclusive, que o desfrute da aposentadoria pelo descanso dos anos trabalhados deixa de ser opção.

Lauro Ribeiro (2018, p. 661) endossa a situação destituída de dignidade que por vezes vivencia o idoso, a fim de manter sua sobrevivência, mas registra o retorno deste ao mercado laboral, inclusive em postos de trabalho que exigem atenção e maior responsabilidade:

> A ampla liberdade laboral [...] de forma adequada, para a realidade brasileira, de desemprego, de baixa remuneração e muitas vezes de pequena qualificação profissional, representa, no caso de aposentadoria, uma ilusão, pois a pessoa idosa acaba por sujeitar-se indefinidamente ao trabalho penoso e muitas vezes insalubre como mecanismo de sobrevivência. Por outro lado, paradoxalmente, o idoso está retornando ao mercado de trabalho para complementação da aposentadoria e para aquelas atividades que exigem atenção, maior senso de responsabilidade e, muitas vezes, para que seu empregador tire vantagem de alguns direi-

tos que lhe são assegurados, como a prioridade no atendimento bancário e gratuidade no transporte público.

De outra monta, não se pode desconsiderar a existência de indivíduos que permanecem ou retornam ao mercado de trabalho apenas e tão somente para se sentirem ativos, produtivos, e que, portanto, não efetivamente necessitem da remuneração.

De toda sorte, é de se consignar que diante do acréscimo quantitativo de idosos e envelhescentes no mercado de trabalho, são apontadas oito profissões para gerenciar as questões da longevidade e da diversidade nas empresas. São as considerações de Marcia Tavares (2020) com base em pesquisa empenhada por J. T. C Wright, A. T. B. Silva e R. G. Spers:

- Age Adviser

Profissional que conciliará desacordos entre grupos de diferentes idades dentro das empresas, promovendo a colaboração intergeracional e assegurando que cada departamento tenha um mix adequado de diferentes gerações.

- Chief Health Officer

Responsável pelo estabelecimento de programas para cuidados com a saúde e reavaliação do sistema de seguros da empresa.

- Chief Innovation Officer

Profissional que interagirá com os funcionários em diferentes áreas da empresa para pesquisar, projetar e aplicar inovações, considerando as demandas e oportunidades da longevidade e da diversidade etária dos colaboradores.

- Conselheiro de aposentadoria

Profissional responsável por ajudar os colaboradores a planejar a aposentadoria, considerando a perspectiva de vida e carreira mais longas, ou seja, preparando os colaboradores para gerenciarem os recursos para uma vida mais longa e, possivelmente, permanecerem ativos no mercado de trabalho mesmo após a aposentadoria.

- Consultor em gestão da longevidade e diversidade etária

O consultor oferecerá soluções que vão desde o diagnóstico até o suporte para o desenvolvimento de pessoas e empresas, apontando as estratégias, políticas e práticas mais adequadas aos desafios socioprodutivos no contexto da economia da longevidade.

- Coordenador de desenvolvimento da força de trabalho e educação continuada

Coordenador responsável por gerenciar programas para ajudar funcionários qualificados – de todas as idades – a atingir níveis avançados em suas áreas de especialização.

- Especialista em gestão da longevidade e diversidade etária

Esse profissional será responsável por compreender o impacto da longevidade e da diversidade etária para o negócio e por promover essa visão para todas as áreas da empresa de forma estruturada. Também irá atuar juntamente às equipes de planejamento estratégico e aos fornecedores, coordenando, apoiando e monitorando as políticas e práticas de gestão da longevidade e diversidade etária da força de trabalho.

- Historiador corporativo

Profissional responsável por resgatar projetos, programas, problemas, soluções e resultados da empresa, a fim de garantir a preservação do conhecimento e da memória institucional da empresa frente ao *turnover* dos colaboradores jovens e a aposentadoria dos mais velhos.

O que se verifica, portanto, é a possibilidade de o mercado de trabalho se moldar para a realidade dos mais velhos na condição de trabalhadores, com uma ampla diversidade de profissões para atendê-los.

No tocante à dignidade a que deveria vivenciar o trabalhador em geral, alude-se à disposição da Declaração Universal dos Direitos Humanos, que disciplina, em seu art. 25º, 1, o direito que tem a pessoa a um nível de vida que a possibilite assegurar a si e à sua família saúde e bem-estar, tendo inclusive direito à segurança no desemprego, doença, invalidez e velhice (ONU, 1948)[(98)].

Nesse sentido é o tema do próximo item a ser abordado, concernente aos direitos da personalidade das pessoas idosas, os quais possuem o condão de concretizar o princípio da dignidade da pessoa humana.

4.3. Direitos da personalidade dos idosos

A princípio, cumpre apontar que os direitos da personalidade das pessoas idosas possuem nuances distintas dos demais indivíduos. Nas palavras de Silvio Romero Beltrão (2014, p. 122):

> Apesar da qualidade de sujeito de direitos e obrigações atribuídas à pessoa humana nascida e com vida, a dinâmica dos direitos da personalidade sofre níveis de evolução em face do objeto a ser tutelado. A evolução da pessoa, desde o seu nascimento até a morte, é potencializada com a formação de sua estrutura física e moral, que merece tratamento de acordo com a expressão de sua personalidade.

---

(98) Artigo 25º 1. "Toda a pessoa tem direito a um nível de vida suficiente para lhe assegurar e à sua família a saúde e o bem-estar, principalmente quanto à alimentação, ao vestuário, ao alojamento, à assistência médica e ainda quanto aos serviços sociais necessários, e tem direito à segurança no desemprego, na doença, na invalidez, na viuvez, na velhice ou noutros casos de perda de meios de subsistência por circunstâncias independentes da sua vontade" (ONU, 1948).

A pessoa idosa, por sua condição de desenvolvimento, com décadas de experiência arraigada merece tutela diversificada, ou seja, além da proteção geral constante na Constituição Federal, no Código Civil e na Consolidação das Leis do Trabalho, por exemplo, possuindo amparo específico, do qual o Estatuto da Pessoa Idosa é exemplo significativo.

A respeito disso, Fabiana Rodrigues Barletta (2014, p. 130) realiza analogia com o ordenamento jurídico atinente à criança e ao adolescente, de modo a consignar o princípio do melhor interesse do idoso:

> O princípio do melhor interesse do idoso é consectário do princípio da dignidade da pessoa, que não tolera um tratamento formalmente igualitário e materialmente desigual entre pessoas de idades díspares em virtude das vulnerabilidades acarretadas pela velhice. Logo, a pessoa idosa é tutelada tanto pelo direito constitucional quanto pelas leis setoriais, em seus princípios e regras, levando-se em conta suas particularidades, seu momento de vida, em uma palavra: sua unicidade, para que não seja lesada em seus direitos, principalmente quando se trata da parte fraca de uma relação ou situação jurídica levada às Instituições Democráticas possuidoras dos poderes, para apreciação e decisão.

Utiliza-se a legislação específica, corporificada no Estatuto da Pessoa Idosa para elencar os direitos da personalidade dos anciãos, recorrendo-se ao Título II – Dos Direitos Fundamentais, que alberga os artigos 8º a 42, composto por dez capítulos. Inicialmente, salienta-se o direito personalíssimo ao envelhecimento, consubstanciado no Estatuto da Pessoa Idosa, em seu art. 8º (Brasil, 2003)[(99)].

Sua proteção, conforme referido dispositivo, constitui direito social. Aliás, não se pode olvidar que o envelhecimento é um processo a que todos estão sujeitos, inclusive, desde o nascimento. O artigo seguinte atribui ao Estado a proteção dos direitos à vida e à saúde, por intermédio de políticas públicas sociais que possibilitem o envelhecimento moldado na saúde e em condições de dignidade (Brasil, 2003)[(100)].

O Capítulo II, por seu turno, congloba os direitos à liberdade, ao respeito e à dignidade, prescrevendo que sua garantia compete ao Estado e

---

(99) Art. 8º O envelhecimento é um direito personalíssimo e a sua proteção um direito social, nos termos desta Lei e da legislação vigente. (Brasil, 2003).

(100) Art. 9º É obrigação do Estado, garantir à pessoa idosa a proteção à vida e à saúde, mediante efetivação de políticas sociais públicas que permitam um envelhecimento saudável e em condições de dignidade (Brasil, 2003).

à sociedade, conforme *caput* do art. 10[101]. Especialmente quanto ao direito ao respeito, pontua-se que este engloba outros direitos da personalidade, de modo que ao violá-lo, em verdade, há outros direitos que podem ser atingidos, a saber: a integridade física, psíquica e moral, a imagem, a identidade e a autonomia, além de valores, ideias e crenças, espaços e objetos pessoais (art. 10, § 2º) (Brasil, 2003)[102].

A seguir, trata-se do direito aos alimentos, cuja obrigação é solidária, de modo que à pessoa idosa abre-se a possibilidade de escolher entre os prestadores (art. 12)[103]. Após, é elencado o direito à saúde, prevendo-se atenção integral pelo Sistema Único de Saúde (SUS), com a garantia de acesso universal e igualitário, mediante rede articulada, visando à prevenção, promoção, proteção e recuperação da saúde, conforme *caput* do art. 15[104] (Brasil, 2003).

No que tange ao aludido direito, deve ser considerada, ainda, a atenção integral à saúde da pessoa idosa, a qual, para Janaína Rigo Santin (2015, p. 508):

> [...] não se restringe apenas ao controle e prevenção de doenças, mas como interação entre a saúde física, a saúde mental, cognição e memória, as relações familiares, as condições de moradia, a independência financeira, a capacidade funcional e o suporte social.

João Gabriel Martins Cozzolino e Mariana Moncorvo de Mattos (2019, p. 76) assinalam que a problemática do direito em comento está imbricada especialmente em termos estruturais:

> A maior insatisfação com o acesso é de cunho "estrutural", pois no momento em que o idoso procura o serviço de saúde público evidencia escassos leitos hospitalares, superlotação (tanto de consulta, exames auxiliares, como outros serviços) e tempo de espera desumano. As

---

(101) Art. 10. É obrigação do Estado e da sociedade assegurar à pessoa idosa a liberdade, o respeito e a dignidade, como pessoa humana e sujeito de direitos civis, políticos, individuais e sociais, garantidos na Constituição e nas leis (Brasil, 2003).

(102) Art. 10. [...] § 2º "O direito ao respeito consiste na inviolabilidade da integridade física, psíquica e moral, abrangendo a preservação da imagem, da identidade, da autonomia, de valores, ideias e crenças, dos espaços e dos objetos pessoais" (Brasil, 2003).

(103) Art. 12. A obrigação alimentar é solidária, podendo a pessoa idosa optar entre os prestadores (Brasil, 2003).

(104) Art. 15. É assegurada a atenção integral à saúde da pessoa idosa, por intermédio do Sistema Único de Saúde (SUS), garantindo-lhe o acesso universal e igualitário, em conjunto articulado e contínuo das ações e serviços, para a prevenção, promoção, proteção e recuperação da saúde, incluindo a atenção especial às doenças que afetam preferencialmente as pessoas idosas (Brasil, 2003).

barreiras no acesso ao sistema de saúde fazem com que o idoso opte por planos de saúde privados. Com isso, a responsabilidade de proteção social em alguns desloca-se, quando possível, do Estado para o idoso e sua família, demonstrando a ineficiência do sistema adotado.

Destarte, diante das condições precárias de atendimento em hospitais, os autores pontuam que, por vezes, o idoso opta por planos de saúde particulares, o que acaba por onerá-lo ainda mais.

De outra monta, atenta-se à lição conferida pelo art. 17 da Lei n. 10.741/2003, ao estabelecer que a pessoa idosa é entendida, como regra, como alguém em pleno gozo de suas faculdades mentais, podendo optar pelo tratamento de saúde, cabendo esta decisão a outrem apenas excepcionalmente (Brasil, 2003)[(105)], o que vai de encontro com a estigmatização perpetrada pela sociedade, que de pronto visualiza-o como incapaz.

O Capítulo V aglutina os direitos à educação, à cultura, ao esporte e ao lazer. Em relação à educação, mencionada no art. 20 da Lei n. 10.741/2003[(106)], Luiz Claudio Carvalho de Almeida (2019, p. 65) pontua sua maior vinculação ao aspecto informal: "É importante salientar que o preceito em comento visa menos a educação formal do idoso e muito mais sua inclusão na comunidade onde se insere, colocando a educação, em sentido amplo, como uma ferramenta hábil para esse objetivo".

O direito à cultura possui referência no art. 24, que prescreve que os meios de comunidades proporcionarão grade programática voltada aos idosos e ao público a respeito do processo de envelhecimento[(107)]. Quanto ao direito ao lazer, cumpre apontar os descontos de ao menos 50% aos idosos, de modo

---

(105) Art. 17. À pessoa idosa que esteja no domínio de suas faculdades mentais é assegurado o direito de optar pelo tratamento de saúde que lhe for reputado mais favorável.

Parágrafo único. Não estando a pessoa idosa em condições de proceder à opção, esta será feita:

I – pelo curador, quando a pessoa idosa for interditada;

II – pelos familiares, quando a pessoa idosa não tiver curador ou este não puder ser contactado em tempo hábil;

III – pelo médico, quando ocorrer iminente risco de vida e não houver tempo hábil para consulta a curador ou familiar;

IV – pelo próprio médico, quando não houver curador ou familiar conhecido, caso em que deverá comunicar o fato ao Ministério Público (Brasil, 2003).

(106) Art. 20. A pessoa idosa tem direito a educação, cultura, esporte, lazer, diversões, espetáculos, produtos e serviços que respeitem sua peculiar condição de idade (Brasil, 2003).

(107) Art. 24. Os meios de comunicação manterão espaços ou horários especiais voltados às pessoas idosas, com finalidade informativa, educativa, artística e cultural, e ao público sobre o processo de envelhecimento (Brasil, 2003).

a estimular sua participação em eventos artísticos, culturais, esportivos e de lazer, nos moldes do art. 23 (Brasil, 2003)[(108)].

No Capítulo VII constam disposições relativas à Previdência Social, prevendo o Estatuto que os benefícios de pensão e aposentadoria do Regime Geral de Previdência Social observarão critérios que preservem o valor real dos salários sobre os quais incidiu a contribuição (art. 29, *caput*) (Brasil, 2003)[(109)].

O capítulo seguinte possui como temática a Assistência Social, destacando-se a previsão, no *caput* do art. 34, do Benefício de Prestação Continuada à pessoa idosa com mais de sessenta e cinco anos sem condições de se manter em sua subsistência tampouco de tê-la mantida por sua família. O referido montante mensal equivale a um salário mínimo[(110)] (Brasil, 2003).

Em seguida, trata o Estatuto acerca da habitação, assinalando o direito da pessoa idosa à moradia digna, em regra, no seio de sua família natural ou substituta e, excepcionalmente, em instituição de longa permanência, conforme apregoa o art. 37, §1º[(111)]. É possível correlacionar o aludido dispositivo com a Política Nacional do Idoso, que dispõe quanto às formas alternativas de atendimento ao ancião, de modo a privilegiar o convívio com sua família e, por conseguinte, deixar as entidades de longa permanência como último recurso. São elas: centros de convivência, centros de cuidados diurnos, casas-lares, oficinas abrigadas de trabalho, atendimentos domiciliares e outros (art. 10, I, b) (Brasil, 1994)[(112)].

---

(108) Art. 23. A participação das pessoas idosas em atividades culturais e de lazer será proporcionada mediante descontos de pelo menos 50% (cinquenta por cento) nos ingressos para eventos artísticos, culturais, esportivos e de lazer, bem como o acesso preferencial aos respectivos locais (Brasil, 2003).

(109) Art. 29. Os benefícios de aposentadoria e pensão do Regime Geral da Previdência Social observarão, na sua concessão, critérios de cálculo que preservem o valor real dos salários sobre os quais incidiram contribuição, nos termos da legislação vigente (Brasil, 2003).

(110) Art. 34. Às pessoas idosas, a partir de 65 (sessenta e cinco) anos, que não possuam meios para prover sua subsistência, nem de tê-la provida por sua família, é assegurado o benefício mensal de 1 (um) salário mínimo, nos termos da Loas [...] (Brasil, 2003).

(111) Art. 37. A pessoa idosa tem direito a moradia digna, no seio da família natural ou substituta, ou desacompanhada de seus familiares, quando assim o desejar, ou, ainda, em instituição pública ou privada. § 1o A assistência integral na modalidade de entidade de longa permanência será prestada quando verificada inexistência de grupo familiar, casa-lar, abandono ou carência de recursos financeiros próprios ou da família [...] (Brasil, 2003).

(112) Art. 10. Na implementação da política nacional do idoso, são competências dos órgãos e entidades públicos: I – na área de promoção e assistência social: b) estimular a criação de incentivos e de alternativas de atendimento ao idoso, como centros de convivência, centros de cuidados diurnos, casas-lares, oficinas abrigadas de trabalho, atendimentos domiciliares e outros;(Brasil, 1994).

Cabe apontar, ainda, o benefício de prioridade que goza o idoso na aquisição de imóvel para moradia própria por intermédio de programa habitacional, nos moldes do art. 38 do Estatuto da Pessoa Idosa[113]. O Capítulo X é pertinente ao transporte e assegura a gratuidade nos coletivos públicos urbanos e semiurbanos aos idosos maiores de sessenta e cinco anos (art. 39, *caput*)[114]. Outro ponto relevante diz respeito à reserva de 5% das vagas em estacionamentos públicos e privados (art. 41)[115] (Brasil, 2003).

O capítulo a seguir retrata a análise do aspecto da vulnerabilidade envolvendo o trabalhador idoso e o envelhescente em cenário de crise econômica, com enfoque na de 2008 e na provocada pela pandemia do coronavírus.

Salienta-se, assim, que a razão pela qual são abordadas as crises neste trabalho repousa no fato de que se em tempos ordinários as dificuldades enfrentadas pelas aludidas pessoas são importantes tanto mais em tempos de crise. Desse modo, desponta a necessidade de medidas para que na envelhescência o indivíduo possua uma boa qualidade de vida ao atingir a velhice, sendo necessárias, portanto, políticas públicas.

---

(113) Art. 38. Nos programas habitacionais, públicos ou subsidiados com recursos públicos, a pessoa idosa goza de prioridade na aquisição de imóvel para moradia própria, observado o seguinte:

I – reserva de pelo menos 3% (três por cento) das unidades habitacionais residenciais para atendimento às pessoas idosas;

II – implantação de equipamentos urbanos comunitários voltados à pessoa idosa;

III – eliminação de barreiras arquitetônicas e urbanísticas, para garantia de acessibilidade à pessoa idosa;

IV – critérios de financiamento compatíveis com os rendimentos de aposentadoria e pensão [...] (Brasil, 2003).

(114) Art. 39. Aos maiores de 65 (sessenta e cinco) anos fica assegurada a gratuidade dos transportes coletivos públicos urbanos e semiurbanos, exceto nos serviços seletivos e especiais, quando prestados paralelamente aos serviços regulares (Brasil, 2003).

(115) Art. 41. É assegurada a reserva para as pessoas idosas, nos termos da lei local, de 5% (cinco por cento) das vagas nos estacionamentos públicos e privados, as quais deverão ser posicionadas de forma a garantir a melhor comodidade à pessoa idosa (Brasil, 2003).

|CAPÍTULO - 5|

VULNERABILIDADE DO TRABALHADOR IDOSO E ENVELHESCENTE EM TEMPOS DE CRISE

5.1. Vulnerabilidade em tempos de crise

Prima facie, em relação ao delineamento do conceito geral de vulnerabilidade, acentua-se o que foi abordado no item 4.2 do presente trabalho. Aliás, possui aplicação na seara laboral, em que se indica o trabalhador como vulnerável diante do empregador, tendo em vista aspectos de ordem econômica, hierárquica, negocial, técnica e informativa.

Particularmente à vulnerabilidade do trabalhador idoso, efetua-se menção ao Enunciado n. 31, da Câmara de Coordenação e Revisão do Ministério Público do Trabalho, consoante o qual são de repercussão social relevante as notícias de fato que versarem sobre lesão ou ameaça de lesão a direitos de trabalhadores em situação de vulnerabilidade, dentre os quais se encontram os idosos, no item "e" (MPT, 2021). Nessas hipóteses, a atuação do *Parquet* trabalhista deve ser imediata.

Ainda quanto à vulnerabilidade, reitera-se que seu conceito já foi abordado no item 4.2 deste trabalho, enfocando-se aqui sua relação com os tempos de crise. Outrossim, cabe consignar que conforme a Pesquisa Nacional de Saúde 2019 – Ciclos de Vida, elaborada pelo Instituto Brasileiro de Geografia e Estatística, no referido ano verificou-se que aproximadamente metade, isto é, 49,4% das pessoas com deficiência no país eram idosas (Brasil, 2021, p. 46).

Acentua-se, assim, a vulnerabilidade do trabalhador em comento, que passa a ser dupla. Aliás, a própria Lei Brasileira de Inclusão (Lei n. 13.146/2015) elenca a pessoa idosa com deficiência como especialmente vulnerável, nos termos do parágrafo único do art. 5º(116) (Brasil, 2015).

Trata-se, pois, de conjuntura em que se verifica a transição de paradigmas e revoluções científicas, a respeito da qual se manifesta Thomas S. Kuhn (1997, p. 105):

> Enquanto os instrumentos proporcionados por um paradigma continuam capazes de resolver os problemas que este define, a ciência move-se com maior rapidez e aprofunda-se ainda mais através da utilização confiante desses instrumentos. A razão é clara. Na manufatura, como na ciência — a produção de novos instrumentos é uma extravagância reservada para as ocasiões que o exigem. O significado das crises consiste exatamente no fato de que indicam que é chegada a ocasião para renovar os instrumentos.

Antes de tratar especificamente acerca da conjuntura de crise econômica, em que os direitos dos trabalhadores são aviltados num cenário capitalista, faz-se necessário traçar breve evolução dos modelos estatais, partindo-se do absolutista, até o Democrático de Direito.

No modelo estatal ou absolutista, o poder estava concentrado nas mãos de um soberano ou monarca, podendo-se mencionar a arbitrariedade como uma de suas características. Diante disso, denotou-se a necessidade de liberdade dos particulares perante o Estado, de modo a permitir, portanto, a redução da intervenção estatal. Configurava-se, assim, o Estado Liberal de Direito.

Todavia, nesse lapso temporal, ocorreram as Revoluções Industriais, que, caracterizadas pela mecanização e produção em massa, evidenciaram a desigualdade entre trabalhadores e detentores do capital.

À guisa de exemplo, aduz-se às longas jornadas de trabalho, ao trabalho infantil e em condições insalubres, perigosas e degradantes. De um lado, os trabalhadores, que entregavam sua força de trabalho, estando praticamente destituídos de direitos, e de outro, os detentores de capital, que exploravam o trabalho daqueles.

---

(116) Art. 5º A pessoa com deficiência será protegida de toda forma de negligência, discriminação, exploração, violência, tortura, crueldade, opressão e tratamento desumano ou degradante. Parágrafo único. Para os fins da proteção mencionada no *caput* deste artigo, são considerados especialmente vulneráveis a criança, o adolescente, a mulher e o idoso, com deficiência (Brasil, 2015, grifo do autor).

Amanda Martins Rosa Andrade (2020, p. 44), ao abordar correntes que sustentam o capitalismo e as que defendem o socialismo, discorre acerca do esmaecimento do Estado Liberal:

> Essas manifestações de pensamento, apesar de distintas, serviram para embasar críticas ao liberalismo clássico que, fundado nos princípios da liberdade individual, liberdade de contratação, igualdade dos homens perante a lei civil, autorregulação da economia e mínima intervenção do Estado, servia para manter privilégios de uma classe em detrimento de outra, justificando a impossibilidade de o ente estatal intervir em prol dos necessitados. De uma forma ou de outra, era preciso rever os fundamentos liberais.

Exsurgiu, desse modo, o modelo de Estado Social, em que se propunham como valores os direitos de segunda dimensão, assim entendidos os direitos sociais, econômicos e culturais, possuindo como viga mestra a igualdade. Menciona-se reportagem publicada no periódico La Vanguardia, aduzindo a possível retorno do Estado de Bem-Estar Social, em face das medidas adotadas pelos governos ao redor do mundo com o advento da pandemia da Covid-19, com o fito de mitigar a pobreza (La Vanguardia, 2021):

> As crises, assim como as guerras ou o colapso econômico, expõem as fortalezas e fraquezas sociais e modificam as ideias sobre como podem e devem organizar-se as sociedades. A pandemia obrigou uma nova valoração do contrato social; em particular, do modo em que deve ser repartido o risco entre os indivíduos, os empresários e o Estado(117).

Destacou-se, portanto, o potencial das crises de desvelar fortalezas e acentuar debilidades sociais. Aponta, ainda, nova compreensão do contrato social, sublinhando o compartilhamento do risco entre a população, os empresários e o Estado.

Após transição do modelo de Estado Social, verifica-se o Estado Democrático de Direito, como é o caso brasileiro, que possui por tônica a participação popular na atuação estatal, de modo igualitário. Contudo, hodiernamente, pautado no capitalismo, o Brasil perpassa pela pulverização dos direitos dos trabalhadores, o que pode ser traduzido pela flexibilização, a

---

(117) No original: "Las crisis, como las guerras o el colapso económico, ponen al descubierto las fortalezas y debilidades sociales y modifican las ideas acerca de cómo pueden y deben organizarse las sociedades. La pandemia há obligado a uma nueva valoración del contrato social; en particular, del modo en que debe repartirse el riesgo entre los indivíduos, los empresários y el Estado" (La Vanguardia, 2021).

terceirização e o enxugamento da força de trabalho, conforme retrata Ricardo Antunes (2011, p. 122):

> Isso nos permite indicar que, no estágio atual do capitalismo brasileiro, combinam-se processos de enorme enxugamento da força de trabalho, acrescidos das mutações sociotécnicas no processo produtivo e na organização do controle social do trabalho. A flexibilização e a desregulamentação dos direitos sociais, bem como a terceirização e as novas formas de gestão da força de trabalho implantadas no espaço produtivo, estão em curso acentuado e presentes em grande intensidade, indicando que o fordismo "parece ainda vigente em vários ramos produtivos e de serviços".

Confere-se realce, na esteira da finalidade de reduzir a burocracia no âmbito das atividades econômicas, à Lei n. 13.847/2019, também conhecida como Lei da Liberdade Econômica, e que possui, dentre seus princípios, a liberdade nas atividades econômicas e a intervenção estatal pautada na subsidiariedade e excepcionalidade (art. 2º, I e III(118)) (Brasil, 2019).

São estabelecidas normas protetivas da livreiniciativa e da liberdade econômica, que serão observadas tanto na aplicação quanto na interpretação, inclusive, do direito do trabalho, conforme consubstanciado no art. 1º, § 1º (Brasil, 2019)(119). Destarte, resta comprovada a preocupação com o primado da liberdade no exercício das atividades econômicas e em premissas como a liberdade de iniciativa. Outrossim, particularidade do panorama de crise econômica é que ambos os lados de uma relação trabalhista ficam com suas fragilidades expostas e, ainda que, dependendo do tamanho do empreendimento, e em proporções distintas, suas desigualdades são evidenciadas. De um lado, empresas envidando esforços para continuar com suas atividades, e de outro, trabalhadores que dependem sobretudo

---

(118) Art. 2º São princípios que norteiam o disposto nesta Lei:

I – a liberdade como uma garantia no exercício de atividades econômicas; [..]

III – a intervenção subsidiária e excepcional do Estado sobre o exercício de atividades econômicas; e [...] (Brasil, 2019).

(119) Art. 1º Fica instituída a Declaração de Direitos de Liberdade Econômica, que estabelece normas de proteção à livre- iniciativa e ao livre exercício de atividade econômica e disposições sobre a atuação do Estado como agente normativo e regulador, nos termos do inciso IV do *caput* do art. 1º, do parágrafo único do art. 170 e do *caput* do art. 174 da Constituição Federal.

§ 1º O disposto nesta Lei será observado na aplicação e na interpretação do direito civil, empresarial, econômico, urbanístico e do trabalho nas relações jurídicas que se encontrem no seu âmbito de aplicação e na ordenação pública, inclusive sobre exercício das profissões, comércio, juntas comerciais, registros públicos, trânsito, transporte e proteção ao meio ambiente (Brasil, 2019).

economicamente do emprego, razão pela qual se sujeitam às condições que lhes são oferecidas, por mais precárias que sejam.

Aliás, não é deveras incomum que um cenário de crise se torne terreno fértil para a flexibilização de direitos, *in casu*, dos trabalhadores. Ora, é que em se tratando de crise econômica, as empresas enfrentam dificuldades para se manter e, por óbvio, preservar seu quadro de funcionários. Todavia, o que não pode ser admitido é que a citada "flexibilização" ocorra em detrimento dos direitos da personalidade dos trabalhadores, por meio do embate entre capital e trabalho.

O capital é frequentemente colocado em posição diametralmente oposta ao trabalho, olvidando-se, inclusive, que a economia se sustenta com recursos provenientes da renda do trabalho, que são investidos no consumo. Aliás, sublinha-se que a ordem social tem por lastro o primado do trabalho, visando ao bem-estar e à justiça social, em consonância com o *caput* do art. 193 da Constituição Federal[(120)](Brasil, 1988).

Dotado desse mesmo teor, cita-se a Lei n. 13.467/2017, denominada Reforma Trabalhista, que alterou a CLT e provocou intensa celeuma, justamente por possuir atrativas promessas de geração de postos de emprego, mas, simultaneamente, efetuar a precarização dos direitos trabalhistas, em nome de pretensa flexibilização.

Ricardo Antunes (2018, p. 159-160) sinaliza que a precarização travestida de flexibilização consiste em signo necessário para a perpetuação do sistema capitalista, sendo mais intensa em época de crise:

> A flexibilização e sua expressão multifacetada no mundo do trabalho sintetizam o que parte dos autores da sociologia tem definido, desde os anos 1980, como precarização do trabalho. Compreendida como processo contraditório, a precarização tanto desperta resistências por parte dos trabalhadores quanto, tendencialmente, se apresenta como processo contínuo cujos mecanismos de imposição se entrelaçam com as necessidades permanentes de valorização de capital e autorreprodução do sistema. Nesse sentido, a precarização é, por um lado, um fenômeno intrínseco à sociabilidade construída sob o signo do capital; por outro, uma forma particular assumida pelo processo de exploração do trabalho sob o capitalismo em sua etapa de crise estrutural, podendo, portanto, ser mais ou menos intensa, uma vez que não é uma forma estática. Nas épocas de crise – ainda mais quando esta tem um claro acento estrutural –, o que

---

(120) Art. 193. A ordem social tem como base o primado do trabalho, e como objetivo o bem-estar e a justiça sociais (Brasil, 1988).

> se assiste é a sua intensificação, que vimos denominando a persistente tendência à precarização estrutural do trabalho em escala global [...].

A respeito da flexibilização, cumpre trazer à baila o entendimento de Carlos Henrique Bezerra Leite (2021, p. 186) que explanou as modalidades de flexibilização traçadas por Jean-Claude Javillier, quais sejam: flexibilização de proteção, flexibilização de adaptação e flexibilização de desregramento.

Quanto à primeira, indicou que "visa à combinação das normas heterônomas e autônomas em sentido favorável aos trabalhadores", abarcando, logo, o princípio da norma mais favorável" (Leite, 2021, p. 186). Por seu turno, em relação à flexibilização de adaptação, apontou que "decorre de estratégia sindical em face das dificuldades momentâneas ou de crise econômica no contexto empresarial", por intermédio de negociação *in pejus*, com o fito de preservar maiores interesses dos trabalhadores (Leite, 2021, p. 186).

Quanto à flexibilização de desregramento, asseverou que equivale à quebra da rigidez da legislação trabalhista mediante via legal, podendo "implicar desregulamentação de um direito ou instituto [...] ou regulamentação, que ocorre quando uma lei nova cria outra forma de relação jurídica" (Leite, 2021, p. 186).

A quebra de rigidez da norma, acompanhada de dupla vantagem, ou seja, em que os trabalhadores também possuem uma contrapartida, configura flexibilização. Caso contrário, trata-se de precarização.

No caso da Reforma Trabalhista, o que se flexibilizou, em verdade, foram as possibilidades de redução dos direitos laborais, mediante, exemplificativamente, relações trabalhistas que não a empregatícia, como a intermitente, em que o indivíduo é contratado para prestar serviços de forma esporádica, podendo, desse modo, exercer seus serviços para outra empregadora em seu período de inatividade, porém, caso não consiga outra fonte de renda, fica destituído de salário, mesmo estando empregado.

Com a referida lei, o Brasil foi categorizado entre os dez piores países para o trabalhador, conforme divulgado pela International Trade Union Confederation, em 2019 (ITUC, 2019, p. 23):

> Desde a adoção da Lei n. 13.467, todo o sistema de negociação coletiva entrou em colapso no Brasil. A revisão da Consolidação das Leis do Trabalho (CLT) estabeleceu como princípio geral que os acordos coletivos prevalecem sobre a legislação, e que, portanto, era possível por meio da negociação coletiva não dar cumprimento às disposições legais protetivas, com o único limite de alguns direitos trabalhistas estabelecidos na Constituição. Quase dois anos depois, a lei teve efeitos dramáticos nas

relações laborais, com um declínio drástico de 45 por cento no número de acordos coletivos concluídos em 2018. Há também uma tendência preocupante de empregadores retirando os direitos trabalhistas e pressionando por salários mais baixos a nível de empresa(121).

Nessa senda, salutar o entendimento dos juristas Cynthia Campello, José Cláudio Monteiro de Brito Filho e Ney Maranhão (2019, p. 313) que destacam que, apesar de constantemente se acreditar, não foi o utilitarismo que conferiu a tônica à lei reformista:

> Entretanto, seguindo a doutrina de John Stuart Mill, o prazer a longo prazo deve ser levado em consideração. E, neste caso, conforme observamos no tópico anterior, a lei atendeu aos interesses de um pequeno setor da sociedade, que são as elites empresariais, contrariando a doutrina utilitarista, que prevê a máxima felicidade geral. Quando analisamos alguns dos dispositivos da lei, percebemos que a Reforma precarizou as condições de trabalho e foi contrária a diversos direitos sociais previstos constitucionalmente, o que pode incorrer em riscos à dignidade dos trabalhadores a curto e longo prazo. Seguindo as premissas utilitárias, de nada adianta as pessoas possuírem empregos ou uma boa remuneração se isto, a longo prazo, comprometer a saúde e, por consequência, a felicidade geral da comunidade.

Não é forçoso ressaltar que a ordem econômica possui lastro na valorização do trabalho humano, objetivando garantir a todos existência digna, conforme a justiça social, observando-se, dentre outros princípios, o da busca pelo pleno emprego, nos moldes do *caput* e inciso VIII do art. 170 da Constituição Federal (Brasil, 1988)(122).

De certo, enfraquecer ou, até mesmo, retirar direitos dos trabalhadores não constitui maneira mais adequada para propiciar postos de trabalho. Desse

---

(121) No original: "Since the adoption of Act No. 13.467, the entire collective bargaining system has collapsed in Brazil. The revised Consolidation of Labour Laws (CLT) established as a general principle that collective agreements prevail over legislation, and that it was therefore possible through collective bargaining not to give effect to the protective legal provisions, with the sole limit of a few labour rights set out in the Constitution. Almost two years on, the Act has had dramatic effects on industrial relations with a drastic decline of 45 per cent in the number of collective agreements concluded in 2018. There is also a worrying trend of employers withdrawing labour rights and pressing for lower wages at company level" (ITUC, 2019, p. 23).

(122) Art. 170. A ordem econômica, fundada na valorização do trabalho humano e na livre-iniciativa, tem por fim assegurar a todos existência digna, conforme os ditames da justiça social, observados os seguintes princípios: [...] VIII – busca do pleno emprego (Brasil, 1988).

modo, violam-se preceitos constitucionais, *in casu*, objetivos fundamentais da República Federativa pátria, constantes do art. 3º (Brasil, 1988)[(123)].

É que, em assim agindo, afasta-se da construção de uma sociedade justa e solidária, bem como da garantia do desenvolvimento nacional. Igualmente, distancia-se da possibilidade de erradicação da pobreza e da marginalização, além da redução das desigualdades sociais e regionais. E, por óbvio, da promoção do bem de todos, desprovida de preconceitos, como o da idade e outras formas de discriminação.

Nessa linha, efetua-se menção à Agenda 2030, da Organização das Nações Unidas (ONU, 2013), que, dentre outros objetivos, possui o de número oito, que disciplina que o crescimento econômico deve ser sustentado, inclusivo e sustentável, abrangendo emprego pleno e produtivo, além de trabalho decente para todos.

A crise econômica suscita o decréscimo do processo produtivo, desaguando em instabilidade no setor, como também a redução dos lucros nas relações laborais, de modo que ambos os lados resultam prejudicados, seja o trabalhador, seja o empregador. É de se consignar, contudo, que em um cenário de instabilidade econômica sejam os trabalhadores com maior tempo de serviço na empresa os selecionados para serem dispensados, devido a representarem maiores custos de ordem trabalhista aos empregadores.

Faz-se essencial consignar os dados obtidos pelo Cadastro Geral de Empregados e Desempregados (Caged) em relação ao primeiro semestre de 2020, portanto, englobando o período pandêmico. Concluiu-se que o desemprego atingiu principalmente os trabalhadores com idade superior a 65 (sessenta e cinco) anos, havendo 67 mil indivíduos desligados, quantidade 25% maior comparativamente ao mesmo período em 2019 (Kafruni, 2020).

Da mesma forma, cita-se os trabalhadores de 50 a 64 anos, dentre os quais se enquadram os envelhescentes, faixa etária na qual os desligamentos tiveram alta de 9%, de acordo com notícia veiculada no site Correio Braziliense, com base em dados do Cadastro Geral de Empregados e Desempregados, do Ministério da Economia (Kafruni, 2020).

---

(123) Art. 3º Constituem objetivos fundamentais da República Federativa do Brasil:

I – construir uma sociedade livre, justa e solidária;

II – garantir o desenvolvimento nacional;

III – erradicar a pobreza e a marginalização e reduzir as desigualdades sociais e regionais;

IV – promover o bem de todos, sem preconceitos de origem, raça, sexo, cor, idade e quaisquer outras formas de discriminação (Brasil, 1988).

É possível pontuar, dessa forma, que os envelhescentes e os idosos incluem-se no que Guy Standing (2014, p. 30) denomina precariado, notadamente pela ausência de amparo em momentos de necessidade, que pode ser exemplificada por crises econômicas:

> Uma característica do precariado não é o nível de salários em dinheiro ou de rendas auferidas em qualquer momento específico, mas a falta de apoio da comunidade em momentos de necessidade, a falta de benefícios assegurados da empresa ou do Estado e a falta de benefícios privados para complementar ganhos em dinheiro.

A falta de amparo aos envelhescentes e idosos, especialmente no período pandêmico, foi evidenciada, por exemplo, pela impossibilidade de o trabalhador aposentado auferir benefício emergencial na hipótese de suspensão temporária de seu contrato de trabalho no âmbito da Medida Provisória n. 936/2020 (Brasil, 2020).

Standing (2014, p. 31) pontua mais características acerca do precariado:

> Não há "sombra de futuro" pairando sobre suas ações, para lhes dar um senso de que o que dizem, fazem ou sentem hoje terá um forte ou obrigatório efeito em suas relações de longo prazo. O precariado sabe que não há nenhuma sombra do futuro, da mesma forma como não há futuro no que eles estão fazendo agora. Estar "fora" amanhã não seria uma surpresa, e sair talvez não fosse ruim, caso outro trabalho ou uma explosão de atividades surjam no horizonte.

Quanto à retromencionada "sombra de futuro", esta pode ser relacionada à visão negativa que a sociedade possui dos mais velhos como pessoas a quem não se vislumbra futuro, por estarem na fase final de suas vidas.

Os envelhescentes e, sobretudo, idosos, acostumados a construir carreira em uma mesma empresa, deparam-se com o mercado de trabalho em dinamismo, em que trocar de emprego constantemente é comum entre os jovens. São as palavras de Alexandre Kalache e Mórris Litvak (2021, grifo dos autores):

> Os 60+ ainda trazem consigo uma formação que os preparava para o emprego onde imperava <u>a hierarquia de comando e controle</u>, o horário fixo, o trabalho mecânico e repetitivo, entre outros aspectos hoje cada vez mais obsoletos. Essas pessoas precisam ser incentivadas e treinadas para atuar num mundo não só digital, mas diverso, horizontal, multigeracional e colaborativo, onde a adaptabilidade é fundamental e o letramento tecnológico tão importante quanto ler e escrever. Impõe-se a necessidade de uma atitude empreendedora e aprender a atuar por conta própria centrado em aprendizado ao longo da vida.

Jailton Macena de Araújo (2019, p. 788) acentua que é no ramo do Direito do Trabalho em que se denotam, primeiramente, as condições precárias proporcionadas pelo viés neoliberal, que almeja o lucro:

> Por outro lado, é o direito do trabalho o primeiro ramo jurídico a sofrer as investidas neoliberais no sentido da precarização das relações humanas da maximização dos lucros para o mercado. As condições laborais contam, assim, com o suporte de um padrão mínimo de decência nas relações que se estabelecem entre tomador e prestador de serviços, sendo essas mesmas relações as responsáveis por deteriorar o campo dos direitos sociais em momentos de crise. Todavia, é o estabelecimento da decência do trabalho que reflete o ideário de cidadania, exigindo a efetividade e a proteção estatais. Essa realização torna factíveis as dimensões do desenvolvimento, no qual a proteção do trabalho se insere.

Ressalta-se que os direitos sociais, dentre os quais se enquadra o trabalho, representados pelas políticas públicas que os incorporam, acabam por ser mais propensos a sofrer restrição no panorama de crise econômica. É frequente, ainda, o discurso de que são os direitos que acarretam maior custo para sua manutenção.

É nesse sentido que se faz necessário retomar a importância do direito do trabalho como fator que assegura a decência nas relações desse cunho, como apontou Macena. Com efeito, tem-se que o teor protetivo do Direito do Trabalho é assaz representado pelo princípio da proteção, que possui as seguintes ramificações: princípio da condição mais benéfica, princípio da aplicação da norma mais favorável e princípio do *in dubio pro operario*.

Quanto à primeira, há de se ressaltar o constante do art. 468, *caput* da CLT, dando conta de que para alterar o contrato individual de trabalho necessário se faz não somente o mútuo consentimento entre empregado e empregador, como também que não resulte em prejuízos àquele[124] (Brasil, 1943).

O princípio em tela ainda se refere aos regulamentos de empresa, sendo consagrado pela Súmula 51, item 1, do Tribunal Superior do Trabalho (TST), qual seja: "I – As cláusulas regulamentares, que revoguem ou alterem vantagens deferidas anteriormente, só atingirão os trabalhadores admitidos após a revogação ou alteração do regulamento" (Brasil, 2024).

---

(124) Art. 468. Nos contratos individuais de trabalho só é lícita a alteração das respectivas condições por mútuo consentimento, e ainda assim desde que não resultem, direta ou indiretamente, prejuízos ao empregado, sob pena de nulidade da cláusula infringente desta garantia (Brasil, 1943).

Já o princípio da aplicação da norma mais favorável traduz-se em aplicar, havendo mais de uma norma, aquela que se apresentar mais benéfica ao trabalhador, independentemente de sua hierarquia normativa. De outra banda, o princípio do *in dubio pro operario* ou *in dubio pro misero* concerne à situação de que, havendo dúvidas, opta-se pela interpretação que melhor beneficie o trabalhador.

São essas ramificações, sintetizadas no teor protetivo do Direito do Trabalho, que são constantemente atacadas quando se defende a desburocratização da matéria em comento. Rodrigo de Lacerda Carelli (2017, p. 318) sintetiza as supostas premissas que são utilizadas pelos que defendem a desregulamentação, quando não o desmantelo do Direito do Trabalho:

> O discurso de ataque, no entanto, não é novo; é literalmente o mesmo, desde que o direito do trabalho é direito do trabalho, qual seja que: 1) o direito do trabalho gera desemprego e menores salários; 2) o trabalhador sabe o que está negociando com o empregador e tem liberdade de não aceitar, sendo o contrato essencial para a garantia da segurança jurídica; 3) o trabalhador é classe perigosa e pretende ficar com o patrimônio dos empregadores e hoje a Justiça do Trabalho ajuda os trabalhadores nessa empreitada.

A respeito do primeiro tópico levantado pelo autor, mencionam-se os discursos que incentivam as pessoas a serem "donas do próprio negócio", empreendedoras, de modo a gerir as atividades laborais, desvinculando-se da subordinação ao empregador.

Como exemplo há o fenômeno da uberização, que se proliferou com a pandemia do coronavírus, diante das medidas de isolamento social e *lockdown* em muitas cidades. Refere-se, pois, aos motoristas entregadores por aplicativo, em que pese ser conhecido como um serviço em que o trabalhador tem autonomia, possui características de uma relação empregatícia, havendo, inclusive, decisões judiciais no Brasil e em outros países nesse sentido.

O que se verifica, em suma, é que sob o pretexto de conferir ao trabalhador autonomia no desenvolvimento de atividades, apresentam-se tentativas de rechaço ao Direito do Trabalho, com a redução dos direitos laborais e a inserção das atividades na natureza civil. Entretanto, não há que negar que se avolumam as modalidades de trabalho que não a empregatícia, o que acaba por trazer efeitos à condição da vulnerabilidade.

É o que leciona Leandro do Amaral D. de Dorneles (2013, p. 302):

> Em outras palavras, se a relação de emprego ainda é fenômeno central do direito do trabalho, não pode mais ser tida como exclusiva. Cada vez mais

se apresentam relações de trabalho que, se não demandam a proteção integral tradicionalmente operacionalizada pelo direito do trabalho nas relações de emprego, igualmente carecem, legitimamente, de algum tipo de incidência protetiva, pois também caracterizadas pela vulnerabilidade, em maior ou menor grau.

Para o autor, resta claro que não mais persiste a exclusividade da relação empregatícia no âmbito do Direito do Trabalho. Todavia, não se pode deixar que se atinja uma erosão ao princípio protetivo, que caracteriza esse ramo do Direito.

O tópico seguinte, de outro lado, tem referência com a suposta premissa de que se verifica igualdade na negociação entre empregado e empregador. Na prática, porém, o que se tem é a vulnerabilidade evidenciada do trabalhador, que fica à mercê das condições estipuladas por seu patrão.

O terceiro e último tópico levantado por Carelli (2017), por sua vez, refere-se ao entendimento do senso comum de que a Justiça do Trabalho se posiciona favoravelmente aos interesses do trabalhador. Contudo, o Poder Judiciário faz jus ao próprio nome, objetivando concretizar a justiça, independentemente de o ganho de causa recair sobre o trabalhador ou não.

Há de se ressaltar, nesse sentido, o princípio da vedação ao retrocesso social, podendo-se citar o art. 5º, inc. XLI, da Constituição Federal, conforme o qual a lei concederá punição à discriminação que atente os direitos e liberdades fundamentais (Brasil, 1988)[(125)].

Outro dispositivo constitucional que remonta ao princípio em comento refere-se ao inciso XXXVI do art. 5º, em conformidade com o qual estão salvaguardados a coisa julgada, o ato jurídico perfeito e o direito adquirido[(126)]. Sob essa esteira, alude-se ao art. 60, § 4º, IV do mesmo diploma, que estabelece que na ocorrência de emenda à Constituição, está vedada a proposta de reforma que intente abolir direitos e garantias individuais[(127)] (Brasil, 1988).

A vedação ao retrocesso social é descrita como a dimensão negativa dos direitos sociais, consoante expressam Cláudio Teixeira Damilano e Gilberto Stürmer (2020, p. 91): “os direitos sociais possuem uma dimensão positiva

---

(125) Art. 5º [...] XLI – a lei punirá qualquer discriminação atentatória dos direitos e liberdades fundamentais (Brasil, 1988).

(126) Art. 5º [...] XXXVI – a lei não prejudicará o direito adquirido, o ato jurídico perfeito e a coisa julgada (Brasil, 1988).

(127) Art. 60. A Constituição poderá ser emendada mediante proposta:

[...] § 4º Não será objeto de deliberação a proposta de emenda tendente a abolir: [...] IV – os direitos e garantias individuais (Brasil, 1988).

em que o Estado cria ou fornece prestações, mas também uma dimensão negativa onde não se deve diminuir e/ou suprimir prestações já concedidas".

Outrossim, na Convenção Americana sobre Direitos Humanos (Pacto de São José da Costa Rica), de 1969, incorporada no ordenamento jurídico pátrio por meio do Decreto n. 678/1992, destaca-se o Capítulo III, denominado "Direitos Econômicos, Sociais e Culturais", cujo único artigo, sob o título 'Desenvolvimento Progressivo", disciplina sobre a vedação ao retrocesso:

> ARTIGO 26 – Desenvolvimento Progressivo. Os Estados Partes comprometem-se a adotar providência, tanto no âmbito interno como mediante cooperação internacional, especialmente econômica e técnica, a fim de conseguir progressivamente a plena efetividade dos direitos que decorrem das normas econômicas, sociais e sobre educação, ciência e cultura, constantes da Carta da Organização dos Estados Americanos, reformada pelo Protocolo de Buenos Aires, na medida dos recursos disponíveis, por via legislativa ou por outros meios apropriados (Brasil, 1992).

Tem-se, portanto, o compromisso assumido pelo Brasil em plano internacional no que concerne ao não retrocesso de direitos provenientes das normas econômicas, sociais e relativas à educação, à ciência e à cultura.

De igual modo, há disposição similar no Pacto Internacional sobre Direitos Econômicos, Sociais e Culturais, conforme se depreende pelo uso da palavra "progressivamente" no item 1 do art. 2:

> ARTIGO 2º – 1. Cada Estado Parte do presente Pacto compromete-se a adotar medidas, tanto por esforço próprio como pela assistência e cooperação internacionais, principalmente nos planos econômico e técnico, até o máximo de seus recursos disponíveis, que visem a assegurar, progressivamente, por todos os meios apropriados, o pleno exercício dos direitos reconhecidos no presente Pacto, incluindo, em particular, a adoção de medidas legislativas (Brasil, 1992).

Menciona-se a doutrina humanista de Direito Econômico, que não nega o capitalismo, mas compatibiliza-o com os direitos humanos. Elemento crucial comungado por essa linha de entendimento repousa na fraternidade, à qual, aliás, é efetuada menção no preâmbulo da Constituição Federal[(128)] (Brasil, 1988).

Aludida característica se revela por intermédio da prevalência dos direitos humanos, visando à consecução da dignidade humana. Ricardo Sayeg

---

(128) PREÂMBULO. Nós, representantes do povo brasileiro, reunidos em Assembléia Nacional Constituinte para instituir um Estado Democrático, destinado a assegurar o exercício dos direitos sociais e individuais, a liberdade, a segurança, o bem-estar, o desenvolvimento, a igualdade e a justiça como valores supremos de uma sociedade fraterna, pluralista e sem preconceitos, fundada na harmonia social e comprometida, na ordem interna e internacional, com a solução pacífica das controvérsias, promulgamos, sob a proteção de Deus, a seguinte CONSTITUIÇÃO DA REPÚBLICA FEDERATIVA DO BRASIL (Brasil, 1988).

e Wagner Balera (2011, p. 213), sob esse prisma, traçam proposta de um capitalismo humanista, em que se reconhece o direito subjetivo natural de propriedade:

> Reconhecer a propriedade no plano subjetivo implica, necessariamente, sua respectiva relativização com vistas a que se concretizem os direitos humanos de primeira, segunda e terceira dimensões – mais as que ainda vierem a se revelar – adensadas entre si e tendo como meta a satisfação universal da dignidade da pessoa humana e planetária; implica o regime econômico capitalista de economia humanista de mercado, que calibra o direito subjetivo natural de propriedade e a decorrente livre-iniciativa com a plenitude dos direitos inatos do homem todo e de todos os homens, em prol de todos e de tudo. Isso inclui, em sede de relações jurídicas privadas, o ângulo horizontal, pois devem ser resolvidos os desequilíbrios negativos das externalidades reciprocamente consideradas.

É certo que não se pode desvencilhar do regime do capitalismo, todavia, faz-se necessário compatibilizar, como bem pontuaram os autores, os ditames do mencionado regime com os direitos inatos do homem, que podem ser traduzidos aqui como os direitos da personalidade, inerentes ao ser humano.

É indene de dúvidas que o Direito do Trabalho recebe influências das transformações pelas quais perpassa a sociedade, de modo que deve acompanhar, por exemplo, o modelo de Estado e a característica intrínseca do capitalismo. No entanto, faz-se necessário atentar à concretização do princípio da dignidade da pessoa humana.

Importa, a seguir, abordar os impactos nos direitos da personalidade em se tratando de crises econômicas, com ênfase na crise de 2008 e na ocasionada pela pandemia do coronavírus.

Acentua-se, assim, dentre as modalidades de vulnerabilidade dos trabalhadores idosos e envelhescentes em tempos de crise, no caso, na pandemia da Covid-19, o fato de estarem mais suscetíveis à enfermidade. Nessa toada, efetua-se menção à pesquisa engendrada pela Fundação Oswaldo Cruz no que se refere ao registro de óbitos pela doença no ano de 2020 no Brasil:

> Um dos achados da pesquisa mostra que três em cada quatro óbitos por Covid-19 aconteceram em pessoas com mais de 60 anos de idade (175.471 idosos). **Nesse grupo, a faixa etária mais afetada foi a de 70 a 79 anos, que concentra 33% dos óbitos de idosos por Covid-19 em 2020. O estudo aponta que, do total de idosos mortos pela Covid-19 no ano passado, 29% tinham entre 60 e 69 anos; 27% de 80 a 89 anos; e 11% mais de 90 anos** (FIOCRUZ, 2021, grifos do autor).

Em decorrência da necessidade de isolamento social, com vistas a reduzir a propagação da doença, idosos e envelhescentes tornaram-se mais suscetíveis à violência doméstica, principalmente perpetrada por seus próprios familiares. Ainda a respeito de vulnerabilidades dos trabalhadores de idade avançada, mencionam-se, exemplificativamente, as pressões sofridas por professores componentes do grupo de risco da Covid-19, com o fito de trabalharem presencialmente.

5.2. Impactos nos direitos da personalidade em tempos de crise

Em momentos de crise econômica, sob o prisma do trabalhador, tem-se, de início, que este teme pela rescisão contratual e, por conseguinte, por não mais receber remuneração mensalmente. Aliás, acerca desta, mais precisamente do seu componente salarial, é de onde se espera que sejam providas variadas necessidades do trabalhador e de sua família, as mais básicas, como alimentação, saúde, higiene, educação, lazer e previdência social, conforme se extrai do inciso IV do art. 7º da Constituição Federal, que trata a respeito do salário-mínimo (Brasil, 1988)[(129)].

Desta feita, podem ser elencados diversos direitos da personalidade envolvidos nas relações de trabalho e que podem ser impactados diante de uma crise econômica. Ora, inicia-se pelo direito à saúde, que engloba a integridade física e psíquica, que por vezes é atingida, haja vista o próprio temor da perda do emprego, que pode desembocar, por exemplo, em ansiedade e depressão, além de sintomas físicos correlatos.

Caso a crise econômica seja permeada por uma pandemia, como ocorre com a da Covid-19, que será melhor abordada em tópico posterior deste trabalho, não somente o direito à saúde, como também o direito à vida pode ser atingido, haja vista a imperiosidade de o meio ambiente do trabalho estar hígido e sadio, de modo a evitar ao máximo, com medidas de prevenção, a propagação do vírus entre os funcionários e, ulteriormente, suas famílias.

Em que pese a elaboração das vacinas contra o coronavírus, recorda-se do período em que esta não estava disponível ou quando estava apenas para determinados indivíduos. Nesse ponto, destaca-se a situação dos trabalhadores enquadrados em grupo de risco para a doença, hipótese em que a letalidade é mais provável. Nessa seara, levando em consideração a grandiosidade

---

(129) Art. 7º [...] IV – salário mínimo, fixado em lei, nacionalmente unificado, capaz de atender a suas necessidades vitais básicas e às de sua família com moradia, alimentação, educação, saúde, lazer, vestuário, higiene, transporte e previdência social, com reajustes periódicos que lhe preservem o poder aquisitivo, sendo vedada sua vinculação para qualquer fim (Brasil, 1988).

de bens jurídicos como a vida e a saúde, faz-se necessário apontar a respeito da dignidade da pessoa humana, cerne do arcabouço jurídico.

Luís Roberto Barroso (2014, p. 112), ao sustentar que a dignidade humana corresponde a princípio jurídico, propõe seu conteúdo mínimo:

> Para finalidades jurídicas, a dignidade humana pode ser dividida em três componentes: *valor intrínseco*, que se refere ao *status* especial do ser humano no mundo; *autonomia*, que expressa o direito de cada pessoa, como um ser moral e como um indivíduo livre e igual, tomar decisões e perseguir o seu próprio ideal de vida boa; e *valor comunitário*, convencionalmente definido como a interferência social e estatal legítima na determinação dos limites da autonomia pessoal (grifos do autor).

Desse modo, verifica-se que a dignidade humana tem as facetas de valor intrínseco, autonomia e de valor comunitário. Há de se considerar, ainda, a imperiosidade de se assegurar o mínimo existencial.

Com efeito, há de se abordar a relação dos direitos da personalidade com o mínimo existencial, de modo que se garanta a concretização do princípio da dignidade da pessoa humana. Sendo assim, são as palavras de Ingo Wolfgang Sarlet e Mariana Filchtiner Figueiredo (2010, p. 23) que os distinguem do mínimo vital:

> A primeira diz com o próprio conteúdo do assim designado mínimo existencial, que não pode ser confundido com o que se tem chamado de mínimo vital ou um mínimo de sobrevivência, de vez que este último diz com a garantia da vida humana, sem necessariamente abranger as condições para uma sobrevivência física em condições dignas, portanto, de uma vida com certa qualidade. Não deixar alguém sucumbir à fome certamente é o primeiro passo em termos da garantia de um mínimo existencial, mas não é – e muitas vezes não o é sequer de longe – o suficiente. Tal interpretação do conteúdo do mínimo existencial (conjunto de garantias materiais para uma vida condigna) é a que tem – a despeito de divergências sobre a extensão do conteúdo da garantia – prevalecido não apenas na Alemanha, mas também na doutrina e na jurisprudência constitucional comparada, notadamente no plano europeu, como dá conta, em caráter ilustrativo, a recente contribuição do Tribunal Constitucional de Portugal na matéria, ao reconhecer tanto um direito negativo quanto um direito positivo a um mínimo de sobrevivência condigna, como algo que o Estado não apenas não pode subtrair ao indivíduo, mas também como algo que o Estado deve positivamente assegurar, mediante prestações de natureza material.

Diante de uma crise econômica, inúmeros são os efeitos impingidos à população de modo a inviabilizar o desfrute do mínimo existencial, que se refere a prestações e abstenções por parte do Estado.

Frisa-se que há a possibilidade de efetivar a mitigação da vulnerabilidade negocial do trabalhador perante o empregador mediante a utilização da negociação coletiva, isto é, acordo coletivo de trabalho ou convenção coletiva de trabalho, de modo a se pactuar condições de trabalho mais benéficas à classe operária. Todavia, esta medida resta deveras prejudicada ou, até mesmo, inviabilizada, tendo em vista o enfraquecimento das entidades sindicais, sobretudo com o advento da Reforma Trabalhista.

Por intermédio desta reforma verificou-se a extinção da contribuição sindical obrigatória, de forma que seu correspondente desconto restou condicionado à autorização prévia e expressa (art. 579, CLT) (Brasil, 2017)[(130)], não bastando, portanto, participar de determinada categoria econômica ou profissional ou profissão liberal. Desse modo, essas instituições se deparam com óbices para seu regular funcionamento. Encontram-se, não raro, com recursos escassos, mormente quando se considera que significativa parcela de sua receita provém dessas contribuições.

A respeito disso, José Claudio Monteiro de Brito Filho (2009, p. 127), ao aduzir acerca da não unanimidade na doutrina quanto à possibilidade de atividade econômica pelos sindicatos, elenca as contribuições sindicais como fonte primordial de sua receita: "possível ou não o desempenho de atividade econômica pelo sindicato[...], o certo é que, no Brasil, as contribuições [...] feitas por associados e não associados ainda constituem a principal fonte de receita das entidades sindicais".

Em que pese o excerto acima acostado estar em desatualização com a Reforma Trabalhista, extrai-se o enfraquecimento das entidades sindicais, principalmente com a extinção de sua principal fonte de receita. Outra situação digna de menção é o esvaziamento de suas funções, representada pela revogação dos §§ 1º e 3º do art. 477 da CLT, que disciplinavam o dever de o empregador homologar no sindicato da categoria ou no Ministério do Trabalho a rescisão contratual de empregado com mais de um ano de serviço (Brasil, 2017).

---

(130) Art. 579. O desconto da contribuição sindical está condicionado à autorização prévia e expressa dos que participarem de uma determinada categoria econômica ou profissional, ou de uma profissão liberal, em favor do sindicato representativo da mesma categoria ou profissão ou, inexistindo este, na conformidade do disposto no art. 591 desta Consolidação (Brasil, 1943).

Ainda, há a unicidade sindical, em que se permite apenas um sindicato por base territorial, nos moldes do art. 516, da CLT(131), inviabilizando a multiplicidade de entidades, de modo a trazer diversidade. No mesmo sentido, há previsão constitucional, no art. 8º, II, em que se veda mais de uma organização sindical na mesma base territorial, a qual não pode ser inferior à área de um município (Brasil,1988)(132).

Soma-se a isso o receio de o trabalhador se afiliar a determinado sindicato, notadamente em período de crise financeira, por temer represálias pelo empregador ou, até mesmo, a perda de seu emprego. Nessa linha, traz-se à baila a definição de condutas antissindicais para o Ministério Público do Trabalho (MPT, 2021):

> São consideradas condutas antissindicais as que atentem contra as liberdades e garantias sindicais, praticadas por empregadores, tomadores de serviço, prepostos e outros exercentes de poder diretivo na empresa [...]. Ainda a título de exemplo de conduta antissindical cita-se a atitude do empregador que favorece a contratação de obreiros filiados a um determinado sindicato, ou também quando o trabalhador é levado a firmar com seu empregador um compromisso de não filiação ao seu sindicato como condição de admissão e manutenção do seu emprego, ou, ainda, quando o próprio empregador estimula a criação de sindicatos artificiais pelos seus empregados.

Trata-se, pois, de hipótese de prevalência do negociado sobre o legislado, embora, conforme mencionado alhures, forçosa de ser colocada em prática, dado o esmaecimento do poderio sindical a partir da Reforma Trabalhista.

Há de se ressaltar que é por meio de acordos e convenções coletivas que acaba por se permitir a negociação aquém do mínimo legal, o que afronta as disposições constitucionais, sobretudo a de que os direitos trabalhistas visam à melhoria da condição social dos operários, conforme rege o *caput* do art. 7º(133) (Brasil, 1988).

Leda Maria Messias da Silva expõe o desarranjo acarretado pela sobreposição do negociado ao legislado com a Lei da Reforma Trabalhista (2018, p. 51):

> Certamente, a Lei n. 13.467/2017, com o comando do negociado se sobrepor ao legislado, proporciona um desequilíbrio no meio ambiente de

---

(131) Art. 516 – Não será reconhecido mais de um Sindicato representativo da mesma categoria econômica ou profissional, ou profissão liberal, em uma dada base territorial (Brasil, 1943).

(132) Art. 8º É livre a associação profissional ou sindical, observado o seguinte: [...] II – é vedada a criação de mais de uma organização sindical, em qualquer grau, representativa de categoria profissional ou econômica, na mesma base territorial, que será definida pelos trabalhadores ou empregadores interessados, não podendo ser inferior à área de um Município (Brasil, 1988).

(133) Art. 7º São direitos dos trabalhadores urbanos e rurais, além de outros que visem à melhoria de sua condição social [...] (Brasil, 1988).

trabalho, pois permite que o trabalhador, dependente economicamente do seu empregador e subordinado, com um sindicato enfraquecido pela própria reforma, o represente. Isso porque, o sindicato, sem a sua principal fonte de custeio, a contribuição sindical obrigatória, ficou desprovido de meios para persuadir os trabalhadores e empregadores a participarem do seu quadro como associados, já que a convenção e o acordo coletivo serão aplicados a todos (efeito *erga omnes*), de qualquer jeito, sem necessidade da associação dos mesmos.

Verifica-se que ao empregado é impingido o prejuízo de ser representado por um sindicato atenuado em sua força pela própria reforma. Ressalta-se que, particularmente na crise pandêmica, sequer foi respeitado o negociado, pois excluiu-se o sindicato da negociação na maioria das vezes.

Ponto relevante é que na superveniência de dano moral advindo de inobservância a direito da personalidade, não se faz necessária a demonstração da referida violação, bastando a comprovação da ocorrência do ato ilícito, a fim de que se configure o dano. Trata-se, nesses casos, do dano moral *in re ipsa*. Aliás, no que tange à inobservância dos direitos da personalidade, além da possibilidade de exigir a cessação da lesão ou ameaça de lesão a tais direitos, consubstanciada no art. 12, do Código Civil[(134)], realiza-se menção aos artigos 186[(135)] e 927[(136)] do mesmo diploma normativo, eis que diante da realização de ato ilícito, na ocorrência de dano a outrem, exsurge a obrigação de reparação (Brasil, 2002).

Outro dispositivo a ser elencado é o art. 932, inc. III, particularmente no que se refere à seara laboral, que retrata a responsabilidade pela reparação civil por parte do empregador ou comitente em face de seus empregados, serviçais e prepostos[(137)] (Brasil, 2002). Todavia, no que se refere à responsabilização trabalhista diante de dano extrapatrimonial, demonstra-se evidentemente a vulnerabilidade do trabalhador, tendo em vista que o *quantum* indenizatório é

---

(134) Art. 12. Pode-se exigir que cesse a ameaça, ou a lesão, a direito da personalidade, e reclamar perdas e danos, sem prejuízo de outras sanções previstas em lei (Brasil, 2002).

(135) Art. 186. Aquele que, por ação ou omissão voluntária, negligência ou imprudência, violar direito e causar dano a outrem, ainda que exclusivamente moral, comete ato ilícito (Brasil, 2002).

(136) Art. 927. Aquele que, por ato ilícito (arts. 186 e 187), causar dano a outrem, fica obrigado a repará- lo. Parágrafo único. Haverá obrigação de reparar o dano, independentemente de culpa, nos casos especificados em lei, ou quando a atividade normalmente desenvolvida pelo autor do dano implicar, por sua natureza, risco para os direitos de outrem (Brasil, 2002).

(137) Art. 932. São também responsáveis pela reparação civil: [...]

III – o empregador ou comitente, por seus empregados, serviçais e prepostos, no exercício do trabalho que lhes competir, ou em razão dele (Brasil, 2002).

calculado com base no último salário do ofendido, conforme se visualiza do art. 223-G, § 1º, I a IV (Brasil, 2017)[(138)].

Dessa forma, torna-se possível situação injusta em que, sofrendo o mesmo ato ilícito, empregados de uma mesma empresa, postulando o direito ao dano extrapatrimonial correspondente, aufiram valores discrepantes, devido a diferenças salariais. Nessa linha, Leda Maria Messias da Silva e Jeferson Luiz Cattelan (2020, p. 247) traçam crítica à referida parametrização:

> A condição humana do trabalhador é rebaixada comparada com os demais seres humanos, pois a legislação trabalhista deixa de proteger os trabalhadores hipossuficientes para limitar a responsabilidade do empregador. Portanto, o *quantum* máximo indenizatório promove a segurança jurídica dos grandes empresários, pois estabelece até cinquenta vezes o último salário contratual do ofendido, para indenização em caso de dano extrapatrimonial.

Destarte, privilegiam-se os interesses do grande empresariado em detrimento dos interesses dos trabalhadores, que inclusive acabam por ter seus direitos da personalidade lesados. Logo, indene de dúvidas que o tabelamento em questão insere o trabalhador em uma situação de indignidade, ao ter o valor de sua indenização associado ao seu salário.

Aliás, sublinha-se que o Supremo Tribunal Federal, por intermédio das Ações Diretas de Inconstitucionalidade (ADIs) nº 6050, 6069 e 6082, entendeu que "o tabelamento das indenizações por dano extrapatrimonial ou danos morais trabalhistas previstos na Consolidação das Leis do Trabalho (CLT) deverá ser observado pelo julgador como critério orientador de fundamentação da decisão judicial" (SUPREMO TRIBUNAL FEDERAL, 2023).

Em seguida, em relação às crises econômicas, tem-se particularmente a explanação pertinente à crise ocorrida notadamente em 2008, que se destacou na contemporaneidade.

---

(138) Art. 223-G. Ao apreciar o pedido, o juízo considerará: [...]

§ 1º o Se julgar procedente o pedido, o juízo fixará a indenização a ser paga, a cada um dos ofendidos, em um dos seguintes parâmetros, vedada a acumulação:

I – ofensa de natureza leve, até três vezes o último salário contratual do ofendido;

II – ofensa de natureza média, até cinco vezes o último salário contratual do ofendido;

III – ofensa de natureza grave, até vinte vezes o último salário contratual do ofendido;

IV – ofensa de natureza gravíssima, até cinquenta vezes o último salário contratual do ofendido (Brasil, 1943; Brasil, 2017).

5.3. Crise de 2008

A crise econômica, iniciada em 2007, e que se consolidou entre 2008 e 2009, nos Estados Unidos da América, alastrando-se em proporções globais, e atingiu sobremaneira o setor financeiro, a partir da concessão de créditos imobiliários de maneira desproporcional, tendo em vista que foram inúmeros empréstimos concedidos a pessoas sem estabilidade financeira, o que desembocou em falência bancária. Aliás, em razão dos aludidos créditos serem de baixo valor, além de considerados de alto risco, haja vista sua concessão a pessoas que não demonstravam ter condições de efetuar a quitação, nomeia-se a crise de crise do "*subprime*", algo como crédito de segunda linha.

Nessa senda, traz-se abaixo publicação do Instituto de Pesquisa em Economia Aplicada na Revista "Desafios do desenvolvimento", que data de 05/07/2008 (IPEA, 2008):

> O conceito de *subprime* tornou-se conhecido ao longo do segundo semestre do ano passado, quando os mercados financeiros foram sacudidos por notícias de elevadas perdas no financiamento de imóveis nos Estados Unidos, o que ameaçou a saúde de importantes bancos e fundos de investimento. *Subprime* são hipotecas de maior risco ou de segunda linha. Com o excesso de liquidez no mercado internacional nos últimos anos, os bancos e financeiras dos Estados Unidos passaram a financiar a compra de casas a juros baixos para pessoas com histórico de crédito ruim, tendo o próprio imóvel como única garantia. Mas veio a queda nos preços dos imóveis e os bancos ficaram ameaçados de não reaver os empréstimos feitos.

Representou marco à época a falência de importantes bancos, como o banco de investimentos Lehman Brothers. Os efeitos na seara financeira foram tamanhos que a crise é conhecida como a pior desde a quebra da bolsa de Nova York, em 1929. Jorge Felix (2016, p. 243) considera que o envelhecimento populacional guarda relação com a crise em comento:

> O envelhecimento populacional é apontado por inúmeros economistas como pano de fundo da crise financeira de 2007-2008. De acordo com algumas análises, a hipertrofia do mercado de crédito que suscitou a modalidade das hipotecas *subprime* [...] tem origem na necessidade atuarial dos fundos de pensão (entre outros investidores institucionais), ou seja, na poupança com vistas à aposentadoria. Esse é o capital financeiro que circula livremente pelo mundo em busca de rentabilidade 24 horas/24 horas no ambiente desregulamentado.

Salutar mencionar a disparidade entre o período decorrido do aumento da taxa de desemprego global e o da recuperação aos níveis anteriores à crise global financeira, consoante consta do seguinte documento internacional, de 2019, da World Employment and Social Outlook, da Organização Internacional do Trabalho (WESO, 2019):

> É notável que enquanto levou somente um ano para a taxa de desemprego global saltar de 5,0 por cento em 2008 para 5,6 por cento em 2009, a recuperação aos níveis que prevaleciam antes da crise financeira global levou nove anos completos(139).

No Brasil, a crise suscitou um acréscimo de 1,3 milhão de pessoas na condição de desempregados no período entre 2008 e 2009, de modo que a população sem trabalho e procurando emprego saltou para 8,4 milhões nesse interregno, compreendendo aumento de 18,3%, consistindo na maior taxa de elevação desde o ano de 2001, consoante observado pelo IBGE na Pesquisa Nacional por Amostra de Domicílios em 2009 (G1, 2010).

Além disso, a respeito da crise em comento, concernente aos seus reflexos no país, destacaram-se as dispensas conforme a idade dos funcionários, segundo Raquel Bocato da Folha de São Paulo (*apud Kloster*, 2009, p. 110):

> Em São Paulo, a parcela que apresentou a maior variação entre os que saíram do mercado formal de trabalho foi de 40 a 64 anos. Passou de 18,8%, de 2005 a 2007, para 19,7% em fevereiro de 2009. No país, para trabalhadores dessa faixa etária, os valores são 19,1% e 19,3%, respectivamente.

Depreende-se que na ocasião da aludida crise foram atingidos notadamente os trabalhadores de idade mais avançada, mormente os envelhescentes, que em considerável parcela das vezes acabam por ser os primeiros a serem dispensados da empresa. Nesse sentido, salutar o entendimento de Amauri Mascaro Nascimento (2014, p. 67) e Sônia Mascaro Nascimento, ao sintetizarem que a crise em comento teve como efeito a análise no que diz respeito às searas política e jurídica:

> A situação pôs em debate um tema político e um jurídico. O político, as dimensões da liberdade do sistema financeiro no neoliberalismo, uma vez que os Estados liberais tiveram de intervir na economia injetando volumes imensos de recursos na tentativa de salvar o sistema bancário e industrial, e o tema jurídico, o direito do trabalho e o princípio protetor dada a sua

---

(139) No original: "It is remarkable that, whereas it took only one year for the global unemployment rate to jump from 5.0 per cent in 2008 to 5.6 per cent in 2009", "the recovery to the levels that prevailed before the global financial crisis has taken a full nine years" (WESO, 2019).

incapacidade de evitar a onda de despedimentos que se alastrou por todo o mundo.

Importa consignar que, de acordo com a Nota Técnica "Pobreza e crise econômica: o que há de novo no Brasil metropolitano", datada de maio de 2009, houve decréscimo na pobreza, o que se deu em razão de políticas públicas (IPEA, 2009, p. 9):

> Entre as possíveis razões explicativas para a recente trajetória de pobreza metropolitana diversa de outros períodos analisados, encontram-se as políticas públicas. A elevação do valor real do salário mínimo e a existência de uma rede de garantia de renda aos pobres contribuem para que a base da pirâmide social não seja a mais atingida, conforme observado em períodos anteriores de forte desaceleração econômica no Brasil. Esses efeitos também são válidos para o interior do país, onde os efeitos do Bolsa Família e, sobretudo, da aposentadoria rural e do Benefício de Prestação Continuada (BPC), são ainda mais presentes em termos da proporção sobre a população.

Foi a partir do acréscimo do valor real do salário mínimo e de rede de garantia de renda aos pobres que se permitiu que a pobreza não aumentasse. Conferiram-se, pois, condições de dignidade, de modo que pode se pontuar a aplicação das políticas públicas como instrumento dos direitos da personalidade.

Desta feita, há de se mencionar que os corolários da crise entre trabalhadores idosos e envelhescentes possuem suas especificidades, haja vista que não raro são os primeiros a serem atingidos por dispensas em maior número, seja devido ao preconceito representado pela ideia errônea de necessariamente serem frágeis e menos produtivos, seja por serem, por vezes, visualizados como maior custo ao empregador pelo tempo na empresa. Nessa senda, o próximo item se destina a proceder à análise da crise econômica, sanitária e humanitária da Covid-19 e seus efeitos sobretudo nos trabalhadores de idade mais avançada.

5.4. Pandemia de COVID-19

5.4.1. Contextualização

No período entre o fim do ano de 2019 e o início de 2020, inicialmente na província de Wuhan, na China, exsurgiram os primeiros casos desencadeados pelo coronavírus, o SARS-CoV-2. Devido às suas características, eis que se trata de enfermidade que atinge notadamente o sistema respiratório, não se negligenciando, todavia, o impacto em outros sistemas, tais quais o circulatório e o nervoso, rapidamente se alastrou, de modo que, em 11 de março de 2020, a Organização Mundial de Saúde declarou a pandemia do novo coronavírus.

A doença possui inúmeros sintomas, tais como: fadiga, febre, dor de cabeça, tosse, dor no corpo, perda do paladar e olfato, além de poder se manifestar na modalidade assintomática. Diante disso, como medidas para elidir sua propagação citam-se o isolamento, o distanciamento social, o uso de máscaras e álcool-gel.

Ressalta-se que por se tratar de novo coronavírus, pouco efetivamente se conhecia a respeito da moléstia, de modo que a vacina teve de ser desenvolvida, já que não havia medicamentos efetivos para tratar os doentes.

Além da crise sanitária, o mundo atravessou crise humanitária e econômica, com a falência de inúmeros empreendimentos e a escalada do desemprego. Alysson Leandro Mascaro (2020, p. 16), ao comparar o panorama da pandemia da Covid-19 com o da crise financeira de 2008, aponta que aquela apresentou maior taxa de desemprego, tendo especificidades:

> A crise atual não só pode se revelar uma desgraça à empregabilidade quantitativamente maior que a de 2008 quanto, nos termos qualitativos, seu estado de quarentena, suas relações pessoais e sociais rompidas e reconstituídas, seu desespero e seu deslocamento das subjetividades podem levar a um atrito só semelhante aos das guerras e revoluções.

É que o contexto pandêmico, além do desemprego, ocasionou inúmeras mortes e infecções, atingindo todos os continentes, em razão de ser um vírus até então desconhecido. É de se ressaltar que se observou a criação de um verdadeiro microssistema jurídico para tratar das medidas diante do alastramento da doença, com a publicação de diversos decretos, portarias, leis e medidas provisórias.

Com o fito de evitar a propagação da doença, entendeu-se pela continuidade das atividades reputadas essenciais, em detrimento de outras. Nesse sentido, cita-se o Decreto n. 10.282/2020, que vigorou no período pandêmico e que definiu serviços públicos e atividades essenciais como os indispensáveis ao atendimento das necessidades inadiáveis da comunidade, assim compreendidos os que, se não atendidos, colocam em perigo a sobrevivência, a saúde ou a segurança da população, nos termos do art. 3º, § 1º (Brasil, 2020)[(140)].

---

(140) Art. 3º As medidas previstas na Lei n. 13.979, de 2020, deverão resguardar o exercício e o funcionamento dos serviços públicos e atividades essenciais a que se refere o § 1º.

§ 1º São serviços públicos e atividades essenciais aqueles indispensáveis ao atendimento das necessidades inadiáveis da comunidade, assim considerados aqueles que, se não atendidos,

Destaca-se que para algumas pessoas, denominadas de grupo de risco para a doença, a Covid-19 é mais perigosa, possuindo maiores chances de ser letal. É o caso, por exemplo, das pessoas idosas, dos imunossuprimidos, dos diabéticos, dos hipertensos, dos obesos e das gestantes.

As pessoas idosas, em decorrência inclusive da idade, geralmente possuem doenças crônicas, fato que agrava eventuais complicações no caso de serem acometidas pela doença. E, diante disso, o mercado de trabalho, antevendo a maior probabilidade de afastamentos de tais pessoas, adotou por tendência dispensá-las.

Outro ponto digno de relevo é que a pandemia intensificou o uso da tecnologia em diversas áreas, notadamente no meio ambiente de trabalho. Este, aliás, ganhou novos contornos, visto que, para impedir a propagação da Covid-19, parcela significativa da população passou a trabalhar a partir de suas residências.

Por outro viés, as condições de trabalho tornam-se mais complexas para alguns trabalhadores envelhescentes e, principalmente, idosos que encontraram maiores óbices para promover a inserção digital no meio ambiente de trabalho.

Frisa-se que logo no início da pandemia no Brasil privilegiou-se a autonomia privada nas relações de trabalho, por intermédio da celebração de acordo individual escrito entre empregado e empregador, para salvaguardar o vínculo empregatício. Desse modo, aludido acordo prevaleceu sobre o arcabouço jurídico: trata-se de disposição constante da Medida Provisória n. 927/2020, que vigorou até 19 de julho de 2020 no art. 2º (Brasil, 2020)(141). No entanto, ressalta-se a situação de vulnerabilidade em que se encontravam os trabalhadores, já fragilizados pela pandemia, por vezes em razão do adoecimento ou falecimento de entes queridos, e de seus corolários, pelo temor diante da instabilidade do mercado de trabalho.

Situação comum foi a análise do sopesamento de bens jurídicos, de modo que, diante da pandemia, alguns acabaram por se sobrepor a outros, a exemplo da liberdade de locomoção, considerando-se a prevalência da saúde pública.

---

colocam em perigo a sobrevivência, a saúde ou a segurança da população, tais como [...] (Brasil, 2020).

(141) Art. 2º Durante o estado de calamidade pública a que se refere o art. 1º, o empregado e o empregador poderão celebrar acordo individual escrito, a fim de garantir a permanência do vínculo empregatício, que terá preponderância sobre os demais instrumentos normativos, legais e negociais, respeitados os limites estabelecidos na Constituição (Brasil, 2020).

Devido a isso, houve restrição à circulação de pessoas, além da adoção de medidas como o isolamento e o distanciamento sociais para elidir a transmissão do vírus, ocasião em que os idosos se tornaram tema de *memes*(142) na internet com teor discriminatório. São as palavras de Patrice Schuch, Ceres Gomes Víctora e Monalisa Dias de Siqueira (2021, p. 150):

> Os memes jocosos, assim como os programas restritivos da circulação, atestam uma focalização importante nesse grupo etário, manifestando os efeitos da constituição da noção de grupo de risco associada à maior idade cronológica. A produção do estereótipo de um velho teimoso, sem capacidade de discernimento dos riscos e que pode e deve ser corrigido por mecanismos disciplinares aprisionadores conta uma história única sobre velhice, associada a incapacidade e dependência.

Fato que ensejou intensa celeuma no território jurídico concerne a se enquadrar ou não em situação desencadeada pela pandemia como fato do príncipe. Juristas invocaram o conteúdo do art. 486, da CLT, do qual se realça o *caput*, que retrata acerca da paralisação do trabalho, motivada por ato de autoridade estatal, ou por promulgação de lei ou resolução que inviabilize a continuação da atividade(143). Nesse caso, caberia indenização por parte do governo responsável. Todavia, não é o caso, tendo em vista que manifestamente vetado pela Lei n. 14.020/2020, em seu art. 29 (Brasil, 2020)(144).

Outro ponto digno de realce é que, sendo signatário do Plano Internacional de Envelhecimento de 2002, cabe ao Brasil reconhecer a condição especial de vulnerabilidade em que se encontram os idosos, em situações de emergência humanitária, *in casu*, diante da pandemia da Covid-19, conforme parcela do item 54, do tema 8 (Brasil, 2003, p. 47-48):

> TEMA 8: Situações de emergência [...]
>
> 54. Nas situações de emergência, como desastres naturais e outras situações de emergência humanitária, os idosos são especialmente

---

(142) Tratam-se de imagens, geralmente com tom humorístico.

(143) Art. 486. No caso de paralisação temporária ou definitiva do trabalho, motivada por ato de autoridade municipal, estadual ou federal, ou pela promulgação de lei ou resolução que impossibilite a continuação da atividade, prevalecerá o pagamento da indenização, que ficará a cargo do governo responsável (Brasil, 1943).

(144) Art. 29. Não se aplica o disposto no art. 486 da CLT, aprovada pelo Decreto-Lei n. 5.452, de 1º de maio de 1943 , na hipótese de paralisação ou suspensão de atividades empresariais determinada por ato de autoridade municipal, estadual ou federal para o enfrentamento do estado de calamidade pública reconhecido pelo Decreto Legislativo n. 6, de 20 de março de 2020, e da emergência de saúde pública de importância internacional decorrente do coronavírus, de que trata a Lei n. 13.979, de 6 de fevereiro de 2020 (Brasil, 2020).

vulneráveis, e issodeve ser reconhecido, já que podem estar isolados de sua família e amigos e, por isso, têm mais dificuldade para conseguir alimento e abrigo [...].

Frisa-se, desse modo, que o cenário em que se verifica o idoso, ainda que não em emergência humanitária, é geralmente marcado pela solidão.

Acerca do impacto da pandemia na vida dos idosos, salutares são os dados obtidos em pesquisa, compreendendo os meses de abril e maio de 2020, mediante questionário virtual e tendo por base a ConVid – Pesquisa de Comportamentos (Romero *et al.*, 2021, p. 4):

> A atividade econômica é frequente entre os idosos. Metade deles trabalhou antes da pandemia (IC95%: 47,0; 53,9), sendo 42,1% (IC95%: 37,4; 47,0) sem vínculo empregatício. A proporção de idosos que tinham vínculo era superior entre os homens (62,6%; IC95%: 55,5; 69,2) em relação às mulheres (53,1%; IC95%: 46,7; 59,3). Durante a pandemia, apenas 8,3% (IC95%: 6,4;10,7) continuaram trabalhando normalmente e 21,2% (IC95%: 18,4; 24,4) trabalhando em casa. Um terço dos idosos (33,9%; IC95%: 27,8; 40,6) trabalhou em atividades essenciais [...].

Destacou-se, portanto, que a quantidade de idosos exercendo atividade econômica é expressiva, como também é o índice de anciãos inseridos no mercado informal. Contudo, com o advento da pandemia, apenas 8,3% desse grupo etário continuou laborando normalmente.

O que não se pode olvidar, todavia, é o fato de que o idoso constitui, não raro, arrimo de família, situação que restou evidenciada no período pandêmico, em consonância com pesquisa realizada pelo Instituto de Pesquisa Econômica Aplicada, constante da Nota Técnica n. 18, intitulada "Os dependentes da renda dos idosos e o coronavírus: órfãos ou novos pobres?" (IPEA, 2020, p. 12):

> Se morrem todos os idosos, cerca de 30 milhões de pessoas não idosas terãoa sua renda mensal *per capita* reduzida de R$ 1.380,60 para R$ 1.097,80, desde que não haja perda na renda do trabalho dos não idosos. Neste caso, a renda do trabalho passa a ser responsável por 85,3% da renda desses domicílios, num momento de alto desemprego. Como se viu, em 20,6% dos domicílios brasileiros, no mínimo 50% da sua renda dependia da renda dos idosos. A renda mensal *per capita* desses domicílios era de R$ 1.621,8. Se esses idosos morressem, o rendimento médio *per capita* cairia para R$ 425,5. O impacto seria muito grande, uma redução de quase 75% que afetaria cercade 11,6 milhões de pessoas, sendo 2,1 milhões com menos de 15 anos, e as tornaria também muito dependente da renda do trabalho, 79,0%. A outra categoria é composta pelos domicílios que contavam apenas com a renda dos idosos, os quais

representavam 18,1% dos domicílios brasileiros. A morte desses idosos levaria a que cerca de cinco milhões de pessoas ficassem sem nenhuma renda, já que não contavam com a renda do trabalho e/ou de outra fonte.

São dados que ratificam a importância dos idosos no sustento de domicílios, situação que não pode ser negligenciada. Conforme se verificou, são eles que sustentam, variadas vezes, adultos e jovens, a respeito dos quais também é comum se aduzir a dificuldade na procura por emprego, diante da falta de experiência profissional.

Diante dos desafios humanitários e econômicos acarretados pela pandemia, suscitou-se o Projeto de Lei n. 3.657/2020, de autoria do senador Paulo Paim, que propôs a instituição do décimo quarto salário emergencial a aposentados e pensionistas do Instituto Nacional de Seguridade Social no período pandêmico (Brasil, 2020).[(145)]

Desta sorte, o senador pleiteou, no art. 1º, a inserção do § 2º ao art. 40 da Lei n. 8.213/1991, a fim de dobrar o abono anual de referidos indivíduos[(146)]. Apontou que a criação da gratificação natalina emergencial auxiliaria os vulneráveis, diante do adiantamento do décimo terceiro, bem como que referida renda retornaria para o aquecimento da economia.

Com o condão de traçar plano para a recuperação da crise desencadeada pela pandemia, com foco humanitário, evidencia-se o documento denominado "*Global call to action for a human-centred recovery from the Covid-19 crisis that is inclusive, sustainable and resilient*[(147)]", elaborado pela Organização Internacional do Trabalho. No corpo do citado documento, no item 1, enfatizou-se que a crise atingiu de modo desproporcional as pessoas mais vulneráveis e desfavorecidas, incluindo-se os idosos[(148)]. Sob essa temática,

---

(145) Trata-se de Projeto de Lei cuja matéria restou prejudicada, eis que referente ao período pandêmico. ....

(146) Art. 1º O art. 40 da Lei n. 8.213, de 24 de julho de 1991, passa a vigorar acrescido do seguinte § 2º, renumerando-se o atual parágrafo único como § 1º:

"Art. 40. ....

§1º..........

§ 2º No ano de 2020, é devido em dobro o abono anual previsto neste artigo" (NR) (Brasil, 2020).

(147) Tradução livre: "Apelo global à ação para uma recuperação centrada no ser humano da crise de Covid-19 que é inclusiva, sustentável e resiliente" (ILO, 2021).

(148) Tradução livre: "3. A crise afetou desproporcionalmente os mais desfavorecidos e vulneráveis, particularmente os indivíduos na economia informal e em formas precárias de trabalho; aqueles que trabalham em empregos de baixa qualificação; migrantes e aqueles pertencentes a minorias étnicas e raciais; pessoas idosas; e aqueles com deficiências ou vivendo com HIV/AIDS. O impacto da crise exacerbou os déficits de trabalho decente pré-existentes, aumentou a pobreza, ampliou desigualdades e expôs lacunas digitais expostas dentro e entre os países"

alude-se ao compromisso da organização em comento em conferir suporte aos Estados-membros no tocante à criação de crescimento econômico inclusivo e sustentável, emprego e desenvolvimento social, mediante o amparo a políticas nesse sentido (ILO, 2021).

Trata-se do constante do dispositivo 13, 'a', do qual se destaca seu ponto 'vii', justamente por tratar de medidas aptas a auxiliar o trabalhador idoso (ILO, 2021):

> 13. A fim de ajudar governos e organizações de empregadores e de trabalhadores a superar a crise da melhor forma, a OIT usará todos os seus meios de ação para apoiar o desenho e a implementação de estratégias de recuperação que não deixem ninguém para trás. Para tanto, a OIT fortalecerá seu apoio aos esforços dos Estados-membros para: a. criar crescimento econômico inclusivo e sustentável, emprego e desenvolvimento social, aumentando o apoio ao desenvolvimento de políticas e abordagens que: [...]
>
> vii. promovam serviços de orientação, treinamento e emprego que forneçam aos trabalhadores mais velhos as instalações, conselhos e assistência de que possam precisar para expandir suas escolhas, otimizar suas oportunidades para trabalhar em condições produtivas e saudáveis de boa qualidade até a aposentadoria e permitir um envelhecimento ativo[149].

Faz-se referência ao Projeto de Lei n. 341/2021, de autoria da deputada Aline Gurgel, que propôs assegurar aos trabalhadores aposentados e dispensados sem justa causa o recebimento de três parcelas do seguro-desemprego

---

(ILO, 2021). No original: "3. The crisis has affected the most disadvantaged and vulnerable disproportionately, particularly individuals in the informal economy and in insecure forms of work; those working in low-skilled jobs; migrants and those belonging to ethnic and racial minorities; older persons; and those with disabilities or living with HIV/AIDS. The impact of the crisis has exacerbated pre-existing decent work deficits, increased poverty, widened inequalities and exposed digital gaps within and among countries".

(149) No original: "13. In order to help governments and employers' and workers' organizations build forward better from the crisis, the ILO will use all its means of action to support the design and implementation of recovery strategies that leave no one behind. To this end, the ILO will strengthen its support of Member States' efforts to: a. create inclusive and sustainable economic growth, employment and social development, increasing support for the development of policies and approaches that: [...]

vii. promote guidance, training and employment services that provide older workers with the facilities, advice and assistance they may need to expand their choices, optimize their opportunities to work in good-quality, productive and healthy conditions until their retirement, and to enable active ageing" (ILO, 2021).

pelo tempo de duração do estado de emergência pública ocasionada pelo vírus da Covid-19 (Brasil, 2021)[(150)].

O trabalhador, além de atender aos requisitos constantes do art. 3º, da Lei n. 7.998/1990, com exceção do inciso III[(151)], deve auferir benefício previdenciário de prestação continuada que não exceda a monta de R$ 1.500,00 (mil e quinhentos reais). Dessa forma, resta implícita a situação de indignidade em que se deparam os trabalhadores idosos aposentados dispensados sem justa causa no período de pandemia, razão pela qual se pleiteou a cumulação do seguro-desemprego com a aposentadoria, o que é vedado pela Lei

---

(150) Art. 1º A Lei n. 13.979, de 6 de fevereiro de 2020, que dispõe sobre as medidas para enfrentamento da emergência de saúde pública de importância internacional decorrente do coronavírus responsável pelo surto de 2019, passa a vigorar acrescida do seguinte art. 3º-K: "Art. 3º-K Fica assegurado aos trabalhadores aposentados pelo Regime Geral da Previdência Social, demitidos sem justa causa durante o estado de emergência de saúde pública o recebimento do Seguro- Desemprego, observadas as seguintes condições: I – o aposentado demitido sem justa causa deve atender todos os requisitos previstos no art. 3º da Lei n. 7.998, de 11 de janeiro de 1990, exceto o inciso III; II – o benefício previdenciário de prestação continuada percebido pelo aposentado demitido não pode ser superior a R$ 1.500,00 (mil e quinhentos reais); III – o número de parcelas do seguro-desemprego será limitado a 3 (três) parcelas" (Brasil, 2021).

(151) Art. 3º Terá direito à percepção do seguro-desemprego o trabalhador dispensado sem justa causa que comprove:

I – ter recebido salários de pessoa jurídica ou de pessoa física a ela equiparada, relativos a:

a) pelo menos 12 (doze) meses nos últimos 18 (dezoito) meses imediatamente anteriores à data de dispensa, quando da primeira solicitação;

b) pelo menos 9 (nove) meses nos últimos 12 (doze) meses imediatamente anteriores à data de dispensa, quando da segunda solicitação; e

c) cada um dos 6 (seis) meses imediatamente anteriores à data de dispensa, quando das demais solicitações; [...]

II – (Revogado);

III – não estar em gozo de qualquer benefício previdenciário de prestação continuada, previsto no Regulamento dos Benefícios da Previdência Social, excetuado o auxílio-acidente e o auxílio suplementar previstos na Lei n. 6.367, de 19 de outubro de 1976, bem como o abono de permanência em serviço previsto na Lei n. 5.890, de 8 de junho de 1973;

IV – não estar em gozo do auxílio-desemprego; e

V – não possuir renda própria de qualquer natureza suficiente à sua manutenção e de sua família;

VI – matrícula e frequência, quando aplicável, nos termos do regulamento, em curso de formação inicial e continuada ou de qualificação profissional habilitado pelo Ministério da Educação, nos termos do art. 18 da Lei no 12.513, de 26 de outubro de 2011, ofertado por meio da Bolsa-Formação Trabalhador concedida no âmbito do Programa Nacional de Acesso ao Ensino Técnico e Emprego (Pronatec), instituído pela Lei no 12.513, de 26 de outubro de 2011, ou de vagas gratuitas na rede de educação profissional e tecnológica [...] (Brasil, 1990).

n. 8.213/1991, em seu art. 124, parágrafo único[(152)], já que endossa a sua vulnerabilidade (Brasil, 1991).

São condições precárias a que os idosos são submetidos sobretudo na pandemia, estando incluídos, inclusive, entre as pessoas que tiveram maior variação da renda individual do trabalho no período entre o último trimestre de 2019 e o segundo trimestre de 2021.

De acordo com dados coletados pela Fundação Getulio Vargas Social – FGVSocial – na pesquisa intitulada "Desigualdade de Impactos Trabalhistas na Pandemia", os idosos tiveram perda de -14,2% na renda, o que corresponde a valor superior à média, qual seja, a perda de -9,4% (Neri, 2021). Razões apontadas para tanto repousam na necessidade que o ancião teve de sair do mercado de trabalho devido sua maior fragilidade ao vírus (Neri, 2021).

5.4.2. Teletrabalho, Medida Provisória n. 927/2020 e o dever de acomodação razoável

É certo que com a pandemia do coronavírus a utilização do regime de teletrabalho aumentou em quantidade expressiva. Todavia, é de se ressaltar que juridicamente já existia sua previsão, no art. 6º, *caput*, da CLT, desde sua inclusão por intermédio da Lei n. 12.551/2011, utilizando-se as expressões trabalho executado no domicílio do empregado e trabalho realizado à distância (Brasil, 2011)[(153)].

Ainda que possa suscitar questionamentos, *a priori*, no sentido do afastamento da característica da subordinação entre empregado e empregador, tem-se que esta não se sustenta, tendo em vista o disposto no parágrafo único do artigo supracitado, referente à equiparação dos meios telemáticos e informatizados de comando, controle e supervisão, para fins de subordinação jurídica aos meios pessoais e diretos de comando, controle e supervisão das atividades[(154)].

---

(152) Art. 124. [...] Parágrafo único. É vedado o recebimento conjunto do seguro-desemprego com qualquer benefício de prestação continuada da Previdência Social, exceto pensão por morte ou auxílio-acidente (Brasil, 1991).
(153) Art. 6º Não se distingue entre o trabalho realizado no estabelecimento do empregador, o executado no domicílio do empregado e o realizado a distância, desde que estejam caracterizados os pressupostos da relação de emprego [...] (Brasil, 1943).
(154) Art. 6º [...] Parágrafo único. Os meios telemáticos e informatizados de comando, controle e supervisão se equiparam, para fins de subordinação jurídica, aos meios pessoais e diretos de comando, controle e supervisão do trabalho alheio (Brasil, 1943).

Com o advento da Reforma Trabalhista, houve a inserção dos artigos 75-A a 75-E na CLT, e, por conseguinte, o Capítulo II-A, relativo ao teletrabalho. Seu conceito está disposto no *caput* do art. 75-B, referindo-se à prestação de serviços preponderantemente fora ou não das dependências do empregador, com a utilização de tecnologias de informação e de comunicação que, por sua natureza, não se enquadrem como trabalho externo (Brasil, 1943).

Ponto digno de esclarecimento, nesse sentido, diz respeito ao fato de que o teletrabalho consiste em gênero do qual o *home office* é espécie, tendo em vista que o trabalho realizado em casa é uma espécie de trabalho à distância. Assim sendo, não necessariamente o teletrabalho se desenvolve diretamente da casa do trabalhador, podendo ocorrer, por exemplo, em centrais voltadas a essa finalidade.

Posteriormente, com a pandemia de Covid-19, no bojo da Medida Provisória n. 927/2020, que vigorou entre 22 de março a 19 de julho de 2020, dentre outros mecanismos, destacou-se o teletrabalho, conforme art. 3º, I[(155)], reservando-se o Capítulo II para delineamento do tema (Brasil, 2020).

Desse modo, a fim de correlacionar o teletrabalho ao dever de acomodação razoável, faz-se necessário pontuar a conceituação deste. Possui, pois, origem norte-americana, motivo pelo qual é também denominada *the duty of reasonable accommodation*. Iuri Pinheiro e Fabricio Lima Silva (2020, p. 425), ao se referirem às raízes dessa teoria, asseveram que:

> A teoria denominada *the duty of reasonable accommodation* (dever da acomodação razoável) tem sua primeira aparição registrada no ano de 1972, com a finalidade de inibir discriminações religiosas no ambiente de trabalho, atribuindo ao empregador o dever de acomodar a atividade laboral do empregado em razão da crença religiosa desse, sem que essa acomodação ocasionasse prejuízo excessivo para àquele (*sic*).

Percebe-se, então, sua denotação relativa à realização de ajustes, por isso, acomodação, sem que, por outro lado, essas alterações sejam desproporcionais.

Importante reportar-se à Convenção Internacional sobre os Direitos das Pessoas com Deficiência, ratificada e promulgada[(156)] em território nacional, a qual serviu de base para a Lei Federal n. 13.146/2015, conhecida como Lei

---

(155) Art. 3º Para enfrentamento dos efeitos econômicos decorrentes do estado de calamidade pública e para preservação do emprego e da renda, poderão ser adotadas pelos empregadores, dentre outras, as seguintes medidas: I – o teletrabalho (Brasil, 2020).
(156) Promulgada pelo Decreto n. 6.949, de 25 de agosto de 2009.

Brasileira de Inclusão da Pessoa com Deficiência ou Estatuto da Pessoa com Deficiência (Brasil, 2015).

É que o referido documento internacional trouxe à baila a expressão "adaptação razoável", caracterizando-a do seguinte modo, em consonância com o Decreto n. 6.949/2009, no art. 2, que a promulgou:

> "Adaptação razoável" significa as modificações e os ajustes necessários e adequados que não acarretem ônus desproporcional ou indevido, quando requeridos em cada caso, a fim de assegurar que as pessoas com deficiência possam gozar ou exercer, em igualdade de oportunidades com as demais pessoas, todos os direitos humanos e liberdades fundamentais (Brasil, 2009).

Nesse sentido, em prol do exercício dos direitos da pessoa com deficiência, lança-se mão de alterações e acomodações que não representem ônus desarrazoado, com o fito de proporcionar isonomia com as demais pessoas.

A partir da Medida Provisória n. 927/2020, que preconizou o teletrabalho como medida para a preservação do emprego e da renda e, entendendo que o trabalho realizado diretamente da casa do trabalhador resguarda-o de se deslocar até a empresa, protegendo-o de eventual transmissão do vírus, confere-se relevo à situação dos trabalhadores que compõem grupo de risco para a doença, *in casu*, idosos (Brasil, 2020).

Desse modo, faz-se possível a efetuação de analogia, possuindo por escopo assegurar os direitos à vida e à saúde, direitos da personalidade dos trabalhadores em comento, por intermédio da prestação de serviços em regime de teletrabalho durante a pandemia. Recorre-se, assim, à teoria da adaptação razoável, em que o ajuste a ser realizado, considerando que não represente prejuízo excessivo, no caso, ao empregador, repousa na oferta do teletrabalho aos trabalhadores retromencionados.

Salutar, ainda, levar em consideração a Portaria n. 454/2020 do Ministério da Saúde, que dispôs, em seu art. 4º, especialmente aos idosos, o dever de observar o distanciamento social, restringindo seu deslocamento para apenas o que fosse necessário[(157)]. Assim, com a disponibilização do teletrabalho aos idosos, estar-se-ia, inclusive, cumprindo a citada portaria ministerial (Brasil, 2020).

---

(157) Art. 4º As pessoas com mais de 60 (sessenta) anos de idade devem observar o distanciamento social, restringindo seus deslocamentos para realização de atividades estritamente necessárias, evitando transporte de utilização coletiva, viagens e eventos esportivos, artísticos, culturais, científicos, comerciais e religiosos e outros com concentração próxima de pessoas (Brasil, 2020).

Com o objetivo de corroborar esse direito, mister realizar menção à Nota Técnica 16/2020 do GT Nacional Covid-19, em que o *Parquet* trabalhista instou as empresas, sindicatos e órgãos da administração pública a diligenciar no sentido de proteger os trabalhadores não somente do grupo de risco quanto à enfermidade, como também os que conviviam com tais pessoas (MPT, 2020).

Pontuou, no item 02, a necessidade de assegurar o direito ao trabalho remoto às pessoas acima mencionadas, sempre que possível e compatível com a função(158).

Indene de dúvidas, portanto, que consiste em exemplo de aplicação do dever de acomodação razoável (MPT, 2020).

As adequações justificam-se pela situação global da pandemia, especialmente porque uma das medidas mais recomendadas para conter o vírus consiste no isolamento social, como também pelo fato de alguns indivíduos serem mais vulneráveis a complicações provenientes da enfermidade.

É de se destacar, ainda, que o teletrabalho promove prerrogativas ao trabalhador, que resguarda sua vida e saúde, além de economizar com o deslocamento ao trabalho, possuindo mais tempo com os familiares.

Ademais, é benéfico ao meio ambiente, em razão da redução da emissão de combustíveis fósseis na atmosfera, bem como ao empregador, que economiza despesas com energia elétrica, água e serviço de limpeza, ás quais estaria sujeito se as atividades estivessem sendo desenvolvidas nas dependências da empresa.

Sob esse prisma, asseveram Diego Sena Bello e Pedro Agão Seabra Filter (2020, p. 403) que:

> é possível afirmar que a adoção do teletrabalho é condizente com os ditames emanados pelos princípios constitucionais, criando uma harmonia entre as atividades humanas – tanto econômicas, quanto sociais – e as interações naturais dos ecossistemas, possibilitando um mundo saudável para as presentes e futuras gerações.

O teletrabalho proporciona garantia mais robusta à concretização do direito à saúde, eis que desonera os trabalhadores de se deslocarem de suas residências, expondo-se ao vírus. Aludido direito deve preponderar, não

---

(158) 02. GARANTIR, sempre que possível, às trabalhadoras e trabalhadores do grupo de risco, bem como àqueles responsáveis pelo cuidado de pessoas do grupo de risco, o direito a realizar as suas atividades laborais de modo remoto (home office), por equipamentos e sistemas informatizados, quando compatível com a função (MPT Brasil, 2020).

obstante se reconheça a conjuntura em que se encontram diversos empregadores diante dos efeitos catastróficos da crise econômica provocada pela pandemia do vírus.

Nessa linha, José Afonso Dallegrave Neto (2020, p. 255) defende a priorização do direito à saúde, propiciado pelo isolamento social:

> Em tempos de intenso contágio, como o da Covid-19, a ordem jurídica aponta para a preferência quase que absoluta do isolamento domiciliar. A redução de aglomerações é medida de saúde que deverá, como regra, prevalecer sobre o interesse econômico. Constrangimento patronal sobre o empregado para banalizar este valor maior poderá ser tido como abusivo (art.187, do Código Civil).

Conforme aduzido, em regra, não se pode conceber os interesses econômicos acima dos direitos da personalidade, tais como a vida e a saúde, sob pena de que o empregador que assim agir responda por ato abusivo.

Quanto aos danos provenientes do descumprimento do direito ao teletrabalho pela pessoa idosa, citam-se os materiais, representados por despesas médicas, no caso de infecção pelo coronavírus. Os danos morais, por sua vez, são demonstrados pela desestabilização emocional advinda do estresse da situação, vez que a pessoa está mais suscetível à complicação de sua condição e ao óbito.

É nesse ponto que se visualiza o dever de acomodação como solução à garantia dos direitos à vida e à saúde do trabalhador idoso. Luciano Martinez e Aloísio Cristovam Santos Júnior (2020, p. 266) bem elucidam que o dever em comento possui como tônica a consideração quanto à autonomia do trabalhador, objetivando a preservação de sua vida:

> No âmbito do Direito do Trabalho, o dever de acomodação razoável pode ser conceituado como **uma regra de ação atribuída ao empregador, egressa do seu dever de proteção, que se traduz na adoção de medidas razoáveis, assim entendidas as que não lhe imponham encargo excessivo, capazes de contemporizar as necessidades do serviço às vulnerabilidades e/ou às diferenças dos empregados, especialmente diante da constatação de que uma conduta aparentemente neutra poderia produzir efeito discriminatório** (Martinez; Santos Júnior, 2020, p. 266, grifo dos autores).

Proporcionar aos trabalhadores integrantes de grupo de risco para a doença o exercício do direito ao teletrabalho traduz-se em assegurar o direito à vida e à saúde, nas suas vertentes integridade física e mental. Tratam-se, pois, de direitos que conduzem ao livre desenvolvimento da personalidade do ser humano e à corporificação de sua dignidade. Não obstante a grandeza dos bens jurídicos envolvidos, na realidade a prática é diferente, vez que são frequentes as convocações, por parte de empregadores, para trabalhadores incluídos em grupo de risco para a doença retornarem ao trabalho de modo presencial.

À guisa de exemplo, cita-se a seguinte manchete: "Sindicato consegue que bancário volte ao teletrabalho: Em meio à pandemia, empregado da Caixa foi convocado a voltar ao trabalho presencial"; "após cobrança do Sindicato, banco reviu chamamento", veiculada no site do Sindicato dos Bancários e Financiários de São Paulo, Osasco e Região (Lucca, 2020).

Ressalta-se que a notícia foi publicada no final de julho de 2020, estando, portanto, ainda no início da pandemia, e desde então se observava o desrespeito aos direitos da personalidade à vida e à saúde dos trabalhadores. Cabe examinar, nesse sentido, a situação que culminou no ajuizamento da Ação Civil Coletiva n. 1000769-53.2020.5.02.0472, pelo Sindicato dos Trabalhadores em empresas do ramo financeiro do grande ABC, em face do Banco do Brasil S/A, no âmbito da 2ª Vara do Trabalho de São Caetano do Sul (TRT2) (São Paulo, 2020).

É que o réu, apesar de anteriormente ter determinado o regime de teletrabalho ou o isolamento social aos empregados que coabitavam com indivíduos do grupo de risco, de modo a manter o funcionário à disposição do banco, convocou-os precipitadamente ao trabalho.

Em sede de sentença, proferida na data de 5 de setembro de 2020, a juíza substituta Isabela Parelli Haddad Flaitt salientou que em que pese tratar-se deatividade essencial, nos termos do Decreto n. 10.282/2020, não há implicação de retorno imediato de necessariamente a totalidade dos empregados ao trabalho presencial, com lastro na defesa da dignidade, saúde e integridade física e psíquica. Desse modo, a ação foi julgada procedente em parte, deferindo a tutela de urgência requerida, com a determinação ao banco de se abster de convocar ao trabalho presencial os trabalhadores que convivem com pessoas do grupo de risco para a Covid-19 (São Paulo, 2020).

Se o entendimento adotado foi no sentido de privilegiar a saúde e a vida de quem convive com os trabalhadores de grupo de risco, não é forçoso constatar que tal preponderância deve ocorrer da mesma forma para os trabalhadores detentores das condições que agravam a doença. Outrossim, corrobora-se apontando que cumpre ao empregador fornecer suporte para que o empregado realize o teletrabalho de forma ergonômica, bem como, havendo necessidade de internet, o suporte econômico, ou seja, a infraestrutura para o teletrabalho.

5.4.3. Medida Provisória n. 936/2020: convertida na Lei n. 14.020/2020

Outra conjuntura que se traduziu na precarização dos direitos dos trabalhadores aposentados, não raro, idosos, é a referente notadamente entre abril a julho de 2020, respectivamente, períodos do advento da Medida Provisória n. 936/2020 e de sua conversão na Lei n. 14.020/2020.

A citada MP instituiu o Programa Emergencial de Manutenção do Emprego e da Renda, aplicável durante o estado de calamidade pública provocado pela pandemia, possuindo por finalidades, além da preservação do emprego e da renda, a garantia da continuidade das atividades laborais e empresariais e a redução do impacto social gerado pela pandemia (art. 2º) (Brasil, 2020).

Como mecanismos do citado programa, implementou-se o benefício emergencial, custeado com os recursos da União e a ser pago quando da suspensão temporária do contrato de trabalho ou da redução proporcional de jornada de trabalho e de salário (art. 5º, I e II, § 1º)(159). Para fins de fixação do montante a ser pago, utilizou-se como base o valor a que o empregado teria direito em termos de seguro-desemprego, sendo distintos os cálculos no caso da redução de jornada e salário e no da suspensão do contrato, em consonância com o que dispõe o art. 6º, I e II(160) (Brasil, 2020).

Especificamente quanto à redução de jornada e salário, aduz-se que seria prevista em acordo individual escrito entre empregado e empregador (art. 7º, II)(161). No entanto, da simples leitura da Constituição Federal (art. 7º.

---

(159) Art. 5º Fica criado o Benefício Emergencial de Preservação do Emprego e da Renda, a ser pago nas seguintes hipóteses [...]

I – redução proporcional de jornada de trabalho e de salário; e II – suspensão temporária do contrato de trabalho.

§ 1º O Benefício Emergencial de Preservação do Emprego e da Renda será custeado com recursos da União. (Brasil, 2020).

(160) Art. 6º O valor do Benefício Emergencial de Preservação do Emprego e da Renda terá como base de cálculo o valor mensal do seguro-desemprego a que o empregado teria direito, nos termos do art. 5º da Lei n. 7.998, de 1990, observadas as seguintes disposições:

I – na hipótese de redução de jornada de trabalho e de salário, será calculado aplicando-se sobre a base de cálculo o percentual da redução; e

II – na hipótese de suspensão temporária do contrato de trabalho, terá valor mensal:

a) equivalente a cem por cento do valor do seguro-desemprego a que o empregado teria direito, na hipótese prevista no *caput* do art. 8º; ou

b) equivalente a setenta por cento do seguro-desemprego a que o empregado teria direito, na hipótese prevista no § 5º do art. 8º [...] (Brasil, 2020, grifo do autor).

(161) Art. 7º Durante o estado de calamidade pública a que se refere o art. 1º, o empregador poderá acordar a redução proporcional da jornada de trabalho e de salário de seus empregados, por até noventa dias, observados os seguintes requisitos: [...]

II – pactuação por acordo individual escrito entre empregador e empregado, que será encaminhado ao empregado com antecedência de, no mínimo, dois dias corridos; e [...] (Brasil, 2020).

XIII)[(162)]denota-se que a fixação de redução de jornada deve ser realizada no bojo de acordo ou convenção coletiva, e não de acordo individual, como foi o caso (Brasil, 2020; Brasil, 1988).

Logo, desprezou-se ditame constitucional e, consequentemente, desprestigiou-se a atuação sindical no exercício da autonomia coletiva. Quanto a esta, alude-se ao fato de que as convenções e acordos coletivos de trabalho, frutos de negociação coletiva, são reconhecidos constitucionalmente (art. 7º, XXVI[(163)]), como também a obrigatoriedade da participação dos sindicatos nestas negociações (art. 8º, VI, Constituição Federal[(164)]) (Brasil, 1988).

Da leitura do art. 6º, § 2º, II, 'a', denota-se a impossibilidade de o trabalhador aposentado auferir o provento em questão, dada a incompatibilidade deste com o benefício emergencial[(165)] (Brasil, 2020). À época, houve juristas que, no exercício da hermenêutica, aventaram a possibilidade de se aplicar ao trabalhador em gozo de aposentadoria a ajuda compensatória mensal, a ser cumulada com o benefício em apreço, constituindo, salienta-se, faculdade ao empregador (art. 9º, *caput*)[(166)] (Brasil, 2020). Tratava-se, portanto, de garantia deveras frágil, principalmente no cenário pandêmico, em que para diversos trabalhadores a dispensa do trabalho era a realidade.

Nesse panorama, confere-se relevo à situação da suspensão do contrato de trabalho, que se traduz na ausência da prestação de serviço e também de correspondente remuneratório. Por isso, entendeu-se pela concessão do benefício emergencial, a fim de possibilitar a subsistência dos trabalhadores nessas condições. Contudo, referido auxílio foi tolhido do trabalhador aposentado.

Em seguida, adveio a Portaria n. 10.486/2020 para regulamentar a Medida Provisória n. 936/2020, destacando-se, no art. 4º, § 2º, a vedação do

---

(162) Art. 7º [...] XIII – duração do trabalho normal não superior a oito horas diárias e quarenta e quatro semanais, facultada a compensação de horários e a redução da jornada, mediante acordo ou convenção coletiva de trabalho; [...] (Brasil, 1988).
(163) Art. 7º [...] XXVI – reconhecimento das convenções e acordos coletivos de trabalho;(Brasil, 1988).
(164) Art. 8º É livre a associação profissional ou sindical, observado o seguinte: [...]

VI – é obrigatória a participação dos sindicatos nas negociações coletivas de trabalho;(Brasil, 1988).
(165) Art. 6º [...] § 2º O Benefício Emergencial de Preservação do Emprego e da Renda não será devido ao empregado que esteja: II – em gozo: a) de benefício de prestação continuada do Regime Geral de Previdência Social ou dos Regimes Próprios de Previdência Social, ressalvado o disposto no parágrafo único do art. 124 da Lei n. 8.213, de 24 de julho de 1999 (Brasil, 2020).
(166) Art. 9º O Benefício Emergencial de Preservação do Emprego e da Renda poderá ser acumulado com o pagamento, pelo empregador, de ajuda compensatória mensal, em decorrência da redução de jornada de trabalho e de salário ou da suspensão temporária de contrato de trabalho de que trata esta Medida Provisória (Brasil, 2020).

entabulamento de acordo individual relativo à suspensão contratual ou redução de jornada e salário com trabalhador que se enquadre nas proibições do recebimento do benefício emergencial (Brasil, 2020)[(167)].

Referida proibição engloba o trabalhador aposentado, conforme preconizado na MP em comento, como também na portaria retromencionada, no seu art. 4º, III, 'a'[(168)] (Brasil, 2020). Destarte, não apenas ao trabalhador aposentado não se permite auferir o benefício emergencial, mas também se veda a possibilidade de encetar acordo individual com o patrão para suspender o contrato de trabalho ou reduzir a jornada e o salário proporcionalmente.

Posteriormente, adveio a Lei n. 14.020/2020, que possibilitou a redução de jornada e salário ou a suspensão contratual ao trabalhador aposentado, ressaltando-se que, ocorrendo pela via de acordo individual escrito, deve haver o pagamento pelo empregador de ajuda compensatória mensal, além do enquadramento em alguma das hipóteses autorizadoras da citada modalidade de acordo dispostas no *caput* ou § 1º de tal dispositivo (art. 12, § 2º)[(169)] (Brasil, 2020).

---

(167) Art. 4º O BEm não será devido ao empregado com redução proporcional de jornada e de salário ou suspensão do contrato de trabalho que: [...] § 2º É vedada a celebração de acordo individual para redução proporcional de jornada de trabalho e de salário ou para suspensão temporária do contrato de trabalho com empregado que se enquadre em alguma das vedações à percepção do BEm previstas neste artigo (Brasil, 2020).

(168) Art. 4º O BEm não será devido ao empregado com redução proporcional de jornada e de salário ou suspensão do contrato de trabalho que: [...]

III – estiver em gozo de:

a) benefício de prestação continuada do Regime Geral de Previdência Social ou dos Regimes Próprios de Previdência Social, ressalvados os benefícios de pensão por morte e auxílio-acidente (Brasil, 2020).

(169) Art. 12. As medidas de que trata o art. 3º desta Lei serão implementadas por meio de acordo individual escrito ou de negociação coletiva aos empregados: [...]

§ 2º Para os empregados que se encontrem em gozo do benefício de aposentadoria, a implementação das medidas de redução proporcional de jornada de trabalho e de salário ou suspensão temporária do contrato de trabalho por acordo individual escrito somente será admitida quando, além do enquadramento em alguma das hipóteses de autorização do acordo individual de trabalho previstas no *caput* ou no § 1º deste artigo, houver o pagamento, pelo empregador, de ajuda compensatória mensal, observado o disposto no art. 9º desta Lei e as seguintes condições:

I – o valor da ajuda compensatória mensal a que se refere este parágrafo deverá ser, no mínimo, equivalente ao do benefício que o empregado receberia se não houvesse a vedação prevista na alínea "a" do inciso II do § 2º do art. 6º desta Lei;

II – na hipótese de empresa que se enquadre no § 5º do art. 8º desta Lei, o total pago a título de ajuda compensatória mensal deverá ser, no mínimo, igual à soma do valor previsto naquele dispositivo com o valor mínimo previsto no inciso I deste parágrafo (Brasil, 2020, grifo do autor).

No tocante à referida ajuda compensatória, há de se abordar o disposto no § 5º do art. 8º da Lei em comento, que condiciona a suspensão do contrato de trabalho das empresas que auferiram no ano-calendário de 2019 receita bruta superior a quatro milhões e oitocentos mil reais ao pagamento de ajuda no valor de 30% do valor do salário do empregado, durante o período da suspensão (Brasil, 2020).

Desta feita, faz-se premente a análise da desnecessidade do sindicato para entabular os acordos em favor do empregado aposentado no que se refere à suspensão contratual ou redução de jornada e salário possibilitadas pela MP em questão. É que a atuação sindical, por intermédio da negociação coletiva, da qual há a possibilidade de resultar em acordos ou convenções coletivas de trabalho, reduziria a vulnerabilidade negocial do empregado notadamente em se tratando do cenário de pandemia, permeado pela instabilidade econômica.

Desvela-se irrazoável entender que a classe trabalhadora se encontra em condições equânimes de negociação individual perante a classe patronal. Há, por parte daquela, o temor pelo desemprego, o que por si só já a coloca em suscetibilidade a aceitar condições impostas pelo empregador, a fim de continuar no emprego, ainda que se verifique a precarização de seus direitos.

Ademais, há a condição de trabalhador aposentado e, por conseguinte, geralmente idoso, o que o coloca em grupo de risco para a Covid-19, podendo ser visualizado como empregado com maior possibilidade de afastamentos se acometido pela doença e, por isso, mais suscetível de ser dispensado do emprego. Dessa forma, lança-se luzes ao trabalhador em comento, sobretudo na vigência da MP n. 936/2020, em que não se vislumbrava possível o recebimento do benefício emergencial, tampouco formaliza a possibilidade de realização de acordo individual entre empregado e empregador (Brasil, 2020).

Desta feita, desconsiderou-se o trabalhador aposentado, presumindo-se que o montante recebido a título de aposentadoria é suficiente para sua subsistência. Deixando-o à mercê de o empregador conceder ajuda compensatória. A negociação coletiva, meio autocompositivo de resolução de conflitos com sindicatos fortes, demonstra-se então como adequada a fim de defender os interesses do trabalhador aposentado, considerando que proporciona a igualdade em termos negociais com a empresa. Embora os sindicatos estejam debilitados pelo modelo brasileiro, melhor seria o acordo coletivo em época de crise pandêmica do que o individual.

A. C. Aguiar relaciona a negociação coletiva aos direitos fundamentais e à cidadania (2018, p. 72-73):

A negociação coletiva de trabalho é o mecanismo mais próximo e adequado – com a utilização de todas as suas faces e fases – para efetivação e respeito da condição de cidadão do trabalhador, bem como da segurança que pode prestar à aplicação e subsunção dos direitos fundamentais, dentro da maleabilidade e interpretação inerentes ao processo permanente de conformação de interesses a que está exposta, podendo, assim, dar e/ou sugerir efetiva concretização às situações próprias e específicas em que for chamada a enfrentar.

Dessa forma, por meio do princípio da autonomia coletiva, vislumbra-se ser possível a consecução dos interesses dos trabalhadores, de modo que se propicie um sistema de concessões recíprocas, haja vista não se ignorar o cenário de crise, representado pela instabilidade econômica em proporções globais.

Ora, é que apesar do modelo sindical frágil, melhor a participação do sindicato nas negociações em épocas de crise econômica, em que se intensifica a disparidade entre empregado e empregador. Todavia, efetua-se menção à Medida Provisória n. 936/2020, convertida na Lei n. 14.020/2020, que permitiu o acordo individual, ou seja, dispensando-se a participação sindical em época pandêmica, no estabelecimento de condições para o exercício das medidas dispostas no Programa Emergencial de Manutenção do Emprego e da Renda.

Nessa linha são as palavras de Rodolfo Pamplona Filho e Gilberto Carlos Maistro Junior acerca das concessões recíprocas propiciadas pela autonomia coletiva (2021, p. 307, grifos dos autores):

> É evidente que não se defende, com isso, a *renúncia indiscriminada* ou *exagerada de direitos trabalhistas*, mas a relativização *moderada* estabelecida pela via negocial e marcada por contrapartidas equivalentes. A partir de tal quadro, tem-se, a rigor, uma espécie de *acomodação das necessidades de lado a lado*, com a supressão de alguns custos trabalhistas relevantes e a sua substituição por outras vantagens que possam, naquele momento, ser concedidas, representativas de uma ordem proporcional de importância para os trabalhadores frente às concessões por estes negociadas. Tem-se, assim, ao invés da *supressão* de direitos, a *substituição* destes em processo que resulte em vantagens recíprocas (o perseguido "*ganha-ganha*" que há de marcar qualquer negociação razoavelmente bem-sucedida).

Otávio Pinto e Silva (2017, p. 65), a respeito da autonomia coletiva, apresenta sua relação com o aspecto pluralista da sociedade:

> A autonomia é o poder de autorregulamentação dos próprios interesses. Implica a possibilidade de criação de normas próprias, não identificáveis

com as da ordem estatal. Está relacionada com uma concepção pluralista da sociedade, por meio da qual se admite a existência de vários centros de positivação do Direito.

A mencionada pluralidade dos centros de positivação do Direito engloba, portanto, a autorregulamentação pelos sindicatos, o que pode ser visualizado em sua compatibilidade com a prevalência do negociado sobre o legislado, tônica da Reforma Trabalhista, e que pode ser extraída da leitura do *caput* do art. 611-A da CLT(170) (Brasil, 1943). Todavia, simultaneamente à citada preponderância, a mesma reforma estabeleceu a extinção da contribuição sindical obrigatória, o que, aliada ao princípio da unicidade sindical, que restringe a quantidade de sindicatos por área, enfraqueceu referidas entidades. Portanto, no contexto do modelo sindical brasileiro, o negociado não poderia se sobrepor ao legislado.

Salienta-se que, em que pese haja a previsão constitucional de não intervenção do Poder Público na organização sindical, conforme rege o art. 8º, I(171), houve o enfraquecimento, mediante a Reforma Trabalhista, das entidades em comento.

É o que pode ser verificado por meio da extinção da contribuição sindical obrigatória, que consiste em importante fonte de custeio aos sindicatos, e que, aliada ao princípio da unicidade sindical, torna deveras evidente o enfraquecimento dessas instituições.

Assinala-se não somente a necessidade da não exclusão dos sindicatos de participar das negociações na pandemia, mas também a contradição do Estado, que apenas concedeu autonomia coletiva quando interessava ao governo, restando prejudicados sobretudo os trabalhadores idosos e envelhescentes em seus direitos da personalidade.

---

(170) Art. 611-A. A convenção coletiva e o acordo coletivo de trabalho têm prevalência sobre a lei quando, entre outros, dispuserem sobre: [...] (Brasil, 1943).

(171) Art. 8º É livre a associação profissional ou sindical, observado o seguinte:

I – a lei não poderá exigir autorização do Estado para a fundação de sindicato, ressalvado o registro no órgão competente, vedadas ao Poder Público a interferência e a intervenção na organização sindical (Brasil, 1988).

CAPÍTULO - 6

PROPOSTAS PARA A DIGNIDADE DOS TRABALHADORES ENVELHESCENTES E IDOSOS NO MEIO AMBIENTE DO TRABALHO

6.1. Políticas públicas existentes e novas sugestões

Primeiramente, há de se mencionar o conceito de políticas públicas. Tratam-se, pois, de medidas que são formuladas pelo Poder Executivo, nos âmbitos federal e estadual, e são fiscalizadas em seu cumprimento pelo Poder Judiciário, que analisa, por exemplo, se foi promovida ou não a política e, quando promovida, se a contento.

São políticas de ordem econômica e social, para as quais são destinados recursos públicos e orçamentários. Nessa linha, por geralmente retratarem direitos de teor social, vinculados à igualdade, e demandarem um fazer do Estado, contrariamente aos direitos de liberdade ou defesa, os quais exigem abstenção estatal, é que frequentemente se aborda que possuem custo maior para sua efetivação. Nesse sentido, importa apontar o conceito de política para Ronald Dworkin (2002, p. 36): "denomino "política" aquele tipo de padrão que estabelece um objetivo a ser alcançado, em geral uma melhoria em algum aspecto econômico, político ou social [...]".

Felipe de Melo Fonte (2015, p. 57, grifos do autor) igualmente relaciona as políticas públicas ao seu escopo de atingir objetivos estatais pela Administração Pública, podendo ser desmembradas em normas abstratas de direito, atos administrativos e fatos administrativos:

> [...] *políticas públicas compreendem o conjunto de atos e fatos jurídicos que têm por finalidade a concretização de objetivos estatais pela Administração Pública*. Assim, a política pública pode ser decomposta em normas abstratas de direito (*e.g.*, Constituição, leis estabelecendo finalidades públicas), atos administrativos (*e.g.*, os contratos administrativos, as nomeações de servidores públicos para o desempenho de determinada função, os

decretos regulamentando o serviço etc.), a habilitação orçamentária para o exercício do dispêndio público e os fatos administrativos propriamente ditos (*e.g.*, o trabalho no canteiro de obras, o atendimento em hospitais públicos, as lições de professor em estabelecimento de ensino, etc.).

Fernando Aith (2006, p. 232) as define como "a atividade estatal de elaboração, planejamento, execução e financiamento de ações voltadas à consolidação do Estado Democrático de Direito e à promoção e proteção dos direitos humanos". Apresenta-se, ainda, a acepção de política pública sob a expressão "*policy-making*", relacionando-a ao âmbito político (Howlett; Ramesh; Perl, 2013, p. 5-6, grifos dos autores):

> Como sugerimos, a *policy-making* trata fundamentalmente de atores cercados por restrições que tentam compatibilizar objetivos políticos (*policy goals*) com meios políticos (*policy means*), num processo que pode ser caracterizado como "resolução aplicada de problemas". Identificar os problemas e aplicar (por mais imperfeitas que sejam) as soluções encontradas (soluções captadas na expressão *naming, blaming, framing and claiming*, ou seja, dar nomes, culpar, moldar e cobrar) (Felstiner *et al.*, 1980-1; Druckman, 2001; Steinberg, 1998) envolvem a articulação de objetivos políticos por meio de deliberações e discursos, além do uso de instrumentos políticos (*policy tools*), numa tentativa de atingir esses objetivos.

Flavia Piovesan (2005, p. 49), por sua vez, alude às ações afirmativas e seu escopo de elevar o direito à diferença, de modo a compensar um passado de discriminação:

> As ações afirmativas, como políticas compensatórias adotadas para aliviar e remediar as condições resultantes de um passado de discriminação, cumprem uma finalidade pública decisiva para o projeto democrático: assegurar a diversidade e a pluralidade social. Constituem medidas concretas que viabilizam o direito à igualdade, com a crença de que a igualdade deve moldar-se no respeito à diferença e à diversidade. Por meio delas transita-se da igualdade formal para a igualdade material e substantiva.

Por outro lado, José Fabio Rodrigues Maciel (2012, p. 179) adverte quanto à existência de divergência entre política pública e ação afirmativa, no sentido de que esta é pontual e emergencial:

As ações afirmativas devem ser medidas emergenciais e pontuais, de caráter temporário e parcial, com objetivos específicos, cuja pretensão maior sempre é, pelos mecanismos promocionais, solucionar problemas estruturais de discriminação no interior da sociedade. São essas medidas as principais responsáveis por acelerar o processo de conquista de igualdade material referente aos grupos sociais mais vulneráveis, como as minorias étnicas e raciais, entre inúmeros outros grupos.

Mister apontar que incumbe ao Estado o planejamento das políticas sociais, garantindo-se a participação da sociedade na formulação, no monitoramento, no controle e na avaliação das políticas, conforme art. 193, parágrafo único do diploma constitucional(172) (Brasil, 1988). Impende consignar que a política de atendimento ao idoso é retratada, em suas linhas gerais, no art. 46 da Lei n. 10.741/2003, constando-se que será efetivada mediante a articulação entre ações governamentais e não-governamentais dos entes federados(173) (Brasil, 2003).

Importa assinalar que os direitos à vida e à saúde são oportunizados por políticas sociais públicas que permitam o envelhecimento saudável e em condições de dignidade, conforme rege o art. 9º do Estatuto da Pessoa Idosa (Brasil, 2003)(174).

Acresça-se que a concretização de diversos direitos aos idosos, a exemplo da vida, da saúde, do lazer e do trabalho, compreende a viabilização de formas alternativas de participação, ocupação e convívio do idoso com outras gerações, consoante art. 3º, § 1º, IV, do estatuto respectivo(175) (Brasil, 2003). Dessa forma, para além do convívio com seus pares, possibilita-se a convivência intergeracional.

Outro inciso do dispositivo em questão digno de menção refere-se ao de número II, que estabelece que está inserida na garantia de prioridade à

---

(172) Art. 193. [...] Parágrafo único. O Estado exercerá a função de planejamento das políticas sociais, assegurada, na forma da lei, a participação da sociedade nos processos de formulação, de monitoramento, de controle e de avaliação dessas políticas (Brasil, 1988).

(173) Art. 46. A política de atendimento à pessoa idosa far-se-á por meio do conjunto articulado de ações governamentais e não governamentais da União, dos Estados, do Distrito Federal e dos Municípios (Brasil, 2003).

(174) Art. 9º É obrigação do Estado, garantir à pessoa idosa a proteção à vida e à saúde, mediante efetivação de políticas sociais públicas que permitam um envelhecimento saudável e em condições de dignidade. (Brasil, 2003).

(175) Art. 3º É obrigação da família, da comunidade, da sociedade e do poder público assegurar à pessoa idosa, com absoluta prioridade, a efetivação do direito à vida, à saúde, à alimentação, à educação, à cultura, ao esporte, ao lazer, ao trabalho, à cidadania, à liberdade, à dignidade, ao respeito e à convivência familiar e comunitária.

§ 1º A garantia de prioridade compreende: [...]

IV – viabilização de formas alternativas de participação, ocupação e convívio da pessoa idosa com as demais gerações (Brasil, 2003).

concretização dos direitos dos idosos a preferência na formulação e execução de políticas públicas específicas para esse público (Brasil, 2003)[(176)].

Questão normalmente levantada nesse aspecto trata-se do fato de a consecução dos direitos das crianças, adolescentes e jovens igualmente gozar da garantia de prioridade absoluta, consoante se verifica do *caput* do art. 227 do texto constitucional[(177)] (Brasil, 1988). Tem-se o argumento de que a positivação acima citada consta da Constituição, e, portanto, em hierarquia superior à mesma garantia direcionada aos idosos, contida no seu estatuto específico, logo, infraconstitucional.

Lado outro, Guilherme Peña de Moraes e Hélio Nascimento de Oliveira Neto (2019, p. 12) pontuam que a decisão sobre a quem recai a prioridade, havendo conflito positivo, depende do caso concreto:

> A solução, *exempli gratia*, entre a necessidade de atendimento prioritário ao idoso ou ao adolescente dependerá das circunstâncias do caso concreto, permitindo-se que o responsável pela prestação do serviço e do socorro atue com razoabilidade, ou seja, escolha um ou outro por razões de ordem moral, social, que só no plano empírico e casuístico será possível aquilatar para decidir quem receberá primeiro o atendimento.

Ainda a respeito das políticas públicas, faz-se crucial que os idosos, para além de possuírem porta-vozes e governantes que atuem em defesa de seus interesses, façam-no por si mesmos, de modo a assegurar a corporificação de suas demandas, assumindo o devido protagonismo.

Todavia, conforme a juíza Andréa Pachá (2018, p. 200), a partir de sua experiência enquanto atuante em vara de família no que concerne à visão do ancião pela sociedade, no que tange ao protagonismo deste:

> A verdade é que, mesmo com dificuldade de se atualizar, hoje os velhos continuam participando da vida pública. Mais por serem os responsáveis pelo sustento familiar em grande parte das casas do que por alguma espécie de reconhecimento de sua experiência como um valor. Em muitos casos, são eles os únicos detentores de recursos financeiros, decorrentes da aposentadoria. Tal fato, aliado à visão equivocada que vincula

---

(176) Art. 3º [...] § 1º [...] II – preferência na formulação e na execução de políticas sociais públicas específicas (Brasil, 2003).

(177) Art. 227. É dever da família, da sociedade e do Estado assegurar à criança, ao adolescente e ao jovem, com absoluta prioridade, o direito à vida, à saúde, à alimentação, à educação, ao lazer, à profissionalização, à cultura, à dignidade, ao respeito, à liberdade e à convivência familiar e comunitária, além de colocá-los a salvo de toda forma de negligência, discriminação, exploração, violência, crueldade e opressão (Brasil, 1988).

envelhecimento a doença, tem levado à Justiça demandas complexas de interdição, alienação parental, disputa de guardas por avós, casamentos e testamentos entre idosos e cuidadores, como se a vida do velho só fosse permitida por sua condição econômica.

Depreende-se do destacado pela magistrada a correlação do fator econômico para a consideração dos interesses e participação dos idosos em deliberações políticas. É que, ainda que não mais trabalhe, a pessoa de mais idade, não raro, auxilia sobremaneira o seu sustento e, por vezes, o de seus familiares.

Não se pode olvidar, contudo, que as políticas públicas, de modo a inserir o idoso na sua efetiva participação na sociedade, ao menos, não deveriam fazê-lo apenas sob esse pretexto, omitindo intenções diversas. A respeito disso, citam-se as expressões, quando destituídas de conteúdo concreto, para denominar a faixa etária desse contingente populacional, nas palavras de Serafim Fortes Paz (2002, p. 90):

> Essa sociedade do agora, ciente da discriminação que se impõe aos velhos, numa tentativa de mascarar seu desrespeito, discriminação e alijamento, também disfarça a exclusão, popularizando ações e denominações modernizadas, tais como; "terceira idade", "nova idade", "feliz idade", "boa idade", "melhor idade", dentre tantas outras denominações. Outros termos correntes, em sua maioria, também vazios de conceituação: qualidade de vida no envelhecimento, envelhecer com arte, saber envelhecer, idoso saudável, em sua maioria sem uma clara definição ou, ainda, privilegiando algumas áreas, como lazer, cosmética, dentre outros produtos ou serviços, seduzindo os idosos para o consumo, ficando longe de atender a maioria dos idosos em suas necessidades fundamentais. Assim, mesmo que supostamente os alvos sejam idosos com renda, esta acaba sendo uma das formas de se incentivar, também, a velhice pobre, discriminada ou os velhos marginalizados, a se tornarem 'vorazes' consumidores. Daí surgir aos olhos e ao alcance de alguns uma diversidade de promessas atuais e futuras – tecnologias, serviços e produtos – que de certo modo generalizam, modelam e formam um ambiente de novidades em torno do ser velho. Assim, se de um lado estimula uma velhice atualizada, simultaneamente, ameaça negar-lhe o construído.

Nesse diapasão, denota-se que o que ocorre é conferir a inserção do idoso no meio consumerista, de modo que o cerne do problema não é solucionado, pelo contrário, acrescenta-se outro, exemplificado pelas inúmeras ofertas de empréstimo consignado a que são alvos os idosos e que possuem o potencial de propiciar o endividamento.

Nessa senda, cumpre mencionar acerca do que se entende por economia prateada ou "*silver economy*", em nível internacional, que corresponde aos diversos setores do mercado que possuem por público-alvo os consumidores com idade avançada, visualizando nestes um nicho de oportunidades.

Daizy Valmorbida Stepanski (2013, p. 63) apresenta crítica quanto à imagem positiva dos idosos que é divulgada em publicidades, a qual é diametralmente oposta à velhice atual:

> As imagens do novo idoso, consumidor juvenilizado e feliz, criado pela previdência privada, povoam a publicidade. O produto anunciado é um novo estilo de vida, uma nova velhice, para os jovens de hoje – a velhice do futuro. E a velhice do presente? Esta é a da notícia, da realidade sombria, da impotência do idoso pobre. A utopia é o consumo, o corpo trabalhado, a identidade social reconstruída. Nos anúncios, há uma ameaça implícita: ou é feito o plano de aposentadoria privada ou o jovem de hoje não será o idoso do anúncio. Será o da notícia. Na reordenação da sociedade pelo mercado, o idoso criado, ou recriado pela mídia é o idoso consumidor.

No que concerne a esta temática, louvável é a publicação da Lei n. 14.181/2021, que alterou o Estatuto da Pessoa Idosa e o Código de Consumidor (Lei n. 8.078/1990), de modo a dispor, em seu art. 54-C, a vedação, na oferta de crédito ao consumidor, ao assédio ou pressão neste a fim de contratar o fornecimento de produto, serviço ou crédito, notadamente em se tratando de consumidor idoso (Brasil, 2021)[(178)].

Importante ferramenta para a consecução dos direitos das pessoas em idade avançada é a Estratégia Brasil Amigo da Pessoa Idosa, que conjuga políticas públicas para esse setor da população, especialmente os que se encontram em vulnerabilidade. É, pois, iniciativa operacionalizada pelo Ministério da Mulher, da Família e dos Direitos Humanos, nos termos do parágrafo único do art. 21, do Decreto n. 9.921/2019[(179)], que trata da temática da pessoa idosa (Brasil, 2019).

---

(178) Art. 54-C. É vedado, expressa ou implicitamente, na oferta de crédito ao consumidor, publicitária ou não: [...]

IV – assediar ou pressionar o consumidor para contratar o fornecimento de produto, serviço ou crédito, principalmente se se tratar de consumidor idoso, analfabeto, doente ou em estado de vulnerabilidade agravada ou se a contratação envolver prêmio (Brasil, 1990).

(179) Art. 21. Este Capítulo regulamenta a Estratégia Brasil Amigo da Pessoa Idosa para incentivar as comunidades e as cidades a promoverem ações destinadas ao envelhecimento ativo, saudável, sustentável e cidadão da população, principalmente das pessoas mais vulneráveis.

Destarte, tem por objetivo o estímulo a comunidades e cidades acerca da promoção do envelhecimento ativo, saudável, sustentável e cidadão da população, modalidades que são descritas nos incisos I a IV do art. 23 do Decreto retromencionado:

> Art. 23. Para fins do disposto neste Capítulo, considera-se:
>
> I – envelhecimento ativo – o processo de melhoria das condições de saúde, da participação e da segurança, de modo a melhorar a qualidade de vida durante o envelhecimento;
>
> II – envelhecimento saudável – o processo de desenvolvimento e manutenção da capacidade funcional que permita o bem-estar da pessoa idosa;
>
> III – envelhecimento cidadão – aquele em que há o exercício de direitos civis, políticos e sociais;
>
> IV – envelhecimento sustentável - aquele que garante o bem-estar da pessoa idosa em relação a direitos, renda, saúde, atividades, respeito, e em relação à sociedade, nos aspectos de produção, de convivência intergeracional e de harmonia, com o amplo conceito de desenvolvimento econômico; [...] (Brasil, 2019).

Dentre suas diretrizes, destacam-se as constantes dos incisos I, IV e V, do art. 22 do citado Decreto, a saber: o protagonismo da pessoa idosa; o fortalecimento dos serviços públicos voltados a esse contingente populacional, na área das políticas de assistência social, saúde, desenvolvimento urbano, direitos humanos, educação e comunicação; a atuação conjunta dos setores públicos e privados, conselhos da pessoa idosa e organismos internacionais a respeito do tema[(180)].

Outra consideração digna de ser tecida, nesse âmbito, refere-se às conclusões de Monalisa Dias de Siqueira (2013) obtidas a partir de trabalho de campo em Conferências do Idoso e consulta a procedimentos administrativos relativos ao direito à saúde e assistência, na Promotoria de Justiça de Defesa dos Direitos Humanos de Porto Alegre, do Ministério Público do Estado do Rio Grande do Sul.

Parágrafo único. O Ministério da Mulher, da Família e dos Direitos Humanos, por meio da Secretaria Nacional de Promoção e Defesa dos Direitos da Pessoa Idosa, operacionalizará a Estratégia Brasil Amigo da Pessoa Idosa (Brasil, 2019).

(180) Art. 22. A Estratégia Brasil Amigo da Pessoa Idosa tem como diretrizes: I – o protagonismo da pessoa idosa; [...]

IV – o fortalecimento dos serviços públicos destinados à pessoa idosa, no âmbito das políticas de assistência social, de saúde, de desenvolvimento urbano, de direitos humanos, de educação e de comunicação; e

V – a intersetorialidade e a interinstitucionalidade, por meio da atuação conjunta de órgãos e entidades públicas e privadas, conselhos nacional, estaduais, distrital e municipais de direitos da pessoa idosa e organismos internacionais na abordagem do envelhecimento e da pessoa idosa (Brasil, 2019).

A autora apresenta a análise de distintas construções sociais e políticas referentes aos idosos e sua influência no tocante às políticas públicas (Siqueira, 2013, p. 299):

> Nessa perspectiva, torna-se possível também perceber construções sociais e políticas distintas dentro da categoria "idoso". Ao mesmo tempo em que uma parcela da população idosa "ativa" – aquela que está nos grupos de "terceira idade", programas e grupos de convivência, conselhos e referências – alcançou algum grau de visibilidade, outros idosos considerados"dependentes", "incapazes" e, por isso, passíveis da tutela do Estado não participam desses espaços e tornaram-se invisíveis, inclusive para as ações de políticas públicas.

Enfatiza-se a característica da heterogeneidade, essencial a ser considerada quando da elaboração de políticas públicas direcionadas às pessoas idosas, a fim de que todo o seu espectro seja contemplado, englobando desde o idoso ativo, que continua laborando, até o institucionalizado.

Na gestão das políticas públicas, órgão de elevada importância consiste no conselho do idoso, que existe nos níveis nacional, estadual, municipal e do Distrito Federal. São órgãos permanentes, paritários e deliberativos, compostos por representantes do setor público e da sociedade civil, conforme art. 6º da Lei n. 8.842/1994 (Brasil, 1994)[(181)].

Nos termos do artigo seguinte, são responsáveis pela supervisão, pelo acompanhamento, pela fiscalização e pela avaliação da Política Nacional do Idoso, na área das instâncias político-administrativas[(182)].

Aos conselhos do idoso ainda incumbe zelar pelo cumprimento dos direitos consubstanciados no Estatuto da Pessoa Idosa (art. 7º, Lei n. 10.741/2003)[(183)]. Ademais, juntamente com a Vigilância Sanitária, possuem a função de promover a inscrição das entidades governamentais e não-governamentais de

---

(181) Art. 6º Os conselhos nacional, estaduais, do Distrito Federal e municipais do idoso serão órgãos permanentes, paritários e deliberativos, compostos por igual número de representantes dos órgãos e entidades públicas e de organizações representativas da sociedade civil ligadas à área (Brasil, 1994).

(182) Art. 7º Compete aos Conselhos de que trata o art. 6º desta Lei a supervisão, o acompanhamento, a fiscalização e a avaliação da política nacional do idoso, no âmbito das respectivas instâncias político- administrativas. (Redação dada peloa Lei n. 10.741, de 2003) (Brasil, 1994).

(183) Art. 7º Os Conselhos Nacional, Estaduais, do Distrito Federal e Municipais da Pessoa Idosa, previstos na Lei n. 8.842, de 4 de janeiro de 1994, zelarão pelo cumprimento dos direitos da pessoa idosa, definidos nesta Lei (Brasil, 2003).

assistência ao idoso, desde que essas preencham os requisitos para tanto (art. 48, Lei n. 10.741/2003)[(184)] (Brasil, 2003).

Assim como ao Ministério Público, à Vigilância Sanitária e a outros órgãos previstos em lei, aos conselhos do idoso compete a fiscalização das entidades de atendimento ao idoso (art. 52, Lei n. 10.741/2003)[(185)] (Brasil, 2003). Nesse ponto já se demonstra a relevância dos conselhos, a fim de assegurar que os órgãos que atendem a pessoa idosa estejam em condições regulares de funcionamento, para garantir a esta dignidade.

Apesar disso, segundo dados recentes do Pacto Nacional de Implementação dos Direitos da Pessoa Idosa, referente ao compromisso da década do envelhecimento saudável (2020-2030), o Brasil conta com 5.570 municípios, sendo identificados 2.976 conselhos municipais do idoso ativos (Brasil, 2021, p. 29).

Revela-se, pois, a ausência de conselhos em inúmeros municípios, o que prejudica a devida defesa dos direitos dos idosos. Assim, considerando que a iniciativa para a criação de conselho municipal ou estadual do idoso compete à sociedade civil, organizada em entidade ou não, organização governamental ou estas em conjunto, faz-se crucial a mobilização e a conscientização da população.

Outro ponto digno de menção refere-se à necessidade de as políticas públicas revestirem-se da característica da prevenção, o que pode ser explanado como preparação para uma velhice sadia e em condições de dignidade. Contudo, seu debate na mídia é escasso, consoante assinalam Edinilsa Ramos de Souza *et al.* (2002, p. 208):

---

(184) Art. 48. As entidades de atendimento são responsáveis pela manutenção das próprias unidades, observadas as normas de planejamento e execução emanadas do órgão competente da Política Nacional da Pessoa Idosa, conforme a Lei n. 8.842, de 4 de janeiro de 1994.

Parágrafo único. As entidades governamentais e não governamentais de assistência à pessoa idosa ficam sujeitas à inscrição de seus programas perante o órgão competente da Vigilância Sanitária e o Conselho Municipal da Pessoa Idosa e, em sua falta, perante o Conselho Estadual ou Nacional da Pessoa Idosa, especificando os regimes de atendimento, observados os seguintes requisitos:

I – oferecer instalações físicas em condições adequadas de habitabilidade, higiene, salubridade e segurança;

II – apresentar objetivos estatutários e plano de trabalho compatíveis com os princípios desta Lei;

III – estar regularmente constituída;

IV – demonstrar a idoneidade de seus dirigentes (Brasil, 2003).

(185) Art. 52. As entidades governamentais e não governamentais de atendimento à pessoa idosa serão fiscalizadas pelos Conselhos da Pessoa Idosa, Ministério Público, Vigilância Sanitária e outros previstos em lei (Brasil, 2003).

As políticas públicas preventivas pouco ou nada são debatidas na mídia, até porque elas significariam uma outra ótica em relação ao grupo social em questão, a ótica sob a qual os idosos não são 'um problema', mas uma riqueza da humanidade e para a humanização da sociedade brasileira.

Trata-se, todavia, de entendimento que deve ser combatido, tendo em vista que o envelhecimento populacional consiste em uma conquista, proporcionada pelos avanços das ciências e das tecnologias. Além disso, as políticas públicas que são entendidas como preventivas ao idoso são simultaneamente políticas para os envelhescentes, que os antecedem, de modo que estes, ao alcançarem a velhice, façam-no com qualidade de vida.

A fim de possibilitar o protagonismo das pessoas idosas e dos envelhescentes, faz-se necessário, ao planejar as políticas públicas, levar em consideração a autonomia e a independência, de modo a considerar seus interesses. Importante, ainda, é a conjugação de políticas públicas entendidas como transversais e verticais, do modo como mencionam Vera Lúcia V. Almeida, M. P. Gonçalves e T. G. Lima (2005, p. 27):

> O êxito da PNI e do Estatuto da Pessoa Idosa depende da implementação de políticas "transversais" e "verticais". As transversais são as que envolvem e articulam ações estratégicas e programas de diferentes esferas da administração pública (saúde, previdência social, transporte, habitação, etc.); as verticais são as que, sob o princípio da transversalidade se pautam pelo intercâmbio entre as três esferas de governo (federal, estadual e municipal).

Aponta-se a possibilidade de maior quantia de isenção de Imposto de Renda aos aposentados e pensionistas com mais de 65 anos de idade, sendo o limite de R$ 1.903,98 por mês, e anual o valor de R$ 24.751,74 (Jornal Contábil, 2021).

São apontadas, no item seguinte, as políticas que dizem respeito ao (re) ingresso no mercado de trabalho do envelhescente e da pessoa idosa.

6.1.1 Re(inserção) no mercado de trabalho

Antes de adentrar no âmago das políticas públicas existentes e sugerir novas para a (re)inserção no mercado de trabalho de envelhescentes e idosos, faz-se necessário pontuar a relevância que representaria se o montante da aposentadoria fosse suficiente para arcar com as despesas ordinárias.

Por certo, significativa parcela dos aposentados não dependeria de retornar ou continuar no mercado de trabalho para complementar sua renda ou garantir sua subsistência e a de sua família. Destarte, se conforme seus interesses, tais indivíduos efetivamente desfrutariam da aposentadoria.

É o que Mirian Goldenberg denomina "bela velhice" (2013, p. 14-15):

> Para eles, o trabalho não é mais uma questão de sobrevivência material. Eles não precisam mais, mas querem continuar estudando e trabalhando. Eles querem, mais do que tudo, encontrar um significado para a última fase de suas vidas [...]. A diferença entre esses dois verbos – precisar e querer – revela um possível segredo para a construção de uma "bela velhice". Eles não precisariam mais responder a demandas e deveres impostos de fora. Na velhice, eles poderiam fazer suas escolhas mais livremente e priorizar a própria vontade. O trabalho, o estudo, as atividades cotidianas, as amizades, o cuidado dos outros não seriam obrigações a serem cumpridas. Seriam escolhas livres, não mais imposições sociais ou familiares.

Por outro lado, caso fosse do interesse do aposentado continuar ou retornar ao trabalho, mais acertado seria o recebimento de contraprestações ou, no mínimo, não lhe ser imputado o ônus de continuar tendo descontado mensalmente de seu salário o valor das contribuições, haja vista que já laborou e contribuiu, portanto, para o sistema previdenciário, mais ainda, quando sequer tem contrapartida.

Indica-se, ainda, o Protocolo Adicional à Convenção Americana sobre Direitos Humanos em Matéria de Direitos Econômicos, Sociais e Culturais, mais conhecido por Protocolo de São Salvador, promulgado em 1999 no Brasil, que traz em seu bojo artigo relativo à proteção de pessoas idosas.

Nessa esteira, destaca-se o direito à proteção especial na velhice, mediante, inclusive, a execução de programas de trabalho específicos, proporcionando aos anciãos atividades produtivas consentâneas às suas capacidades, vocação e desejos, nos moldes da alínea "b" do art. 17[(186)] (Brasil, 1999).

Importante acrescer que a Política Nacional do Idoso, em relação ao trabalho e à previdência social, possui disposições tratadas nas alíneas "a" a "c" do inciso IV, do art. 10, que se referem, respectivamente, a elidir a

---

(186) Artigo 17. – Proteção de Pessoas Idosas. Toda pessoa tem direito a proteção especial na velhice. Nesse sentido, os Estados-Partes comprometem-se a adotar, de maneira progressiva, as medidas necessárias a fim de por em prática este direito e, especialmente, a: [...]

b) executar programas de trabalho específicos, destinados a proporcionar a pessoas idosas a possibilidade de realizar atividades produtivas adequadas às suas capacidades, respeitando sua vocação ou desejos (Brasil, 1999).

discriminação do idoso no mercado de trabalho; a priorizar seu atendimento nos benefícios previdenciários; e, à manutenção de programas de preparação para a aposentadoria[(187)] (Brasil, 1994).

Por seu turno, no Estatuto da Pessoa Idosa, visualiza-se o artigo 28, que disciplina os programas que o Poder Público deve criar e estimular. Trata-se da profissionalização especializada para os idosos, da preparação dos trabalhadores para a aposentadoria e do estímulo às empresas privadas para admissão de idosos ao trabalho[(188)] (Brasil,2003).

Lado outro, aduz-se à Convenção Interamericana sobre a Proteção dos Direitos Humanos dos Idosos, que em seu art. 18 preconiza o direito ao trabalho digno e decente e à igualdade de oportunidades e de tratamento perante os demais trabalhadores (OEA, 2015)[(189)]. Prevê-se, ainda, que os Estados Partes desenvolverão políticas trabalhistas com vistas a proporcionar que as condições, o ambiente de trabalho, seus horários e a organização das atividades sejam adequados às necessidades e características do idoso. Destaca-se que consta que deverá haver o incentivo ao desenvolvimento de programas para a capacitação e certificação de conhecimento e saberes para a promoção do acesso do ancião a mercados de trabalho mais inclusivos.

À guisa de exemplificação, cumpre assinalar um dos mecanismos constantes do Plano de Ação Internacional para o Envelhecimento, de 2002, no que diz respeito ao objetivo de oferecer oportunidades de emprego a todas as pessoas idosas que desejam trabalhar (ONU, 2003, p. 37):

---

(187) Art. 10. Na implementação da política nacional do idoso, são competências dos órgãos e entidades públicos: [...] IV – na área de trabalho e previdência social:

a) garantir mecanismos que impeçam a discriminação do idoso quanto a sua participação no mercado de trabalho, no setor público e privado;

b) priorizar o atendimento do idoso nos benefícios previdenciários;

c) criar e estimular a manutenção de programas de preparação para aposentadoria nos setores público e privado com antecedência mínima de dois anos antes do afastamento;(Brasil, 1994).

(188) Art. 28. O Poder Público criará e estimulará programas de:

I – profissionalização especializada para as pessoas idosas, aproveitando seus potenciais e habilidades para atividades regulares e remuneradas;

II – preparação dos trabalhadores para a aposentadoria, com antecedência mínima de 1 (um) ano, por meio de estímulo a novos projetos sociais, conforme seus interesses, e de esclarecimento sobre os direitos sociais e de cidadania;

II – estímulo às empresas privadas para admissão de pessoas idosas ao trabalho (Brasil, 2003).

(189) ARTIGO 18 – Direito ao trabalho – O idoso tem direito ao trabalho digno e decente e à igualdade de oportunidades e de tratamento em relação aos outros trabalhadores, seja qual for a sua idade (OEA, 2015).

> c) adotar medidas para aumentar a participação na força de trabalho de toda a população idosa para trabalhar e reduzir o risco da exclusão ou dependência num momento futuro da vida. Esta medida deve ser promovida mediante políticas como, entre outras, o aumento da participação de mulheres idosas, serviços sustentáveis de assistência à saúde relacionada com o trabalho, insistindo na prevenção, na promoção da saúde e segurança ocupacional para manter a capacidade de trabalhar e o acesso à tecnologia, ao aprendizado continuado, à educação permanente, à capacitação no emprego, à reabilitação profissional e a medidas de aposentadoria flexíveis, assim como procurar a reintegração de desempregados e de pessoas incapazes no mercado de trabalho [...].

Destacam-se, *in casu*, os variados objetivos que são descritos, inclusive a fim de reduzir a exclusão e a dependência dos anciãos, abrangendo preocupações com a assistência à saúde, até mesmo em sua vertente preventiva; a educação contínua; a reabilitação profissional e aposentadoria em termos flexíveis.

Não se pode olvidar, nesse contexto, da Convenção n. 111 da Organização Internacional do Trabalho sobre Discriminação em Matéria de Emprego e Profissão, consolidada por intermédio do Decreto n. 10.088/2019, que em seu art. 1º, alínea "a" estabelece a discriminação como "toda distinção, exclusão ou preferência fundada na raça, cor, sexo, religião, opinião política, ascendência nacional ou origem social", que "tenha por efeito destruir ou alterar a igualdade de oportunidades ou de tratamento em matéria de emprego ou profissão" (Brasil, 2019).

Ressalta-se, nesse ponto, que o conceito não é exaustivo, o que se demonstra na alínea seguinte (Brasil, 2019):

> b) Qualquer outra distinção, exclusão ou preferência que tenha por efeito destruir ou alterar a igualdade de oportunidades ou tratamento em matéria de emprego ou profissão, que poderá ser especificada pelo Membro interessado depois de consultadas as organizações representativas de empregadores e trabalhadores, quando estas existam, e outros organismos adequados.

A seguir, demonstra-se tabela elaborada por Amorim *et al.* (2016, p. 21) e publicada em "Temas de economia aplicada". Foi formulada a partir da análise dos cadernos das 150 melhores empresas para se trabalhar em 2015, efetuando cotejo com as políticas e práticas utilizadas por essas em referência aos trabalhadores com idade igual ou superior a cinquenta anos:

Figura 1 – As 150 melhores empresas para se trabalhar em 2015

Tabela 9 - Melhores Empresas Para Você Trabalhar (150 Melhores) – Políticas e Práticas de RH Declaradas para Trabalhadores com 50 Anos Ou Mais - 2015

Políticas e Práticas	Nº	%
Sem qualquer referência aos funcionários com 50 anos ou mais	56	37,3
Predominância de funcionários jovens é uma razão para não adotar programa de preparação para a aposentadoria ou outra política/prática para funcionários com 50 anos ou mais	25	16,6
Apenas citam tema "gerações" como uma preocupação de RH	17	11,3
Organizações que apenas explicitam que não toleram etarismo	40	26,6
Genéricas ou indiretas na abordagem dos funcionários de 50 anos ou mais	11	7,3
Específicas para o público de 50 anos ou mais	5	3,3
Total	**150**	**100**

Fonte: MEPT - PROGEP/FIA - Caderno de Evidências. Elaboração dos autores.

Fonte: Amorim *et al.* (2016, p. 21).

Observa-se que a maioria das empresas (37,3%) não possui qualquer referência aos funcionários com idade igual ou superior aos cinquenta anos em suas políticas e práticas, seguida por 26,6% das organizações que somente explicitam que não toleram o etarismo (Amorim *et al.*, 2016).

A minoria das empresas (3,3%) possui políticas específicas para o público em questão, o que evidencia seu despreparo, notadamente levando-se em consideração que o Brasil é um país em que o aumento da longevidade é uma realidade. Na seara pública, é de realce a louvável atitude de se estabelecer como primeiro critério de desempate em concurso público a idade, de modo favorável ao candidato com idade mais avançada, consoante parágrafo único do art. 27, da Lei n. 10.741/2003[(190)] (Brasil, 2003).

Ainda no mesmo dispositivo, mas em seu *caput*, preconiza-se a vedação à discriminação e ao limite de idade para a admissão do idoso em trabalho ou emprego, nos âmbitos público e privado[(191)] (Brasil,2003). Ademais, considerando a discriminação frequentemente ocorrida no meio ambiente de trabalho em face do fator etário, elenca-se como proposta de política pública maior divulgação, pelos veículos de comunicação, acerca da necessidade de realizar a denúncia ao Ministério Público do Trabalho, enfatizando-se a possibilidade de sigilo e advertindo que antes mesmo da contratação, já em anúncios de emprego com teor preconceituoso, é possível a denúncia.

---

(190) Art. 27. [...] Parágrafo único. O primeiro critério de desempate em concurso público será a idade, dando-se preferência ao de idade mais elevada (Brasil, 2003).

(191) Art. 27. Na admissão da pessoa idosa em qualquer trabalho ou emprego, são vedadas a discriminação e a fixação de limite máximo de idade, inclusive para concursos, ressalvados os casos em que a natureza do cargo o exigir (Brasil, 2003).

No tocante às medidas concernentes ao período próximo à concessão de aposentadoria, sublinha-se o precedente normativo n. 85 do Tribunal Superior do Trabalho, que consubstancia o direito à garantia no emprego, pelos doze meses que antecedem à efetiva aposentadoria voluntária do trabalhador que labora há pelo menos cinco anos na empresa (Brasil, 1992)[(192)].

Imbuído nesse entendimento, traz-se à baila acórdão da 1ª Turma do Tribunal Superior do Trabalho, proferido no bojo do Processo n. TST-RR-1525-52.2017.5.12.0037, ocasião em que se considerou nula a dispensa de empregado nove meses antes de adquirir a estabilidade pré-aposentadoria constante de norma coletiva (Brasil, 2021, p. 1, grifos do autor):

> **AGRAVO. RECURSO DE REVISTA. ESTABILIDADE PRÉ-APOSENTADORIA. PREVISÃO EM NORMA COLETIVA. RECLAMANTE DISPENSADO POUCO MAIS DE NOVE MESES ANTES DA AQUISIÇÃO DO DIREITO. CARÁTER OBSTATIVO DA DISPENSA. TRANSCENDÊNCIA POLÍTICA DEMONSTRADA.** Ante as razões apresentadas pelo agravante, afasta-se o óbice oposto na decisão agravada. **Agravo conhecido e provido. RECURSO DE REVISTA. ESTABILIDADE PRÉ-APOSENTADORIA. PREVISÃO EM NORMA COLETIVA. RECLAMANTE DISPENSADO POUCO MAIS DE NOVE MESES ANTES DA AQUISIÇÃO DO DIREITO. CARÁTER OBSTATIVO DA DISPENSA. NULIDADE.** 1. É fato incontroverso – e que se depreende do acórdão regional – que o reclamante foi dispensado pouco mais de nove meses antes da aquisição do direito à estabilidade pré-aposentadoria, assegurado em norma coletiva. Não obstante, o Tribunal de origem reputou válido o ato de despedida, ao registro de que "o autor não preencheu os requisitos da garantia prevista em norma coletiva". 2. À luz da jurisprudência desta Corte Superior, presume-se obstativa à estabilidade pré-aposentadoria prevista em norma coletiva a dispensa imotivada do empregado ocorrida até doze meses antes da aquisição do direito (caso dos autos). **Recurso de revista conhecido e provido**.

Não obstante a previsão de concessão de garantia de estabilidade nos 24 (vinte e quatro) meses anteriores à obtenção do direito à aposentadoria voluntária, em convenção coletiva de trabalho ao trabalhador que contasse com mais de três anos de serviços prestados à empresa, *in casu*, condomínio, tem-se que houve a dispensa do trabalhador, entendida como nula pelo tribunal em apreço. Desse modo, a Corte acordou em condenar a empresa à

---

(192) GARANTIA DE EMPREGO. APOSENTADORIA VOLUNTÁRIA (positivo). Defere-se a garantia de emprego, durante os 12 meses que antecedem a data em que o empregado adquire direito à aposentadoria voluntária, desde que trabalhe na empresa há pelo menos 5 anos. Adquirido o direito, extingue-se a garantia (Brasil, 1992).

indenização substitutiva da estabilidade pré-aposentadoria, equivalente aos salários do período entre a data da despedida e a data da implementação dos requisitos para a aposentadoria voluntária.

Nessa linha, pontua-se que muito beneficiaria os trabalhadores envelhescentes e idosos a existência de uma política pública para a oferta de cursos digitais, além de contratações com incentivos fiscais para as empresas nos moldes do Programa Empresa Cidadã para as gestantes que auferem os 180 dias de licença-maternidade.

Referido programa foi criado pela Lei n. 11.770/2008, com o escopo de prorrogar a licença-maternidade mediante concessão de incentivo fiscal. *In casu*, prorroga-se por 60 dias(193) os 120 dias de licença-maternidade garantidos constitucionalmente(194).

Salienta-se ser possível a prorrogação da licença-paternidade, assim como a licença-maternidade, mas pelo período de quinze dias (art. 1º, II)(195), fazendo jus o empregado ou empregada à remuneração integral, conforme incisos do art. 3º(196). Desse modo, tem-se a possibilidade de a respectiva empresa efetuar a dedução do imposto devido no cômputo da remuneração integral da empregada e do empregado, nos termos do art. 5º da citada lei(197).

---

(193) Art. 1º É instituído o Programa Empresa Cidadã, destinado a prorrogar: (Redação dada pela Lei n. 13.257, de 2016) (Produção de efeito)

I – por 60 (sessenta) dias a duração da licença-maternidade prevista no inciso XVIII do *caput* do art. 7ºda Constituição Federal; (Incluído dada pela Lei n. 13.257, de 2016) (Produção de efeito) (Brasil, 2008).

(194) Art. 7º São direitos dos trabalhadores urbanos e rurais, além de outros que visem à melhoria de sua condição social:

[...] XVIII – licença à gestante, sem prejuízo do emprego e do salário, com a duração de cento e vinte dias (Brasil, 1988).

(195) Art. 1º É instituído o Programa Empresa Cidadã, destinado a prorrogar: (Redação dada pela Lei n. 13.257, de 2016) (Produção de efeito)

[...] II – por 15 (quinze) dias a duração da licença-paternidade, nos termos desta Lei, além dos 5 (cinco) dias estabelecidos no § 1º do art. 10 do Ato das Disposições Constitucionais Transitórias. (Incluído pela Lei n. 13.257, de 2016) (Produção de efeito) (Brasil, 2008).

(196) Art. 3º Durante o período de prorrogação da licença-maternidade e da licença- paternidade: (Redação dada pela Lei n. 13.257, de 2016) (Produção de efeito)

I – a empregada terá direito à remuneração integral, nos mesmos moldes devidos no período de percepção do salário-maternidade pago pelo Regime Geral de Previdência Social (RGPS); (Incluído dada pela Lei n. 13.257, de 2016) (Produção de efeito)

II – o empregado terá direito à remuneração integral. (Incluído dada pela Lei n. 13.257, de 2016) (Produção de efeito) (Brasil, 2008).

(197) Art. 5º A pessoa jurídica tributada com base no lucro real poderá deduzir do imposto devido, em cada período de apuração, o total da remuneração integral da empregada e do empregado pago nos dias de prorrogação de sua licença-maternidade e de sua licença-

Ainda que não haja política pública, faz-se necessário salientar os esforços de algumas empresas em contratar envelhescentes e idosos para seus quadros de funcionários. Cita-se, exemplificativamente, o programa de formação em tecnologia para maiores de quarenta anos desenvolvido pela Magalu, do ramo de eletrodomésticos, denominado "Desenvolve 40+", em razão da percepção, pela empresa, de que 15% dos seus funcionários do setor "Luizalabs" possuíam mais de quarenta anos (Let's Code, 2021).

Além da faixa etária, o programa tem como requisitos a conclusão do Ensino Médio, residir no Brasil e ter disponibilidade para assistir às aulas *online*, não havendo necessidade de possuir formação na área para participar da seleção (Let's Code, 2021). Não se pode negar, portanto, a existência, ainda que tímida, de avanço na contratação de trabalhadores direcionada ao público envelhescente e idoso, com o fito de promover a inclusão social e diversidade nas empresas. Aliás, outro movimento observado é o surgimento de empresas intermediadoras dessa modalidade de mão de obra.

Faz-se menção ao Projeto de Lei n. 4.857/2020, de autoria do deputado Deuzinho Filho, que alberga as áreas laboral e de cultura. É que dispõe sobre a cota mínima de 5% (cinco por cento) para a contratação de artistas brasileiros idosos de baixa renda nas produções audiovisuais financiadas por recursos públicos, conforme inciso II do art. 1º [(198)] (Brasil, 2020).

Outra iniciativa no sentido de estimular a contratação de profissionais entendidos como "maduros", trata-se do Projeto de Lei n. 6930/2006, que institui o Programa Nacional de Estímulo ao Emprego de Trabalhadores Experientes (PNETE), de modo a alocar pessoas com mais de quarenta e cinco anos. São os pressupostos dispostos em seus incisos do art. 2º:

> Art. 2º O PNETE atenderá o trabalhador com mais de 45 (quarenta e cinco) anos de idade em situação de desemprego involuntário há mais de 6 (seis) meses, que atenda cumulativamente aos seguintes requisitos:
>
> I – tenha experiência profissional;
>
> II – não aufira renda própria de qualquer natureza, e não esteja em gozo de qualquer benefício previdenciário ou assistencial, inclusive em decorrência de percepção de

-paternidade, vedada a dedução como despesa operacional. (Redação dada pela Lei n. 13.257, de 2016) (Produção de efeito)

Parágrafo único. (VETADO) (Brasil, 2008).

(198) Art. 1º Toda produção audiovisual brasileira financiada por recursos públicos deve reservar: [...]

II – percentual mínimo de 5% (cinco por cento) para a contratação obrigatória de artistas brasileiros com idade igual ou superior a sessenta anos e renda mensal igual ou inferior a quatro salários mínimos. (Brasil, 2020).

subvenção econômica de programas congêneres e similares, nos termos do disposto no art. 10 desta Lei [...] (Brasil, 2006).

Veja-se que o citado projeto alcança as pessoas em desemprego involuntário há mais de um semestre, sendo idosos e, principalmente, envelhescentes, tendo em vista ser mais provável que os primeiros já tenham obtido a aposentadoria, condição obstativa para fazer jus aos benefícios do programa.

Menciona-se, ainda, como medida tendente a estimular a contratação de pessoas com idade igual ou superior a sessenta anos, o Projeto de Lei n. 4.890/2019, de autoria do senador Chico Rodrigues, que assinala incentivos fiscais com duração de cinco anos, conforme art. 3º[(199)]. Propõe ao empregador a dedução do valor da contribuição social estabelecida no art. 22, I, Lei n. 8.212/1991[(200)], no montante de um salário mínimo para cada semestre de trabalho de empregado idoso (art. 1º)[(201)] (Brasil, 2019).

Além desse incentivo fiscal, disciplina a possibilidade de o empregador efetuar da dedução da base de cálculo sobre o lucro líquido o cômputo remuneratório pago ao empregado idoso[(202)] (Brasil, 2019). Em relação a políticas públicas para reinserção do idoso no mercado de trabalho, entende-se pela adequação do retromencionado projeto de lei, tendo em vista proporcionar vantagem econômica ao empregador, consistindo em significativo atrativo para ocorrer a contratação.

Nessa seara, convém pontuar que apesar de existirem argumentos no sentidodas dificuldades encontradas também pelo jovem no mercado de trabalho, notadamente pela falta de experiência, há de se atentar à situação específica do envelhescente e do idoso.

---

(199) Art. 3º Os incentivos fiscais previstos nesta Lei terão duração de cinco anos e observarão as metas de resultado fiscal definidas nas leis de diretrizes orçamentárias (Brasil, 2019).

(200) Art. 22. A contribuição a cargo da empresa, destinada à Seguridade Social, além do disposto no art. 23, é de: I – vinte por cento sobre o total das remunerações pagas, devidas ou creditadas a qualquer título, durante o mês, aos segurados empregados e trabalhadores avulsos que lhe prestem serviços, destinadas a retribuir o trabalho, qualquer que seja a sua forma, inclusive as gorjetas, os ganhos habituais sob a forma de utilidades e os adiantamentos decorrentes de reajuste salarial, quer pelos serviços efetivamente prestados, quer pelo tempo à disposição do empregador ou tomador de serviços, nos termos da lei ou do contrato ou, ainda, de convenção ou acordo coletivo de trabalho ou sentença normativa (Brasil, 1991).

(201) Art. 1º O empregador poderá deduzir do valor da contribuição social fixada no inciso I do art. 22 da Lei n. 8.212, de 24 de julho de 1991, o valor de um salário mínimo para cada semestre de contrato de trabalho vigente de empregado contratado com idade igual ou superior a sessenta anos de idade (Brasil, 2019).

(202) Art. 2º Além do incentivo previsto no art. 1º, o empregador poderá deduzir da base de cálculo da contribuição social sobre o lucro líquido a que se refere a Lei n. 9.249, de 26 de dezembro de 1995, o total da remuneração paga ao empregado com idade igual ou superior a sessenta anos (Brasil, 2019).

Marco Antonio Vilas Boas (2015, p. 56) reconhece um ponto de convergência entre a tutela trabalhista envolvendo os idosos, os adolescentes e as pessoas com deficiência:

> Assim, estão os três vértices do agrupamento humano (idoso, portador de deficiência e adolescente) na mesma linha de encontro, porque a todos são assegurados os predicamentos da proteção trabalhista. Há uma coerência nos três diplomas, convergentes que estão numa mesma vala, pois todo portador de deficiência, quando jovem, poderá um dia ser idoso; todo idoso um dia foi jovem e todo jovem poderá, um dia, ser idoso.

Há de se pontuar que as pessoas com deficiência estão amparadas no âmbito trabalhista mediante a Lei n. 8.213/1991, que as resguarda o percentual de 2% a 5% dos cargos em empresas com cem ou mais empregados, consoante art. 93[(203)], incorrendo em multa no caso de descumprimento do *quantum*, conforme art. 133[(204)], cujo valor atualizado para o ano de 2024 varia de R$ 3.215,07 a R$ 321.505,87, conforme art. 8º, III, da Portaria do Ministério da Previdência Social e do Ministério da Fazenda – Portaria Interministerial MPS/MF nº 2 , de 11 de janeiro de 2024 (Brasil, 1991; Brasil, 2024).[(205)].

Já os adolescentes possuem como mecanismo de acesso ao mercado de trabalho o contrato de aprendizagem, que alberga indivíduos de catorze a vinte e quatro anos inscritos em programa de aprendizagem com formação técnico-profissional metódica, nos termos do *caput* do art. 428 da Consolidação das Leis do Trabalho[(206)] (Brasil, 1943).

---

(203) Art. 93. A empresa com 100 (cem) ou mais empregados está obrigada a preencher de 2% (dois por cento) a 5% (cinco por cento) dos seus cargos com beneficiários reabilitados ou pessoas portadoras de deficiência, habilitadas, na seguinte proporção:

I – até 200 empregados 2%;

II – de 201 a 500 3%;

III – de 501 a 1.000 4%;

IV – de 1.001 em diante 5%.

V – (VETADO) (Brasil, 1991).

(204) Art. 133. A infração a qualquer dispositivo desta Lei, para a qual não haja penalidade expressamente cominada, sujeita o responsável, conforme a gravidade da infração, à multa variável de Cr$ 100.000,00 (cem mil cruzeiros) a Cr$ 10.000.000,00 (dez milhões de cruzeiros) (Brasil, 1991).

(205) Art. 8º A partir de 1º de janeiro de 2024: [...] IIII - o valor da multa pela infração a qualquer dispositivo do RPS, para a qual não haja penalidade expressamente cominada no art. 283 do RPS, varia, conforme a gravidade da infração, de R$ 3.215,07 (três mil duzentos e quinze reais e sete centavos) a R$ 321.505,87 (trezentos e vinte e um mil quinhentos e cinco reais e oitenta e sete centavos) (Brasil, 2024).

(206) Art. 428. Contrato de aprendizagem é o contrato de trabalho especial, ajustado por escrito e por prazo determinado, em que o empregador se compromete a assegurar ao maior

Constitui-se, assim, obrigação dos estabelecimentos de qualquer natureza empregar e matricular aprendizes nos cursos dos Serviços Nacionais de Aprendizagem, correspondentes a, no mínimo, cinco por cento e, no máximo, quinze por cento dos trabalhadores existentes em cada estabelecimento, cujas funções demandem formação profissional, nos moldes do *caput* do art. 429 (Brasil, 1943).

Em caso de descumprimento da referida cota, os infratores ficam sujeitos à multa de um salário mínimo regional, em consonância com o número de aprendizes em desacordo com a lei (art. 434, CLT)[(207)]. Vê-se, portanto, a disparidade entre adolescentes e pessoas com deficiência em comparação com os idosos no que se refere à salvaguarda do acesso ao mercado de trabalho.

Enquanto aos primeiros grupos são assegurados percentuais para a inserção na seara laboral, com a imposição de multa no caso de inobservância, inexiste previsão no mesmo sentido para os idosos, igualmente vulneráveis. Outro ponto a ser analisado diz respeito à preparação do trabalhador envelhescente e idoso à aposentadoria, razão pela qual traz-se a lume a Recomendação n. 162 da Organização Internacional do Trabalho, de 1980, aplicável aos trabalhadores que encontram dificuldades no emprego e ocupação devido ao avanço da idade.

Pontua tal Recomendação que a problemática de empregabilidade aos idosos deve ser tratada em um contexto holístico e com estratégia equilibrada para o pleno emprego, mediante política social que considere a população como um todo, a fim de que a questão não se transfira de um grupo etário a outro (ILO, 1980):

> Os problemas de emprego dos trabalhadores mais velhos devem ser tratados no contexto de uma estratégia global e equilibrada de pleno emprego e, ao nível da empresa, de uma política social global e equilibrada, com a devida atenção a todos grupos populacionais, garantindo assim que os problemas de emprego não sejam transferidos de um grupo para outro[(208)].

---

de 14 (quatorze) e menor de 24 (vinte e quatro) anos inscrito em programa de aprendizagem formação técnico-profissional metódica, compatível com o seu desenvolvimento físico, moral e psicológico, e o aprendiz, a executar com zelo e diligência as tarefas necessárias a essa formação (Brasil, 1943).

(207) Art. 434. – Os infratores das disposições dêste Capítulo ficam sujeitos à multa de valor igual a 1 (um) salário mínimo regional, aplicada tantas vêzes quantos forem os menores empregados em desacôrdo com a lei, não podendo, todavia, a soma das multas exceder a 5 (cinco) vêzes o salário-mínimo, salvo no caso de reincidência em que êsse total poderá ser elevado ao dobro (Brasil, 1943).

(208) No original: "2. Employment problems of older workers should be dealt with in the context of an over- all and well balanced strategy for full employment and, at the level of the under-

Dispõe sobre medidas para promover a igualdade de oportunidades e de tratamento aos trabalhadores, independentemente de sua idade e, especificamente, no item 4, trata da preparação para o acesso à aposentadoria.

Destaca-se, assim, o art. 21, alínea 'a', que assegura a transição do trabalho à inatividade, de modo que a aposentadoria seja voluntária[(209)]. Ainda, o art. 23, item 1 prescreve a redução paulatina da jornada de trabalho no período que antecede a aposentadoria, garantindo benefício em compensação à redução na remuneração[(210)] (ILO, 1980). Trata-se, pois, de política que beneficiaria as empresas no Brasil, não apenas por considerar a condição peculiar do avanço da idade desse trabalhador, como também para a conscientização da classe operária quanto ao planejamento para o período da aposentadoria.

Outro ponto digno de realce é que o idoso é constantemente compreendido sob o viés de constituir encargo ao equilíbrio das contas públicas, por auferir aposentadoria, verba, frisa-se, a que faz jus, em razão de ter laborado e contribuído para tanto. Nesse aspecto, tem-se a necessidade de que o meio ambiente de trabalho seja mais receptivo não somente ao idoso como também ao envelhescente, conferindo-lhes melhores condições laborais. É que sem o trabalho, por óbvio, não haverá benefício previdenciário.

6.1.2. Propostas para a saúde física e mental

Em relação à saúde, de fato há de se reconhecer que as pessoas em idade avançada tendem a fazer mais uso dos respectivos serviços, por

---

taking, well balanced social policy, due attention being given to all population groups, thereby ensuring that employment problems are not shifted from one group to another" (ILO, 1980).

(209) No original: "21. Wherever possible, measures should be taken with a view to-- (a) ensuring that, in a framework allowing for a gradual transition from working life to freedom of activity, retirement is voluntary; (ILO, 1980). Tradução livre: "Sempre que possível, devem ser tomadas medidas para: (a) assegurar que, num quadro que permita uma transição gradual da vida profissional para a liberdade de atividade, a aposentadoria seja voluntária" (ILO, 1980).

(210) No original: "23. (1) Subject to its policy regarding special benefits, each Member should endeavour to ensure that older workers whose hours of work are gradually reduced and reach a prescribed level, or who start to work on a part-time basis, receive, during a prescribed period prior to the date on which they reach the age normally qualifying workers for an old-age benefit, a special benefit in partial or full compensation for the reduction in their remuneration". Tradução livre: "Sujeito à sua política em relação a benefícios especiais, cada Membro deve se esforçar para garantir que os trabalhadores mais velhos, cujas horas de trabalho sejam gradualmente reduzidas e atinjam um nível prescrito, ou que comecem a trabalhar em regime de meio período, recebam, durante um período determinado antecedente à data em que atingem a idade que normalmente qualifica os trabalhadores para um subsídio de velhice, um benefício especial em compensação parcial ou total pela redução da sua remuneração" (ILO, 1980).

estarem mais suscetíveis, devido à idade, a enfermidades. Aliás, não raro, possuem parcela significativa de sua renda comprometida com despesas em medicamentos e plano de saúde. No campo do atendimento em saúde ao idoso e ao envelhescente aponta-se a relevância de profissionais não apenas qualificados, mas especializados, sublinhando-se aqui as ciências da Gerontologia e Geriatria, que tratam do processo de envelhecimento.

Enquanto a Gerontologia se destina ao estudo do envelhecimento com teor multidisciplinar, a Geriatria é uma ciência médica. Aliás, a respeito da primeira, tem-se que em que pese há cursos que formam gerontólogos, ofertados pela Universidade de São Paulo e Universidade Federal de São Carlos, a profissão não é regulamentada, questão objeto do Projeto de Lei n. 334/2013, de autoria do senador Paulo Paim (Brasil, 2017).

No projeto em tela, disciplina-se que para exercer a profissão é necessário ser portador de diploma (art. 2º)[(211)], sendo suas atividades discriminadas no art. 3º, citando-se, exemplificativamente, a realização de serviços de atenção ao idoso (I)[(212)]; o planejamento, o desenvolvimento e a avaliação de programas e outras atividades assistenciais ao idoso, comunidade e família (III)[(213)]; e o desenvolvimento de intervenções de planejamento visando à velhice e à aposentadoria (VI)[(214)] (Brasil, 2017).

Outro dispositivo a ser destacado é o art. 4º, que preconiza a respeito da atuação na área da saúde, em ambulatórios e unidades geriátricas de referência, com enfoque na prevenção e na manutenção da saúde (Brasil, 2013):

> Art. 4º Os atendimentos relativos à prevenção de doenças e à manutenção da saúde para idosos a serem realizados pelo Sistema Único de Saúde (SUS) poderão ser

---

(211) Art. 2º As atividades da profissão de gerontólogo serão exercidas:

I – pelo portador de diploma de bacharel em gerontologia em curso reconhecido na forma da lei; II – pelos diplomados em curso similar no exterior:

a) após a revalidação e o registro do diploma nos órgãos competentes; ou

b) que tenham o exercício dessa atividade amparado por convênios internacionais de intercâmbio (Brasil, 2017).

(212) Art. 3º São atividades do gerontólogo:

I – realizar serviços de atenção ao idoso em seus diferentes níveis de complexidade, incluindo aqueles realizados em centros de convivência, centros de referência de atenção social, centros-dia, instituições de longa permanência para idoso, programas de atenção domiciliar, universidades abertas à terceira idade e unidades de referência na saúde do idoso; (Brasil, 2017).

(213) Art. 3º [...] III – planejar, organizar, coordenar, executar e avaliar programas, serviços, políticas e modalidades assistenciais ao idoso, à comunidade e à família, com vistas à promoção do bem-estar e da qualidade de vida dos assistidos (Brasil, 2017).

(214) Art. 3º [...] VI – desenvolver intervenções para preparar as pessoas para seu próprio envelhecimento e período de aposentadoria, por meio de gestão de casos e intervenções educativas (Brasil, 2017).

prestados por gerontólogos, em ambulatórios e unidades geriátricas de referência, com pessoal especializado nas áreas relativas à gerontologia geral.

No que diz respeito à regulamentação da profissão em apreço, tem-se que os que são contrários apontam o possível "engessamento" das atividades desenvolvidas pelo profissional, em razão de estarem descritas em texto legal. Outro argumento consiste que sem a formalização abrem-se maiores possibilidades para a multidisciplinariedade, tendo em vista, por exemplo, que para conseguir o título de especialista em gerontologia pela Sociedade Brasileira de Geriatria e Gerontologia é necessário possuir formação.

Os gerontólogos, em razão de seu conhecimento técnico, podem ser úteis no mapeamento das políticas públicas prioritárias para a população idosa, em suas diversas vertentes, tais como saúde, educação e lazer, conforme o já enunciado inciso III do art. 3º do Projeto de Lei n. 334/2017 (Brasil, 2017).

Quanto aos geriatras, ressalta-se sua escassez. No artigo publicado pelo Estadão, intitulado "Brasil tem déficit de 28.000 geriatras", destaca-se o excerto em que se aduz a respeito das bolsas de residência médica do Sistema Único de Saúde, que poderiam corroborar com o acréscimo de profissionais geriatras (Canhisares; Cury, 2019):

> O Programa Nacional de Apoio à Formação de Médicos Especialistas em Áreas Estratégicas (Pró-Residência), do Ministério da Saúde, estimula a criação de bolsas para residentes no SUS conforme necessidades apontadas pela Secretaria de Atenção à Saúde/MS, Comissões Nacionais de Residências em Saúde e Gestores Estaduais e Municipais. A Geriatria, porém, não figura entre as 21 prioridades, das quais fazem parte quatro especialidades referentes ao tratamento da criança.

Salta aos olhos, desta forma, a residência em geriatria não figurar como prioridade, tendo em vista o fenômeno do aumento da longevidade no Brasil. Do ponto de vista dos médicos, deve ser levado em consideração o desinteresse em se especializar nesta área médica, principalmente em se tratando de uma sociedade que despreza os mais velhos e prioriza os medicamentos e cosméticos que auxiliam no retardo do envelhecimento. Outro ponto concerne ao fato de que, na prática, há currículos de universidades que não contemplam a Geriatria, o que corrobora para a posterior não seleção da área para residência.

De toda sorte, deve ser assegurado que as grades curriculares não apenas de Medicina, mas dos demais cursos da área da saúde, englobem disciplinas voltadas ao estudo do processo de envelhecimento e doenças correlatas. A nutrologia também deveria ser contemplada, pois é essencial para todos quando se trata de saúde preventiva.

É certo que se poderia afirmar que a lacuna dos geriatras pode ser colmatada com médicos de outras especialidades, a depender do enfoque atingido pela enfermidade. No entanto, não se pode ignorar a visão holística propiciada pelo profissional geriatra, que compreende o processo de envelhecimento como um todo, juntamente com as doenças que são específicas. Ademais, não raro, o idoso é acometido por uma multiplicidade de moléstias e a realização de consultas a cada especialista acaba por dificultar seu acesso à saúde, o que pode ser conjugado em um profissional.

Dessa forma, a título de política pública, sugere-se que o Ministério da Saúde, dentre as bolsas a serem concedidas para a residência de médicos, proceda à alocação da Geriatria como área prioritária, de modo a estimular novos profissionais nesse âmbito, considerando-se a premência diante do envelhecimento populacional. Intenta-se suprir o déficit de geriatras no país como um todo, de modo que as bolsas sejam distribuídas de forma equânime quanto às necessidades de cada região. Assim, objetiva-se que a concretização do direito à saúde aos idosos seja, ao menos, facilitada em seu acesso, mediante profissionais devidamente qualificados na área.

Aliás, nos parágrafos do art. 2º da Lei n. 8.080/1990, assevera-se que o dever do Estado em assegurar a saúde, por meio da formulação e execução de políticas econômicas e sociais para redução de riscos de doenças e de outros agravos e de modo a garantir acesso universal e igualitário para sua promoção, proteção e recuperação, não exclui a incumbência por parte das pessoas, família, empresas e sociedade (Brasil, 1990)[(215)].

Alude-se, assim, ao art. 3, item 1, da Convenção n. 161 da OIT, constante do Decreto n. 10088/2019, que prescreve o compromisso do país-membro em instituir, de maneira gradual, serviços de saúde no trabalho para todos os trabalhadores em todos os ramos da atividade econômica e em todas as empresas[(216)]. Ressalta-se que, para a citada Convenção, em seu art. 1, a expressão "serviços de saúde no trabalho" envolve funções preventivas,

---

(215) Art. 2º A saúde é um direito fundamental do ser humano, devendo o Estado prover as condições indispensáveis ao seu pleno exercício.

§ 1º O dever do Estado de garantir a saúde consiste na formulação e execução de políticas econômicas e sociais que visem à redução de riscos de doenças e de outros agravos e no estabelecimento de condições que assegurem acesso universal e igualitário às ações e aos serviços para a sua promoção, proteção e recuperação.

§ 2º O dever do Estado não exclui o das pessoas, da família, das empresas e da sociedade (Brasil, 1990).

(216) Artigo 3, 1 – Todo Membro se compromete a instituir, progressivamente, serviços de saúde no trabalho para todos os trabalhadores, entre os quais se contam os do setor público, e os cooperantes das cooperativas de produção, em todos os ramos da atividade econômica

abrangendo "a adaptação do trabalho às capacidades dos trabalhadores, levando em conta seu estado de sanidade física e mental" (Brasil, 2019).

Nesse sentido, pode-se enquadrar a necessidade de adaptação do trabalho ao envelhescente e ao idoso, considerando-se sua condição peculiar de idade, representada, por exemplo, pela redução na carga horária de trabalho no período que anteceder a aposentadoria. Ademais, é de extrema importância a realização de exercícios físicos pelos idosos, tendo em vista a interação entre os participantes, a melhora na saúde e no bem-estar, além da inclusão social, pelo desenvolvimento de vínculos.

Quanto à prática de aludidos exercícios, destaca-se a iniciativa pioneira no Brasil por intermédio da implantação das Academias da Terceira Idade (ATIs) na cidade de Maringá, no Estado do Paraná, com inspiração na cidade chinesa de Pequim.

O que deve ser apontado é a necessidade da devida efetivação dos ditames do art. 15 do Estatuto da Pessoa Idosa, mediante a atenção especial às doenças que afetam preferencialmente o público idoso (*caput*) e a implementação das unidades geriátricas de referência, com pessoal especializado em geriatria e gerontologia (§ 1º, III)(217)(Brasil, 2003).

Nesse ponto, insta acrescer como proposta para a seara da saúde a regulamentação do gerontólogo como profissão, eis que ainda que não possa substituir o geriatra, por não possuir formação em Medicina, sob pena de incorrer em exercício ilegal da profissão, tem suas atividades requisitadas, por exemplo, em unidades geriátricas de referência, podendo auxiliar os médicos na prevenção de enfermidades e na manutenção da saúde, conforme o já mencionado art. 4º do Projeto de Lei n. 334/2013(218) (Brasil, 2017).

Antes de delinear a respeito das propostas no campo da educação, realça-se a premência da efetivação das políticas públicas de saúde para pessoas

---

e em todas as empresas; as disposições adotadas deverão ser adequadas e corresponder aos riscos específicos que prevalecem nas empresas (Brasil, 2019).

(217) Art. 15. É assegurada a atenção integral à saúde da pessoa idosa, por intermédio do Sistema Único de Saúde (SUS), garantindo-lhe o acesso universal e igualitário, em conjunto articulado e contínuo das ações e serviços, para a prevenção, promoção, proteção e recuperação da saúde, incluindo a atenção especial às doenças que afetam preferencialmente as pessoas idosas.

§ 1º A prevenção e a manutenção da saúde da pessoa idosa serão efetivadas por meio de: [...]

III – unidades geriátricas de referência, com pessoal especializado nas áreas de geriatria e gerontologia social (Brasil, 2003).

(218) Art. 4º Os atendimentos relativos à prevenção de doenças e à manutenção da saúde para idosos a serem realizados pelo Sistema Único de Saúde (SUS) poderão ser prestados por gerontólogos, em ambulatórios e unidades geriátricas de referência, com pessoal especializado nas áreas relativas à gerontologia geral (Brasil, 2017).

idosas, não somente devido à sua suma importância, mas também a fim de evitar que se corrobore para a judicialização da saúde. Salienta-se, todavia, que não apenas em relação à saúde, mas também quanto a outros direitos, a exemplo da educação, a omissão na elaboração de políticas públicas pode acarretar no ajuizamento de ações judiciais.

Nesse ponto, trazem-se a lume dados obtidos pelo Relatório Justiça em Números, do Conselho Nacional de Justiça (CNJ), no que tange à litigiosidade observada no ano de 2020 (Brasil, 2021, p. 102, grifos do autor):

> O Poder Judiciário finalizou o ano de 2020 com **75,4 milhões de processos em tramitação** (também chamados de processos pendentes [...] aguardando alguma solução definitiva. Desses, 13 milhões, ou seja, 17,2%, estavam suspensos, sobrestados ou em arquivo provisório, aguardando alguma situação jurídica futura. Dessa forma, desconsiderados tais processos, tem-se que, em andamento, ao final do ano de 2020 existiam 62,4 milhões ações judiciais.

Em que pese para a consecução do direito à saúde, no Poder Judiciário, seja utilizada a tutela de urgência, a fim de obter a prestação jurisdicional com celeridade e razoabilidade, é certo que o acionamento do Estado-juiz contribui para o aumento da demanda, já congestionada.

Trata-se, pois, de situação que poderia ter sido resolvida extrajudicialmente, mediante a efetivação de política pública. Executá-la é, portanto, possibilitar a concretização da razoável duração do processo e da celeridade de sua tramitação aos jurisdicionados em geral, nos moldes do art. 5º, LXXVIII, do diploma constitucional (Brasil, 1988)[(219)].

Desse modo, a fim de assegurar o direito da personalidade à saúde, aponta-se a relevância de profissionais qualificados e especializados na área, para que o envelhescente possua condições de se preparar para uma velhice mais saudável e digna. Assim sendo, o processo de envelhecimento deve ser visualizado com naturalidade pela sociedade, mediante, por exemplo, a inserção da matéria em grades curriculares de universidades.

O direito à saúde também é garantido quando se possibilita a adaptação do trabalho conforme as necessidades dos indivíduos em vias de se aposentar, por intermédio, exemplificativamente, da redução da carga horária de trabalho.

---

(219) Art. 5º [...] LXXVIII – a todos, no âmbito judicial e administrativo, são assegurados a razoável duração do processo e os meios que garantam a celeridade de sua tramitação. (Incluído pela Emenda Constitucional n. 45, de 2004) [...] (Brasil, 1988).

6.1.3. Propostas para a educação: universidade da terceira idade e outras implementações

Inicialmente, faz-se necessário consignar a existência da Universidade Aberta à Terceira Idade (UNATI) no Brasil. Trata-se de iniciativa de influência francesa, iniciada por Pierre Vellas, na Universidade de Toulouse.

Possibilita ao idoso sua inserção social com a comunidade científica, acadêmica e cultural, de modo a exercer a cidadania em condições de dignidade. Para seu ingresso não se exige grau de escolaridade, tampouco são realizadas provas no decorrer do projeto.

Podem estar localizadas tanto em universidades públicas quanto privadas, atendendo, em regra, pessoas acima de sessenta anos e, excepcionalmente, acima dos cinquenta anos.

Oportuniza ao idoso o convívio entre seus pares e entre outras gerações, de modo a promover a socialização e o aumento do bem-estar físico e mental, reduzindo a solidão e a ocorrência de doenças como a depressão.

Dependendo da modalidade de programa ofertado, ao idoso podem ser ofertadas disciplinas de cursos da própria universidade, cursos de línguas ou, até mesmo, atividades extracurriculares, tal como a pintura.

Apesar dos benefícios usufruídos pelos idosos, Marcella Guimarães Assis, Rosângela Corrêa Dias e Ruth Myssior Necha (2016, p. 207) destacam que há pontos que merecem melhoria:

> Os desafios a serem enfrentados são inúmeros, com destaque para a necessidade de ampliação desse equipamento social, de forma mais homogênea pelo território nacional. Para tanto, é fundamental a realização de um mapeamento oficial, à semelhança do censo da educação, que revele o real dimensionamento das universidades para a terceira idade no país, bem como o perfil dos idosos que as frequentam e dos docentes envolvidos, o número de vagas ofertadas, a carga horária e os resultados atingidos. Além disso, para favorecer o desejável protagonismo das pessoas idosas nas universidades, os professores devem ser capacitados para utilizar metodologias específicas e ativas que valorizem as experiências e as histórias de vida dos participantes.

Assim, vislumbra-se a possibilidade de proposta de política pública para o âmbito da educação, qual seja, a de efetuar mapeamento em nível nacional, a fim de obter informações precisas a respeito da distribuição das universidades para a terceira idade nas regiões do país, analisando o perfil do público que frequenta e da qualidade das atividades desenvolvidas.

Elencou-se tópico constantemente salientado por estudiosos da temática, a saber: a capacitação dos profissionais que atuam com idosos, no caso, docentes, a fim de proporcionar o protagonismo dos anciãos.

Pela capacitação desses profissionais em gerontologia, aproxima-se mais das reais necessidades dos anciãos, de modo a não incorrer em erros crassos, como a supressão da autonomia dos idosos, infantilizando-os. Pérola Melissa Vianna Braga assevera (2011, p. 48) que:

> A cidadania não é uma interação primária e, por isso, é adquirida no convívio e precisa ser cultivada; supõe valores éticos e implica em redução de espaços individuais para oportunizar ao outro ocupar um espaço que é de todos. Infelizmente, como afirma Simone de Beauvoir [...] a classe dominante adota a posição cômoda de não considerar os velhos como homens: "se lhe ouvíssemos a voz, seríamos obrigados a reconhecer que é uma voz humana". Na etapa da velhice, é comum observarmos que as pessoas, que cercam o idoso, frequentemente, têm atitudes que contribuem para que ele vá perdendo a sua autonomia. Uma das piores formas de exclusão do idoso é seu isolamento em casa ou seu asilamento. Na maioria das vezes, a família, seguida pela sociedade e o Estado, aparece como principal responsável pela expropriação consciente da autonomia do idoso.

Sob a mesma esteira, Meire Cachioni e Mônica de Ávila Todaro (2016, p. 182), partindo da ideia de heterogeneidade da velhice, sinalizam para a importância de incluir as pessoas idosas na seleção e formulação das atividades a serem desempenhadas no programa em apreço:

> Considerando-se as peculiaridades e diversidades do coletivo dos idosos, o programa que se desenvolve nas UnATIs deve partir das necessidades sugeridas pelos próprios alunos, sob pena de ser pouco significativo para eles. Assim, é importante partir de um levantamento de suas necessidades. Os alunos precisam ser convidados a serem parceiros na elaboração das atividades. Ainda que apoiados no princípio da educação permanente – afinal, o homem aprende ao longo do seu processo de desenvolvimento –, o que caracteriza a busca desses cursos pelos mais velhos é a fruição, o gosto por aprender, a realização de sonhos e projetos de vida adiados, a necessidade de se sentir vivo, ativo, atualizado e inserido na sua comunidade. Esse aluno não deve fazer nada que seja obrigado; deve poder escolher seu horário, seu professor e suas atividades. Deve poder buscar seu crescimento pessoal e coletivo.

É por meio da efetiva inclusão do idoso que se possibilita seu empoderamento. Notadamente, o idoso, como também o envelhescente, não devem estar alijados do convívio e da participação social. Antes, devem estar devidamente integrados na sociedade de modo a exercer sua cidadania. Aliás, aduz-se ao disposto no art. 10, III,"f", da Política Nacional do Idoso, que preconiza o apoio à criação de referida universidade, com o fito de universalizar o acesso às diferentes formas do saber (Brasil, 1994)(220).

Aparta-se do saber unicamente voltado ao aspecto técnico ou intelectual, bem como do direcionado à experiência. Sobre a temática, assinalam Jorge Correia Jesuíno *et al.* (2017, p. 80) que os:

> [...] estudos recentes sobre a representação social da aposentadoria nos têm indicado que tal perspectiva estereotipada, mas positiva, ligada ao envelhecimento, que se apresenta vinculada com "experiência" e "sabedoria", não se evidencia quando o elemento-indutor é a aposentadoria. Nesse caso, nem sequer os elementos "sabedoria" e "experiência" se apresentam com frequência considerável, o que nos faz refletir sobre a perspectiva de que, para o conhecimento consensual, experiência e sabedoria se vinculam com um conhecimento que ocorre na vivência, atravessado pela cultura, mas que não parece se relacionar com um conhecimento intelectual, profissional ou laboral.

No ambiente da Universidade Aberta da Terceira Idade (UNATI) possibilita-se a universalização das distintas formas de saber. É que o direito à educação possui diversas vertentes, citando-se aqui o propósito de preencher o tempo livre e as atividades de cunho intelectual, mais voltadas, por vezes, ao raciocínio e a um olhar crítico, como bate-papos promovidos para o debate suscitado pela leitura de obras literárias. Nessa senda, o direito à educação por intermédio da UNATI traz a oportunidade de reunião de diversas modalidades de saber, pelo relacionamento e pela troca de experiências entre os participantes.

Outra possibilidade de política pública consiste em subsidiar a compra de livros didáticos à pessoa idosa, a partir dos sessenta anos de idade, com o escopo de promover o incentivo à leitura.

O direito à educação pode ser analisado sob outro prisma, a saber: o de proporcionar à sociedade em geral maior conhecimento acerca do processo de envelhecimento, de modo a se observar o constante do inciso II do art. 3º da Política Nacional do Idoso, por meio, por exemplo, do ensino nas escolas de

---

(220) Art. 10. Na implementação da política nacional do idoso, são competências dos órgãos e entidades públicos: [...] III – na área de educação: [...] f) apoiar a criação de universidade aberta para a terceira idade, como meio de universalizar o acesso às diferentes formas do saber (Brasil, 1994).

disciplinas nesse sentido, a fim de possibilitar maior compreensão e respeito aos que envelhecem.

É por meio da educação que se possibilita a conscientização da população por intermédio da reflexão sobre a heterogeneidade na velhice, de modo a mitigar os frequentes estereótipos.

Aludida conscientização, alcançando desde as escolas, é crucial, tendo em vista os resultados obtidos em pesquisa por Becca R. Levy *et al.* (2002, p. 266), da Universidade de Yale, juntamente com Suzanne R. Kunkel, da Universidade de Miami, que, ao discorrerem acerca da correlação entre as autopercepções do envelhecimento e a sobrevivência, verificaram que as crenças relacionadas à velhice são introjetadas desde a mais tenra idade, influenciando durante o decorrer da vida:

> Uma das razões pelas quais previmos que a vontade de viver pode atuar como um mediador entre autopercepções do envelhecimento e a sobrevivência é que, entre as visões do envelhecimento que são internalizadas desde tenra idade, estão as crenças sobre a relação inversa entre o valor e a extensão da vida das pessoas mais velhas. Essas crenças são reforçadas ao longo da vida, especialmente na velhice[(221)].

Outro intuito apto a ser alcançado refere-se a conferir relevo aos direitos dos idosos, que ora são geralmente desconhecidos por expressiva quantidade de pessoas, ora compreendidos de maneira errônea.

A propósito, cita-se que a institucionalização dos anciãos, ao contrário do senso comum, é medida excepcional e imbuída de brevidade, tendo em vista que tanto a Política Nacional do Idoso[(222)] quanto o Estatuto da Pessoa Idosa[(223)] possuem disposições no sentido de que, em regra, o ancião deve permanecer com sua família (Brasil, 1994; Brasil, 2003).

Cumpre conferir realce ao Projeto de Lei n. 501/2015, de autoria do senador Omar Aziz, que propõe a alteração do § 10 do art. 26 da Lei n. 9.394/1996,

---

(221) No original: "*One of the reasons we predicted will to live may act as a mediator between self-perceptions of aging and survival is that among the views of aging that are internalized from a young age are beliefs about the inverse relationship between the value and the length of older persons' lives.These beliefs are reinforced throughout a lifetime, particularly in old age*" (Levy *et al.*, 2002, p. 266).

(222) Art. 4º Constituem diretrizes da política nacional do idoso: [...] III – priorização do atendimento ao idoso através de suas próprias famílias, em detrimento do atendimento asilar, à exceção dos idosos que não possuam condições que garantam sua própria sobrevivência;(Brasil, 1994).

(223) Art. 3º [...] §1º [...] V – priorização do atendimento da pessoa idosa por sua própria família, em detrimento do atendimento asilar, exceto dos que não a possuam ou careçam de condições de manutenção da própria sobrevivência (Brasil, 2003).

de modo a constar que o tema do envelhecimento, cuidado e o respeito aos idosos integrará os currículos da educação básica, sendo lecionado por profissionais da área de gerontologia (Brasil, 2015)[(224)].

O projeto em questão é de relevância não somente por contribuir para a construção de uma cultura de respeito e para a valorização da pessoa idosa, como também por conferir ênfase à gerontologia. Além das escolas, é de suma importância,no ensino superior, o financiamento de pesquisas a respeito da temática do envelhescente e do idoso, não apenas circunscrito à seara laboral, a fim de que se possibilite a conscientização da população e à gradativa visão daqueles indivíduos como efetivos sujeitos de direito, dignos de respeito.

Salienta-se que, de acordo com a Política Nacional de Saúde da Pessoa Idosa, prevê-se, no item 5.9, referido fomento à pesquisa, mediante o Conselho Nacional deDesenvolvimento Científico e Tecnológico (CNPq) e demais órgãos de incentivo à pesquisa[(225)] (Brasil, 2006). Apesar da necessidade do citado estímulo, é sabido que os incentivos em educação, sobremaneira no que concerne ao investimento em pesquisas, são cada vez mais escassos. Basta mencionar que o orçamento do CNPq para 2021 apresentou queda significativa, correspondendo a R$ 1,21 bilhão, sendo o menor do século atual (Poder360, 2021).

Lado outro, efetua-se menção ao Projeto de Lei n. 233/2021, aprovado, de autoria do deputado Alexandre Frota, e que possui por condão estabelecer a reserva de 5% (cinco por cento) das vagas do ensino médio, superior e profissionalizante aos que desejarem retornar aos estudos. Desse modo, insta as esferas federal, estadual e municipal a procederem à aludida reserva, que, no caso de desinteresse por parte dos idosos, retorna aos inscritos, nos termos de seu primeiro artigo (Brasil, 2021)[(226)]. De modo similar, tem-se

---

(224) Art. 1º O art. 26 da Lei n. 9.394, de 20 de dezembro de 1996, passa a vigorar com a seguinte redação:

"Art. 26..

§10. O tema do envelhecimento, envolvendo os cuidados e o respeito aos idosos, integrará os currículos da educação básica e será ministrado por profissionais habilitados em gerontologia" (NR) (Brasil, 2015).

(225) 5.9. Ciência e Tecnologia: fomento à pesquisa na área do envelhecimento, da geriatria e da gerontologia, por intermédio do Conselho Nacional de Desenvolvimento Científico e Tecnológico (CNPq), e demais órgãos de incentivo à pesquisa, contemplando estudos e pesquisas que estejam, prioritariamente, alinhados com as diretrizes propostas nesta Política (Brasil, 2006).

(226) Art. 1º A União, os Estados e Municípios terão que reservar 5% (cinco por cento) das vagas nas escolas de ensino médio, ensino profissionalizante e nas universidades que deverão ser ocupadas por idosos que porventura queiram regressar aos estudos.

§ 1º Caso não se cumpra a porcentagem do *caput*, por falta de interesse, estas vagas retornam as pessoas inscritas (Brasil, 2021).

o Projeto de Lei n. 4.662/2019, de autoria do senador Veneziano Vital do Rêgo, que prevê aos idosos com idade igual ou superior a setenta anos que não possuam curso superior completo a reserva de vagas no ensino superior de instituições federais, sem a necessidade de submissão a concurso ou processo seletivo (art. 1º, primeira parte) (Brasil, 2019)(227).

A educação para envelhescentes e idosos sob a vertente que visa à qualificação profissional não deve ser negligenciada, sobretudo em um momento em que se verifica o aumento da expectativa de vida e a necessidade de o contingente populacional em apreço estar no âmbito do meio ambiente laboral, devido à conjuntura já indigitada de crise econômica e à insuficiência do benefício da aposentadoria.

Outro ponto a ser considerado é que juntamente com a pandemia observou-se o surgimento de novas tendências, como o aumento expressivo do trabalho em regime de *home office*, bem como do uso de dispositivos eletrônicos para a comunicação entre amigos e familiares, sobretudo diante da necessidade de cumprimento das regras de isolamento social.

Nesse sentido, e também em razão de o mercado de trabalho constantemente o exigir, é crucial o aumento da oferta, via política pública, de cursos aos envelhescentes e, particularmente, idosos, de inserção digital, de modo que tais indivíduos, pela tecnologia, consigam se comunicar, seja com parentes e amigos, seja para o uso em eventual trabalho.

Possibilidade diversa corresponde a efetivar, no âmbito das universidades públicas e particulares, projetos de extensão em conjunto com a Universidade Aberta à Terceira Idade. Desse modo, seria possível a integração e a troca de experiências entre jovens universitários e os idosos. Sendo assim, seria possível aos alunos de diversos cursos repassarem seu conhecimento aos anciãos em áreas do interesse desses, tais como o Direito, a Medicina, a Nutrição, a Psicologia, a Educação Física e a Arte.

---

(227) Art. 1º A Lei n. 12.711, de 29 de agosto de 2012, passa a vigorar acrescida de art. 2º-A e com nova redação no art. 7º, nos seguintes termos: "Art. 2º-A. Em cada instituição federal de ensino superior, serão reservadas, semestralmente, vagas de cursos de graduação, por curso e por turno, para pessoas com idade de setenta anos ou mais que comprovadamente não tenham curso superior completo, de acordo com a proporção dessa faixa etária na população da Unidade da Federação onde está instalada a instituição, segundo o último censo da Fundação Instituto Brasileiro de Geografia e Estatística (IBGE).

Parágrafo único. Os beneficiários da reserva de vagas do *caput* deste artigo ficam dispensados de qualquer processo ou concurso seletivo para ingresso em cursos de graduação de instituições federais de ensino superior" [...] (Brasil, 2019).

Desvela-se em um modo de conscientizar os jovens do envelhecimento e suas particularidades, e de trazer a esses uma oportunidade para mostrar o conhecimento adquirido nas salas de aula, com o desenvolvimento da oratória. Sob o viés dos idosos, proporciona oportunidade para sanar dúvidas que os aflijam e de expor aos jovens sua experiência de vida. Ainda, a de estarem mais inseridos socialmente, por meio da promoção da intergeracionalidade.

Entende-se, dessa forma, que o envelhescente, assim como o idoso, possui o direito da personalidade à educação, de modo que devem ser ambos integrados à sociedade, exercendo a cidadania e compartilhando distintas vertentes do saber.

6.1.4. Propostas para o lazer

Prima facie, pontua-se que a efetiva fruição do lazer pelas pessoas idosas é de suma importância para a concretização de sua saúde física e mental, proporcionando melhor qualidade de vida.

Ao se abordar o lazer, constantemente se recorda do desconto de pelo menos 50% às pessoas de idade longeva em ingressos para eventos artísticos, culturais, esportivos e de lazer, aliado ao acesso preferencial aos referidos locais, nos termos do art. 23 do Estatuto (Brasil, 2003)[(228)].

Além disso, é de competência dos órgãos e das entidades públicas, a fim de aplicar a política nacional do idoso, promover o incentivo e a criação de programas de lazer, esporte e atividades físicas, que visem à melhoria da qualidade de vida do ancião e estimulem-no a participar na comunidade, conforme rege o art. 10, VII, "e", da Lei n. 8.842/1994 (Brasil, 1994)[(229)].

Salienta-se o constante do item 1 do art. 27 da Declaração Universal dos Direitos Humanos, que determina que toda pessoa detém o direito de usufruir da vida cultural da comunidade, aí incluindo-se as artes e o progresso científico

---

(228) Art. 23. A participação das pessoas idosas em atividades culturais e de lazer será proporcionada mediante descontos de pelo menos 50% (cinquenta por cento) nos ingressos para eventos artísticos, culturais, esportivos e de lazer, bem como o acesso preferencial aos respectivos locais (Brasil, 2003).

(229) Art. 10. Na implementação da política nacional do idoso, são competências dos órgãos e entidades públicos: [...]

VII – na área de cultura, esporte e lazer: [...]

e) incentivar e criar programas de lazer, esporte e atividades físicas que proporcionem a melhoria da qualidade de vida do idoso e estimulem sua participação na comunidade (Brasil, 1994).

(ONU, 1948)[230]. O exercício do direito ao lazer pode ser representado por inúmeras atividades recreativas, citando-se, como exemplo, a ginástica, trabalhos manuais artesanais, grupos de convivência em geral, assim como de dança.

A prática de exercícios possui como efeitos positivos o aumento da auto estima, melhores condições de saúde, convivência com outros indivíduos e, por conseguinte, oportunidade para construir laços de amizade.

No que tange ao turismo, cita-se o Programa Viaja Mais Melhor Idade, que teve duas edições, a primeira entre os anos de 2007 a 2010, e a segunda a partir de 2013, sendo a iniciativa encerrada em 2016, sob o argumento do cumprimento das expectativas.

Tratou-se de programa instituído pelo Ministério do Turismo, direcionado a idosos, aposentados e pensionistas, pela oferta de descontos e vantagens em pacotes turísticos, com o escopo de promover a inclusão social dos anciãos e fortalecer o setor turístico, contornando o problema deste com a sazonalidade, eis que referidas pessoas possuem disponibilidade de aproveitar as férias em períodos de pouca demanda (Brasil, 2013).

É de se considerar, ainda, não somente em relação ao exercício do direito ao lazer, mas dos demais direitos, a exemplo da saúde e da educação, que deve ser efetivamente assegurado o transporte e a acessibilidade, como pressupostos das prerrogativas. Quanto ao transporte, assinala-se que é crucial, haja vista que proporciona ao idoso e ao envelhescente a possibilidade de exercitar os direitos à cultura, ao lazer e à saúde.

Por seu turno, em relação à acessibilidade, faz-se menção à sua lei respectiva, qual seja: a Lei n. 10.098/2000, que engloba o idoso em sua guarida sob a expressão "pessoa com mobilidade reduzida", conforme se extrai do art. 2º, IV (Brasil, 2000)[231]. Nesse sentido, menciona-se o Projeto de Lei n. 1.838/2021, do deputado federal Valdevan Noventa, que propõe a obrigatoriedade de operador para auxiliar os passageiros idosos e com deficiência nos veículos motorizados de transporte coletivo de embarque e desembarque. Prevê, no art. 3º, a possibilidade do citado auxílio ser realizado por cobradores

---

(230) Artigo 27º, 1. Toda a pessoa tem o direito de tomar parte livremente na vida cultural da comunidade, de fruir as artes e de participar no progresso científico e nos benefícios que deste resultam (ONU, 1948).

(231) Art. 2º Para os fins desta Lei são estabelecidas as seguintes definições: [...]

IV – pessoa com mobilidade reduzida: aquela que tenha, por qualquer motivo, dificuldade de movimentação, permanente ou temporária, gerando redução efetiva da mobilidade, da flexibilidade, da coordenação motora ou da percepção, incluindo idoso, gestante, lactante, pessoa com criança de colo e obeso" (Brasil, 2000).

de passagem ou bilheteiros, havendo concordância do operário e prévio treinamento a ser disponibilizado pela empregadora(232) (Brasil, 2021).

Destaca-se que, na prática, o acesso tanto das pessoas com deficiência quanto das pessoas idosas aos ônibus de transporte público, particularmente nos momentos de embarque e desembarque, exige maior tempo, ocasião em que um funcionário para tanto auxiliaria no processo. Por essa razão é que se demonstra adequada a medida do projeto de lei, não obstante a existência de previsão no Estatuto da Pessoa Idosa assegurando sua prioridade e segurança no embarque e desembarque do transporte coletivo (art. 42) (Brasil, 2003)(233).

Dessa forma, tornar-se-ia possível a efetiva garantia às pessoas em comento, tendo em vista, inclusive, que não raro, alguns motoristas recusam-se a atender esses indivíduos, considerando o tempo que demoraria até sua acomodação, além do desprezo ao direito desses.

Com essa implementação, o direito ao transporte à pessoa idosa ganharia maior completude, eis que a gratuidade dos transportes coletivos públicos urbanos e semiurbanos aos maiores de sessenta e cinco anos, prevista no art. 39 da Lei n. 10.741/2003 (Brasil, 2003)(234), não colmata a lacuna da acessibilidade no acesso ao transporte. Por fim, o lazer, na condição de direito da personalidade, tem sua relevância aos idosos e envelhescentes, viabilizando a melhoria na qualidade de vida e a integração na comunidade.

---

(232) "Art. 3º Altera o art. (sic) Art. 42 da Lei n. 10.741, de 1º de outubro de 2003, para acrescentar os parágrafos primeiro e segundo: Art. 42 [...] § *2º A atividade prevista no § 2º poderá ser realizada pelos cobradores de passagem ou bilheteiros, respeitada a concordância do operário e o seu prévio treinamento que deverá ser disponibilizado pela empregadora*" (Brasil, 2021, grifo do autor).

(233) Art. 42. São asseguradas a prioridade e a segurança da pessoa idosa nos procedimentos de embarque e desembarque nos veículos do sistema de transporte coletivo (Brasil, 2003).

(234) Art. 39. Aos maiores de 65 (sessenta e cinco) anos fica assegurada a gratuidade dos transportes coletivos públicos urbanos e semi-urbanos, exceto nos serviços seletivos e especiais, quando prestados paralelamente aos serviços regulares.

§ 1º Para ter acesso à gratuidade, basta que a pessoa idosa apresente qualquer documento pessoal que faça prova de sua idade.

§ 2º Nos veículos de transporte coletivo de que trata este artigo, serão reservados 10% (dez por cento) dos assentos para as pessoas idosas, devidamente identificados com a placa de reservado preferencialmente para pessoas idosas.

§ 3º No caso das pessoas compreendidas na faixa etária entre 60 (sessenta) e 65 (sessenta e cinco) anos, ficará a critério da legislação local dispor sobre as condições para exercício da gratuidade nos meios de transporte previstos no caput deste artigo (Brasil, 2003).

CAPÍTULO - 7

CONCLUSÕES

Com o advento da crise econômica de 2008 e mormente a desencadeada pela pandemia da Covid-19, conferiu-se azo às vulnerabilidades a que estão expostas as pessoas idosas e envelhescentes. Com efeito, a estrutura familiar se modificou, não sendo mais tão comum as famílias com a "síndrome do ninho vazio", isto é, quando os filhos se tornam adultos e deixam de residir na casa dos pais.

Desta feita, cada vez mais frequente é o cenário de idosos e envelhescentes representarem o amparo em termos financeiros para toda uma família. E, por vezes, o benefício da aposentadoria demonstra-se insuficiente para suportar as despesas ordinárias, como as relativas à saúde.

Particularmente com a pandemia de Covid-19, emergiram crises de teor humanitário, sanitário e econômico, este último sobre o qual se dedica o presente trabalho. Nessa linha, inúmeras empresas tiveram de encerrar suas atividades e, por conseguinte, diversos trabalhadores foram dispensados.

De igual forma, diversas medidas foram implementadas, com o objetivo de conter o avanço da pandemia, verificando-se, no campo do trabalho, diligências como suspensões dos contratos de trabalho e acordos entre empregados e empregadores, além da transição do regime de trabalho para o teletrabalho.

Observou-se, portanto, uma gama de alterações no que se refere ao meio ambiente laboral, que teve de se adaptar perante a pandemia, que escancarou as fragilidades que o idoso, e também o envelhescente, se encontram submetidos, destacando-se, aqui, o âmbito laboral, em que a discriminação, ora velada, ora evidente, ocorre nas fases pré-contratual, contratual e pós-contratual. Com efeito, naturalmente há impasses entre os interesses econômicos e os trabalhistas, os quais são severamente intensificados em períodos de crise econômica.

É certo que não se pode negar que a sociedade hodierna é pautada no capitalismo. Todavia, não se deve admitir que em prol deste sejam reduzidos direitos dos trabalhadores, instrumentalizando-os. Os idosos e os envelhescentes, assim como as demais pessoas, são dotados de dignidade, atributo este que deve ser respeitado, mediante a concretização dos direitos da personalidade.

O que difere os direitos da personalidade dos envelhescentes e idosos é que em relação a estes há sua previsão em lei específica, o Estatuto da Pessoa Idosa, enquanto que aos envelhescentes cabe a positivação desses direitos conforme o restante da sociedade, usufruindo do constante na Constituição Federal e no Código Civil.

Nesse sentido, abordou-se nesse trabalho a aplicabilidade dos direitos da personalidade relativos ao meio ambiente laboral de envelhescentes e idosos, destacando-se a saúde, sobretudo no período pandêmico, tanto no aspecto físico, de estarem mais suscetíveis à Covid-19, quanto no aspecto mental, diante do temor pelo desemprego, por exemplo. Ademais, evidencia-se o lazer na categoria de direito da personalidade, haja vista que não obstante o teletrabalho desvelar-se como opção benéfica mormente aos idosos e envelhescentes, adverte-se quanto à eventual dificuldade em separar a vida profissional da vida pessoal, tendo em vista, exemplificativamente, a inobservância ao direito à desconexão, o que pode obstaculizar ou impedir o devido exercício do direito ao lazer, impactando, inclusive, no direito à saúde.

Da mesma forma, havendo descumprimento do direito à desconexão, é possível o embaraço ou impedimento ao direito da personalidade à educação, representado, por exemplo, por cursos em que se aprimora o conhecimento na área em que se labora.

O desenvolvimento nacional deve ser incentivado e promovido, todavia, não é demais repisar a imperiosidade de que elementos como a livre-iniciativa, a liberdade econômica e a desburocratização sejam acompanhados pelo valor social do trabalho.

Não se pode olvidar que os envelhescentes e idosos encontram maiores óbices no que se refere tanto a sua manutenção quanto ao (re)ingresso no mercado de trabalho, situações estas que são evidenciadas em se tratando de período de crise econômica, eis que, por vezes, são visualizados como mais custosos para as empresas, estando mais suscetíveis, portanto, à dispensa.

Tratam-se, não raro, de sintomas de uma sociedade permeada pela inovação e tecnologia, que desvaloriza o idoso e até o envelhescente, correlacionando-os a características tais como a debilidade, a dependência e a inatividade. Contudo, não são errôneas as tentativas da sociedade em retardar ou elidir o envelhecimento, seja por cosméticos, seja por procedimentos médicos. Ora, o que não deve ser tolerado é o desprezo e o menoscabo aos direitos dos envelhescentes e idosos.

Apontou-se, especialmente no que tange à Medida Provisória n. 936/2020, a relevância da atuação sindical na defesa aos direitos dos trabalhadores aposentados e com o contrato de trabalho suspenso, mas sem o direito de auferir o benefício emergencial. Nesse sentido, em que pese se verifique a legitimidade do sindicato para tanto, com a utilização da negociação coletiva, podendo resultar em convenção ou acordo coletivo, reconhece-se, forçosamente, o enfraquecimento dessa entidade, dada a unicidade sindical e o fim da obrigatoriedade das contribuições sindicais, que representam parcela significativa de sua fonte de arrecadação.

Não obstante o senso comum constantemente não visualize suficiente horizonte para aplicar políticas públicas às pessoas idosas, tendo em vista o argumento de estes estarem no fim da vida, há de se ressaltar sua importância, de modo que referidas políticas sejam direcionadas não somente ao idoso, mas também ao envelhescente, visando à melhoria da qualidade de vida.

É que proporcionar melhores condições de vida por meio de políticas públicas aos envelhescentes possui por efeito que estes alcancem a velhice com melhor qualidade de vida, de modo a se concretizar a dignidade humana.

Nessa linha, salienta-se que a elaboração e a implementação de políticas públicas para as pessoas com idade avançada possuem suficiente embasamento de arcabouço jurídico no sentido de proteção dos direitos e interesses desse contingente populacional, conforme verifica-se, em nível nacional, nas leis, políticas e no Estatuto da Pessoa Idosa, e, em panorama internacional, nas convenções e tratados a respeito da temática. Logo, mencionada legislação carece de efetividade.

A pessoa idosa, como membro de grupo vulnerável, merece tutela integral e específica, razão pela qual a instituição do Estatuto da Pessoa Idosa. Logo, é dotada de vulnerabilidade, o que pode ser constatado por diversos fatores, citando-se aqui a maior suscetibilidade de ser acometida por enfermidades, de ter seus direitos e interesses aviltados e de ser alvo de preconceito e discriminação.

Acerca disso, destacou-se o fenômeno do etarismo, também conhecido por idadismo ou ageísmo, caracterizado pela estereotipia em relação aos que estão em idade mais avançada, o qual pode se apresentar por meio do assédio moral, em suas modalidades vertical descendente e ascendente, horizontal e organizacional, a depender de quem provém o assédio.

Tal conjunto de práticas, *in casu*, discriminatórias pelo fator etário, pode ser exteriorizado verbalmente, seja por comentários depreciativos, gritos e grosserias; fisicamente, pela diminuição da carga de trabalho ou, até mesmo, inação, a fim de o trabalhador se sentir humilhado. Como efeitos, nomeiam-se enfermidades de ordem psíquica e física correlatas, como transtornos de ansiedade e de pânico e doenças psicossomáticas.

O que deve ser considerado é que não se está a advogar que o envelhescente e o idoso, quando já inseridos no meio ambiente laboral, estão destituídos de mecanismos para combater eventual tratamento discriminatório devido à idade, mas a ressaltar que a atitude nesse sentido acaba por ser inviável.

Verificou-se que para garantir condições dignas de existência aos trabalhadores idosos e envelhescentes não bastam políticas públicas no campo da (re)inserção ao mercado de trabalho, sendo necessárias também em outras áreas, como a educação, a saúde e o lazer, a fim de salvaguardar o livre desenvolvimento da personalidade e, com isso, a concretização do princípio da dignidade da pessoa humana. Quiçá mais importante do que a formulação e a execução de políticas públicas para as pessoas envelhescentes e idosas seja a conscientização da população sobre o envelhecimento, de modo a sensibilizá-la a respeito das demandas desse contingente populacional, hodiernamente objeto de discriminação e preconceito.

REFERÊNCIAS

AGUIAR, A. C. *Negociação coletiva de trabalho.* 2. ed. São Paulo: Saraiva Educação, 2018.

AITH, Fernando. Políticas públicas de Estado e de governo: instrumentos de consolidação do Estado Democrático de Direito e de promoção e proteção dos direitos humanos. *In*: BUCCI, Maria Paula Dallari (org.). *Políticas públicas*: reflexões sobre o conceito jurídico. São Paulo: Saraiva, 2006. p. 217-246.

ALCURE, Fábio Aurélio da Silva; SATO, Juliana Patrícia. Meio ambiente do trabalho: apontamentos sobre responsabilidade preventiva e sua extensão. *Revista do Ministério Público do Trabalho*, ano XXI, n. 41, p. 175-201, mar. 2011. Disponível em: <https://www.anpt.org.br/attachments/article/2702/MPT%2041.pdf>. Acesso em: 4 nov. 2021.

ALMEIDA, Luiz Claudio Carvalho de. Arts. 11 a 25. *In*: ALCÂNTARA, Alexandre deOliveira; MORAES, Guilherme Peña de; ALMEIDA, Luiz Cláudio Carvalho de. *Estatuto da Pessoa Idosa*: comentários à Lei 10.741/2003. Indaiatuba, SP: Foco, 2019. p. 35-72.

ALMEIDA, Vera Lúcia V.; GONÇALVES, M. P.; LIMA, T. G. *Direitos humanos e pessoa idosa*: publicação de apoio ao curso de capacitação para a cidadania: atenção e garantia dos direitos da pessoa idosa. Brasília: Secretaria Especial dos Direitos Humanos, 2005. Disponível em: <http://www.observatorionacionaldoidoso.fiocruz.br/biblioteca/_livros/2.pdf>. Acesso em: 4 nov. 2021.

ALVES, Amauri Cesar. Direito, trabalho e vulnerabilidade. *Revista da Faculdade de Direito UFPR*, Curitiba, v. 64, n. 2, p. 111-139, maio/ago. 2019. Disponível em: <https://revistas.ufpr.br/direito/article/view/63907>. Acesso em: 10 out. 2021.

AMORIM, Wilson Aparecido Costa de *et al.* O mercado de trabalho para trabalhadores com 50 anos ou mais no Brasil. *Temas de economia aplicada*, p. 9-24, dez. 2016. Disponível em: https://downloads.fipe.org.br/publicacoes/bif/bif435-9-24.pdf. Acesso em: 4 nov. 2021.

ANDRADE, Amanda Martins Rosa. *Crises do Estado e direito do trabalho.* São Paulo: LTr, 2020.

ANDREOLA, Simone; GOLDSCHMIDT, Rodrigo. Inovações tecnológicas e a discriminação dos envelhescentes no mercado de trabalho. In: Simpósio Internacional de Direito: Dimensões Materiais e Eficaciais dos Direitos Fundamentais, 3, 2012, Chapecó. *Anais* [...]. Chapecó: Unoesc, 2012. p. 459-477. Disponível em: <https://portalperiodicos.unoesc.edu.br/simposiointernacionaldedireito/article/view/2267>. Acesso em: 24 abr. 2021.

ANTUNES, Ricardo. *O continente do labor.* São Paulo: Boitempo, 2011.

ANTUNES, Ricardo. *O privilégio da servidão*: o novo proletariado de serviços na era digital. São Paulo: Boitempo, 2018.

ARAÚJO, Jailton Macena. Conteúdo jurídico do valor social do trabalho: pressupostos normativo-constitucionais da complementaridade entre o direito do trabalho e o direito ao trabalho. *Revista de Direito da Cidade*, v. 11, n. 2, p. 783-807, 2019. Disponível em: <https://www.e-publicacoes.uerj.br/index.php/rdc/article/view/37535/32490>. Acesso em: 4 nov. 2021.

ARENDT, Hannah. *A condição humana*. Tradução: Roberto Raposo. 13. ed. Rio de Janeiro: Forense Universitária, 2018.

ASSIS, Marcella Guimarães; DIAS, Rosângela Corrêa; NECHA, Ruth Myssior. A universidade para a terceira idade na construção da cidadania da pessoa idosa. *In*: ALCÂNTARA, Alexandre de Oliveira; CAMARANO, Ana Amélia; GIACOMIN, Karla Cristina (orgs.). *Política Nacional do Idoso*: novas e velhas questões. Rio de Janeiro: IPEA, 2016. p. 199-209.

BARLETTA, Fabiana Rodrigues. A pessoa idosa e seu direito prioritário à saúde: apontamentos a partir do princípio do melhor interesse do idoso. *Revista Direito Sanitário*, São Paulo, v. 15, n. 1, p. 119-136, mar./jun. 2014. Disponível em: <https://www.revistas.usp.br/rdisan/article/view/82809>. Acesso em: 4 nov. 2021.

BARROSO, Luís Roberto. *A dignidade da pessoa humana no direito constitucional contemporâneo*: a construção de um conceito jurídico à luz da jurisprudência mundial. Tradução: Humberto Laport de Mello. Belo Horizonte: Fórum, 2014.

BAUMAN, Zygmunt. *Modernidade líquida*. Tradução: Plínio Dentzien. Rio de Janeiro: Jorge Zahar, 2001.

BEAUVOIR, Simone de. *A velhice*. Tradução: Maria Helena Franco Martins. 2. ed. Rio de Janeiro: Nova Fronteira, 2018.

BELLO, Diego Sena; FILTER, Pedro Agão Seabra. A "nova" realidade laboral pós-pandemia e os impactos ambientais. *In*: Congresso Internacional da ABDT: Crise Econômica e Social e o Futuro do Direito do Trabalho, 10.,2020, São Paulo. *Anais* [...]. São Paulo: Matrioska, 2020. p. 395-404.

BELTRÃO, Silvio Romero. *Direitos da personalidade*. 2. ed. São Paulo: Atlas, 2014.

BENJAMIN, Antonio Herman Vasconcellos. A insurreição da aldeia global contra o processo civil clássico: apontamentos sobre a opressão e a libertação judiciais do meio ambiente e do consumidor. *In*: MILARÉ, Édis (coord.). *Ação civil pública*. São Paulo: Revista dos Tribunais, 1995. p. 1-91.

BITTAR, Carlos Alberto. *Os direitos da personalidade*. 8. ed., rev., aum. e mod. por Eduardo C. B. Bittar. São Paulo: Saraiva, 2015.

BRAGA, Pérola Melissa Vianna. *Curso de direito do idoso*. São Paulo: Atlas, 2011.

BRASIL. Câmara dos Deputados. *Ofício n. 1.165 (SF)*. Brasília, DF: Senado Federal, [2017]. Disponível em: < https://www.camara.leg.br/proposicoesWeb/prop_mostrarintegra?codteor=1617249&filename=PL%209003/2017>. Acesso em: 22 jan. 2024.

BRASIL. Câmara dos Deputados. *Projeto de Lei n. 1.838/2021*. Altera a Lei 13.146,de 6 de julho de 2015, Estatuto da Pessoa com Deficiência e Lei n. 10.741, de 1 outubro de 2003, Estatuto da Pessoa Idosa, para dispor sobre a obrigatoriedade de operador responsável pelo auxílio dos passageiros idosos e com deficiência nos veículos motorizados de transporte coletivo de embarque e desembarque rotativo. Brasília, DF: Câmara dos Deputados, [2021]. Disponível em: <https://www.camara.leg.br/proposicoesWeb/prop_mostrarintegra?codteor=2012703>. Acesso em: 15 nov. 2021.

BRASIL. Câmara dos Deputados. *Projeto de Lei n. 233/2021*. Estabelece a reserva de 5% (cinco por cento) das vagas do ensino médio, superior ou profissionalizante para idosos que pretendam regressar aos seus estudos. Brasília, DF: Câmara dos Deputados, [2021]. Disponível em: <https://www.camara.leg.br/proposicoesWeb/prop_mostrarintegra?codteor=1960789>. Acesso em: 13 nov. 2021.

BRASIL. Câmara dos Deputados. *Projeto de Lei n. 341/2021*. Altera a Lei n. 13.979, de 6 de fevereiro de 2020, para assegurar aos trabalhadores aposentados demitidos sem justa causa o recebimento de parcelas do seguro-desemprego pelo tempo de duração do estado de emergência pública causada pelo SARS-CoV-2 (Covid-19). Brasília, DF: Câmara dos Deputados, [2021]. Disponível em: <https://www.camara.leg.br/proposicoesWeb/prop_mostrarintegra?codteor=1962041&filename=PL+341/2021>. Acesso em: 12 nov. 2021.

BRASIL. Câmara dos Deputados. *Projeto de Lei n. 3.413/2021*. Altera a Lei n. 10.741, de 1º de outubro de 2003 (Estatuto da Pessoa Idosa), para dispor sobre o símbolo a ser utilizado para referência a direito do idoso. Brasília, DF: Câmara dos Deputado, [2021]. Disponível em: <https://www.camara.leg.br/proposicoesWeb/prop_mostrarintegra;jsessionid=node01ssjjsy37k4ty1t53pvneun8ic15960102.node0?codteor=2083806&filename=Tramitacao-PL+3413/2021>. Acesso em: 7 nov. 2021.

BRASIL. Câmara dos Deputados. *Projeto de Lei n. 4.857/2020*. Estabelece cota mínima para a contratação obrigatória de artistas de baixa renda e de artistas idosos de baixa renda nas produções audiovisuais financiadas por recursos públicos. Brasília, DF: Câmara dos Deputados, [2020]. Disponível em: <https://www.camara.leg.br/proposicoesWeb/prop_mostrarintegra?codteor=1935307>. Acesso em: 13 nov. 2021.

BRASIL. Câmara dos Deputados. *Projeto de Lei n. 6.930/2006*. Institui o Programa Nacional de Estímulo ao Emprego de Trabalhadores Experientes – PNTE. Brasília, DF: Câmara dos Deputados, [2006]. Disponível em: <https://www.camara.leg.br/proposicoesWeb/prop_mostrarintegra?codteor=389272&filename=PL+6930/2006>. Acesso em: 13 nov. 2021.

BRASIL. [Constituição (1988)]. *Constituição da República Federativa do Brasil de 1988*. Brasília, DF: Presidência da República, [1988]. Disponível em: <http://www.planalto.gov.br/ccivil_03/Constituicao/Constituiçao.htm>. Acesso em: 28 jan. 2024.

BRASIL. Conselho Nacional de Justiça (CNJ). *Justiça em Números 2021*. Brasília, DF: CNJ, [2021]. Disponível em: <https://www.cnj.jus.br/wp-content/uploads/2021/11/relatorio-justica-em-numeros2021-221121.pdf>. Acesso em: 5 nov. 2021.

BRASIL. *Decreto n. 3.048, de 06 de maio de 1999*. Aprova o Regulamento da Previdência Social, e dá outras providências. Brasília, DF: Presidência da República, [1999]. Disponível em: <http://www.planalto.gov.br/ccivil_03/decreto/d3048.htm>. Acesso em: 11 nov. 2021.

BRASIL. *Decreto n. 3.321, de 30 de dezembro de 1999.* Promulga o Protocolo Adicional à Convenção Americana sobre Direitos Humanos em Matéria de Direitos Econômicos, Sociais e Culturais "Protocolo de São Salvador", concluído em 17 denovembro de 1988, em São Salvador, El Salvador. Brasília, DF: Presidência da República, [1999]. Disponível em: <http://www.planalto.gov.br/ccivil_03/decreto/d3321.htm>. Acesso em: 23 out. 2021.

BRASIL. *Decreto n. 591, de 6 de julho de 1992.* Atos Internacionais. Pacto Internacional sobre Direitos Econômicos, Sociais e Culturais. Promulgação. Brasília, DF: Presidência da República, [1992]. Disponível em: <http://www.planalto.gov.br/ccivil_03/decreto/1990-1994/d0591.htm>. Acesso em: 16 out. 2021.

BRASIL. *Decreto n. 678, de 6 de novembro de 1992.* Promulga a Convenção Americana sobre Direitos Humanos (Pacto de São José da Costa Rica), de 22 de novembro de 1969. Brasília, DF: Presidência da República, [1992]. Disponível em: <http://www.planalto.gov.br/ccivil_03/decreto/d0678.htm>. Acesso em: 14 nov. 2021.

BRASIL. *Decreto n. 6.949, de 25 de agosto de 2009.* Promulga a Convenção Internacional sobre os Direitos das Pessoas com Deficiência e seu Protocolo Facultativo, assinados em Nova York, em 30 de março de 2007. Brasília, DF: Presidência da República, [2009]. Disponível em: <http://www.planalto.gov.br/ccivil_03/_ato2007-2010/2009/decreto/d6949.htm>. Acessoem: 1 mar. 2021.

BRASIL. *Decreto n. 9.571, de 21 de novembro de 2018.* Estabelece as Diretrizes Nacionais sobre Empresas e Direitos Humanos. Brasília, DF: Presidência da República, [2018]. Disponível em: <http://www.planalto.gov.br/ccivil_03/_ato2015-2018/2018/decreto/D9571.htm>. Acesso em: 6 nov. 2021.

BRASIL. *Decreto n. 9.921, de 18 de julho de 2019.* Consolida atos normativos editados pelo Poder Executivo federal que dispõem sobre a temática da pessoa idosa. Brasília, DF: Presidência da República, [2019]. Disponível em: <http://www.planalto.gov.br/ccivil_03/_ato2019-2022/2019/decreto/D9921.htm>. Acesso em: 14 out. 2021.

BRASIL. *Decreto n. 10.088, de 5 de novembro de 2019.* Consolida atos normativos editados pelo Poder Executivo Federal que dispõem sobre a promulgação de convenções e recomendações da Organização Internacional doTrabalho - OIT ratificadas pela República Federativa do Brasil. Brasília, DF: Presidência da República, [2019]. Disponível em: <http://www.planalto.gov.br/ccivil_03/_ato2019-2022/2019/decreto/d10088.htm>. Acesso em: 8 ago. 2021.

BRASIL. *Decreto n. 10.282, de 20 de março de 2020.* Regulamenta a Lei n. 13.979, de 6 de fevereiro de 2020, para definir os serviços públicos e as atividades essenciais. Brasília, DF: Presidência da República, [2020]. Disponível em: <http://www.planalto.gov.br/ccivil_03/_ato2019-2022/2020/decreto/D10282.htm>. Acesso em: 12 ago. 2020.

BRASIL. *Decreto-Lei n. 2.848, de 7 de dezembro de 1940.* Código Penal. Rio de Janeiro, DF: Presidência da República, [1940]. Disponível em: <http://www.planalto.gov.br/ccivil_03/decreto-lei/del2848compilado.htm>. Acesso em: 29 jan. 2024.

BRASIL. *Decreto-Lei n. 5.452, de 1º de maio de 1943.* Aprova a Consolidação das Leis do Trabalho. Rio de Janeiro, DF: Presidência da República, [1943]. Disponível em: <http://www.planalto.gov.br/ccivil_03/decreto-lei/del5452.htm>. Acesso em: 29 jan. 2024

BRASIL. Instituto Brasileiro de Geografia e Estatística (IBGE). *Pesquisa Nacional de Saúde 2019*: ciclos de vida. Rio de Janeiro, 2021. Disponível em: <https://www.ibge.gov.br/estatisticas/sociais/saude/9160-pesquisa-nacional-de-saude.html?=&t=o-que-e>. Acesso em: 4 nov. 2021.

BRASIL. *Lei n. 4.266, de 3 de outubro de 1963*. Institui o salário família do trabalhador. Brasília, DF: Presidência da República, [1963]. Disponível em: <http://www.planalto.gov.br/ccivil_03/leis/l4266.htm>. Acesso em: 11 nov. 2021.

BRASIL. *Lei n. 6.938, de 31 de agosto de 1981*. Dispõe sobre a Política Nacional do Meio Ambiente, seus fins e mecanismos de formulação e aplicação, e dá outras providências. Brasília, DF: Presidência da República, [1981]. Disponível em: <http://www.planalto.gov.br/ccivil_03/leis/l6938.htm>. Acesso em: 11 abr. 2021.

BRASIL. *Lei n. 8.080, de 19 de setembro de 1990*. Dispõe sobre as condições para a promoção, proteção e recuperação da saúde, a organização e o funcionamento dos serviços correspondentes e dá outras providências. Brasília, DF: Presidência da República, [1990]. Disponível em: <http://www.planalto.gov.br/ccivil_03/leis/l8080.htm>. Acesso em: 18 abr. 2021.

BRASIL. *Lei n. 8.212, de 24 de julho de 1991*. Dispõe sobre a organização da Seguridade Social, institui Plano de Custeio, e dá outras providências. Brasília, DF: Presidência da República, [1991]. Disponível em: <http://www.planalto.gov.br/ccivil_03/leis/l8212cons.htm>. Acesso em: 18 abr. 2021.

BRASIL. *Lei n. 8.213, de 24 de julho de 1991*. Dispõe sobre os Planos de Benefícios da Previdência Social e dá outras providências. Brasília, DF: Presidênciada República, [1991]. Disponível em: <http://www.planalto.gov.br/ccivil_03/leis/l8213cons.htm>. Acesso em: 18 abr. 2021.

BRASIL. *Lei n. 8.842, de 4 de janeiro de 1994*. Dispõe sobre a política nacional do idoso, cria o Conselho Nacional do Idoso e dá outras providências. Brasília, DF: Presidência da República, [1994]. Disponível em: <http://www.planalto.gov.br/ccivil_03/leis/l8842.htm>. Acesso em: 4 ago. 2021.

BRASIL. *Lei n. 9.029, de 13 de abril de 1995*. Proíbe a exigência de atestados de gravidez e esterilização, e outras práticas discriminatórias, para efeitos admissionais ou de permanência da relação jurídica de trabalho, e dá outras providências. Brasília, DF: Presidência da República, [1995]. Disponível em: <http://www.planalto.gov.br/ccivil_03/leis/l9029.htm>. Acesso em: 4 ago. 2021.

BRASIL. *Lei n. 9.394, de 20 de dezembro de 1996*. Estabelece as diretrizes e bases da educação nacional. Brasília, DF: Presidência da República, [1995]. Disponível em: <http://www.planalto.gov.br/ccivil_03/leis/l9394.htm>. Acesso em: 26out. 2021.

BRASIL. *Lei n. 9.503, de 23 de setembro de 1997*. Institui o Código de Trânsito Brasileiro. Brasília, DF: Presidência da República, [1997]. Disponível em: <http://www.planalto.gov.br/ccivil_03/leis/l9503compilado.htm>. Acesso em: 12 nov.2021.

BRASIL. *Lei n. 10.098, de 19 de dezembro de 2000*. Estabelece normas gerais ecritérios básicos para a promoção da acessibilidade das pessoas portadoras de deficiência ou com mobilidade reduzida, e dá outras providências. Brasília, DF: Presidência da

República, [2000]. Disponível em: <http://www.planalto.gov.br/ccivil_03/leis/l10098.htm>. Acesso em: 15 nov. 2021.

BRASIL. *Lei n. 10.406, de 10 de janeiro de 2002*. Institui o Código Civil. Brasília, DF: Presidência da República, [2002]. Disponível em: <http://www.planalto.gov.br/ccivil_03/leis/2002/l10406compilada.htm>. Acesso em: 10 abr. 2021.

BRASIL. *Lei n. 10.741, de 1º de outubro de 2003*. Dispõe sobre o Estatuto da Pessoa Idosa e dá outras providências. Brasília, DF: Presidência da República, [2003]. Disponível em: <http://www.planalto.gov.br/ccivil_03/leis/2003/l10.741.htm>. Acesso em: 31 dez. 2023.

BRASIL. *Lei n. 11.770, de 9 de setembro de 2008*. Cria o Programa Empresa Cidadã, destinado à prorrogação da licença-maternidade mediante concessão de incentivo fiscal, e altera a Lei n. 8.212, de 24 de julho de 1991. Brasília, DF: Presidência da República, [2008]. Disponível em: <http://www.planalto.gov.br/ccivil_03/_ato2007-2010/2008/lei/l11770.htm>. Acesso em:18 jan. 2022.

BRASIL. *Lei n. 13.466, de 12 de julho de 2017*. Altera os arts. 3º, 15 e 71 da Lei n. 10.741, de 1º de outubro de 2003, que dispõe sobre o Estatuto da Pessoa Idosa e dá outras providências. Brasília, DF: Presidência da República, [2003]. Disponível em: <http://www.planalto.gov.br/ccivil_03/_ato2015-2018/2017/lei/l13466.htm>. Acesso em: 12 out. 2021.

BRASIL. Lei n. 13.467, de 12 de julho de 2017. Altera a Consolidação das Leis do Trabalho (CLT), aprovada pelo Decreto-Lei n. 5.452, de 1º de maio de 1943, e as Leis n. 6.019, de 3 de janeiro de 1974, 8.036, de 11 de maio de 1990, e 8.212, de 24 de julho de 1991, a fim de adequar a legislação às novas relações de trabalho. Brasília, DF: Presidência da República, [2017]. Disponível em: <https://www.planalto.gov.br/ccivil_03/_ato2015-2018/2017/lei/l13467.htm>. Acesso em: 15 maio 2024.

BRASIL. *Lei n. 13.709, de 14 de agosto de 2018*. Lei Geral de Proteção de Dados Pessoais (LGPD). Brasília, DF: Presidência da República, [2018]. Disponível em: <http://www.planalto.gov.br/ccivil_03/_ato2015-2018/2018/lei/l13709.htm>. Acesso em:11 nov. 2021.

BRASIL. *Lei n. 13.874, de 20 de setembro de 2019*. Institui a Declaração de Direitos de Liberdade Econômica; estabelece garantias de livre mercado; altera as Leis ns. 10.406, de 10 de janeiro de 2002 (Código Civil), 6.404, de 15 de dezembro de 1976, 11.598, de 3 de dezembro de 2007, 12.682, de 9 de julho de 2012, 6.015, de 31 de dezembro de 1973, 10.522, de 19 de julho de 2002, 8.934, de 18 de novembro 1994, o Decreto-Lei n. 9.760, de 5 de setembro de 1946 e a Consolidação das Leis do Trabalho, aprovada pelo Decreto-Lei n. 5.452, de 1º de maio de 1943; revoga a Lei Delegada n. 4, de 26 de setembro de 1962, a Lei n. 11.887, de 24 de dezembro de 2008, e dispositivos do Decreto-Lei n. 73, de 21 de novembro de 1966; e dá outras providências. Brasília, DF: Presidência da República, [2019]. Disponível em: <http://www.planalto.gov.br/ccivil_03/_ato2019-2022/2019/lei/L13874.htm>. Acesso em: 12 nov. 2021.

BRASIL. *Lei n. 14.020, de 6 de julho de 2020*. Institui o Programa Emergencial de Manutenção do Emprego e da Renda; dispõe sobre medidas complementares para enfrentamento do estado de calamidade pública reconhecido pelo Decreto Legislativo n. 6, de 20 de março de 2020, e da emergência de saúde pública de importância internacional decorrente do coronavírus, de que trata a Lei n. 13.979, de 6 de fevereiro de 2020; altera as Leis ns. 8.213, de 24 de julho de 1991, 10.101, de 19 de dezembro de 2000, 12.546, de 14 de dezembro de 2011, 10.865, de 30 de abril de 2004, e 8.177, de 1º de março de 1991; e dá outras providências. Brasília, DF: Presidência da República, [2020]. Disponível em: <http://www.planalto.gov.br/ccivil_03/_ato2019-2022/2020/lei/L14020.htm#view>. Acesso em: 14 abr. 2021.

BRASIL. Lei n. 14.181, de 1º de julho de 2021. Altera a Lei n. 8.078, de 11 de setembro de 1990 (Código de Defesa do Consumidor), e a Lei n. 10.741, de 1º de outubro de 2003 (Estatuto do Idoso), para aperfeiçoar a disciplina do crédito ao consumidor e dispor sobre a prevenção e o tratamento do superendividamento. Brasília, DF: Presidência da República, [2021]. Disponível em: <https://www.planalto.gov.br/ccivil_03/_ato2019-2022/2021/lei/l14181.htm>. Acesso em: 15 maio 2024.

BRASIL. *Medida Provisória n. 927, de 22 de março de 2020*. Dispõe sobre as medidas trabalhistas para enfrentamento do estado de calamidade pública reconhecido pelo Decreto Legislativo n. 6, de 20 de março de 2020, e da emergência de saúde pública de importância internacional decorrente do coronavírus (Covid-19), e dá outras providências. Brasília, DF: Presidência da República, [2020]. Disponível em: <http://www.planalto.gov.br/ccivil_03/_ato2019-2022/2020/mpv/mpv927.htm>. Acesso em: 12 abr. 2021.

BRASIL. *Medida Provisória n. 936, de 1º de abril de 2020*. Institui o Programa Emergencial de Manutenção do Emprego e da Renda e dispõe sobre medidas trabalhistas complementares para enfrentamento do estado de calamidade pública reconhecido pelo Decreto Legislativo n. 6, de 20 de março de 2020, e da emergência de saúde pública de importância internacional decorrente do coronavírus (Covid-19), de que trata a Lei n. 13.979, de 6 de fevereiro de 2020, e dá outras providências. Brasília, DF: Presidência da República, [2020]. Disponível em: <http://www.planalto.gov.br/ccivil_03/_ato2019-2022/2020/mpv/mpv936.htm>. Acesso em: 15 abr. 2021.

BRASIL. Ministério da Economia. Secretaria Especial de Previdência e Trabalho. *Portaria n. 10.486, de 22 de abril de 2020*. Edita normas relativas ao processamento e pagamento do Benefício Emergencial de que trata a Medida Provisória n. 936, de 1º de abril de 2020. (Processo n. 19964.103985/2020-16). Brasília, DF: Ministério da Economia, [2020]. Disponível em: <https://www.in.gov.br/web/dou/-/portaria-n-10.486-de-22-de-abril-de-2020-253754485>. Acesso em: 30 out. 2021.

BRASIL. Ministério da Mulher, da Família e dos Direitos Humanos. Secretaria Nacional de Promoção e Defesa dos Direitos da Pessoa Idosa. *Pacto Nacional de Implementação dos Direitos da Pessoa Idosa*: compromisso da década do envelhecimento 2020-2030. Brasília, DF: Ministério da Mulher, da Família e dos Direitos Humanos, [2020]. Disponível em: <https://www.gov.br/mdh/pt-br/navegue-por-temas/pessoa-idosa/CARTILHA_PACTO_ENVELHECIMENTO_.pdf>. Acesso em: 10 nov. 2021.

BRASIL. Ministério da Saúde. *Portaria n. 2.528 de 19 de outubro de 2006*. Aprova a Política Nacional de Saúde da Pessoa Idosa. Brasília, DF: Ministério da Saúde, [2006]. Disponível em: <https://bvsms.saude.gov.br/bvs/saudelegis/gm/2006/prt2528_19_10_2006.html>. Acesso em: 25 set. 2021.

BRASIL. Ministério da Saúde. *Portaria n. 454, de 20 de março de 2020*. Declara,em todo o território nacional, o estado de transmissão comunitária do coronavírus (Covid-19). Brasília, DF: Ministério da Saúde, [2020]. Disponível em: <http://www.planalto.gov.br/ccivil_03/portaria/prt454-20-ms.htm>. Acesso em: 14 nov. 2021.

BRASIL. Ministério do Trabalho e Previdência. *Portaria MTP n. 620, de 1º de novembro de 2021*. Brasília, DF: Ministério do Trabalho e Previdência, [2021]. Disponível em: <https://www.in.gov.br/en/web/dou/-/portaria-mtp-n-620-de-1-de-novembro-de-2021-356175059>. Acesso em: 6 nov. 2021.

BRASIL. Ministério do Turismo. *Cartilha Viaja Mais Melhor Idade*. 2. ed. Brasília: Ministério do Turismo, 2013.

BRASIL. Senado Federal. *Projeto de Lei n. 3.657, de 2020*. Insere o § 2º no art. 40 da Lei n. 8.213, de 24 de julho de 1991, renumerando-se o atual parágrafo único para § 1º, para dobrar, no ano de 2020, o abono anual dos segurados e dependentes do Regime Geral de Previdência Social. Brasília, DF: Senado Federal, [2020]. Disponível em: <https://legis.senado.leg.br/sdleg-getter/documento?dm=8861386&ts=1634911323712&disposition=inline>. Acesso em: 9 nov. 2021.

BRASIL. Senado Federal. *Projeto de Lei n. 4.662, de 2019*. Altera a Lei n. 12.711, de 29 de agosto de 2012, para conceder o direito aos idosos com setenta anos ou mais, que comprovadamente não tenham curso superior completo, o acesso ao ensino superior nas instituições federais de ensino superior, sem necessidade de processo ou concurso seletivo. Brasília, DF: Senado Federal, [2019]. Disponível em: <https://legis.senado.leg.br/sdleg-getter/documento?dm=7995065&ts=1637330382203&disposition=inline>. Acesso em: 22 nov. 2021.

BRASIL. Senado Federal. *Projeto de Lei n. 4.890, de 2019*. Dispõe sobre incentivos para contratação de empregados com idade igual ou superior a sessenta anos. Brasília, DF: Senado Federal, [2019]. Disponível em: <https://legis.senado.leg.br/sdleg-getter/documento?dm=8003614&ts=1630441361124&disposition=inline>. Acesso em:11 nov. 2021.

BRASIL. Senado Federal. *Projeto de Lei n. 501, de 2015*. Altera a Lei n. 9.394, de 20 de dezembro de 1996, que estabelece as diretrizes e bases da educação nacional para incluir o tema do envelhecimento nos currículos da educação básica. Brasília, DF: Senado Federal, [2015]. Disponível em: <https://legis.senado.leg.br/sdleg-getter/documento?dm=3545305&ts=1630427598828&disposition=inline>. Acesso em: 21 nov. 2021.

BRASIL. Superior Tribunal de Justiça. *Jurisprudência em Teses*, Brasília, n. 37, 14 nov. 2019. Disponível em: <https://www.stj.jus.br/publicacaoinstitucional/index.php/JuriTeses/article/view/11396/11525>. Acesso em: 21 out. 2021.

BRASIL. Supremo Tribunal Federal. *Agravo Regimental em Recurso Especial n. 430.418-RS*. Relator: Min. Roberto Barroso, 6 de maio de 2014. Disponível em: <https://stf.jusbrasil.com.br/jurisprudencia/25069320/agreg-no-recurso-extraordinario-re-430418-rs-stf/inteiro-teor-118683628>. Acesso em: 4 out. 2020.

BRASIL. Supremo Tribunal Federal. *Súmula 683*. O limite de idade para a inscrição em concurso público só se legitima em face do art. 7º, XXX, da Constituição, quando possa ser justificado pela natureza das atribuições do cargo a ser preenchido.Brasília, DF: STF, [2016]. Disponível em: <http://www.stf.jus.br/portal/jurisprudencia/menuSumarioSumulas.asp?sumula=2413>. Acesso em: 6 nov. 2021.

BRASIL. Supremo Tribunal Federal. *Teses de Repercussão Geral*. 2021. Disponível em: <http://portal.stf.jus.br/repercussaogeral/teses.asp>. Acesso em: 6 nov. 2021.

BRASIL. Tribunal Superior do Trabalho. (1ª Turma). *Recurso de Revista n. 1525-52.2017.5.12.0037*. Relator: Min. Hugo Carlos Scheuermann, 27 de agosto de 2021. Disponível em: <http://aplicacao4.tst.jus.br/consultaProcessual/consultaTst-NumUnica.do?consulta=Consultar&conscsjt=&numeroTst=1525&digitoTst=52&ano-Tst=2017&orgaoTst=5&tribunalTst=12&varaTst=0037&submit=Consultar>. Acesso em: 12 nov. 2021.

BRASIL. Tribunal Superior do Trabalho (TST). (3ª Turma). *Recurso de Revista n. 21395-84.2016.5.04.0411*. Relator: Min. Mauricio Godinho Delgado, 6 de maio de 2020. Disponível em: <https://tst.jusbrasil.com.br/jurisprudencia/842861832/recurso--de-revista-rr-213958420165040411>. Acesso em: 4 nov. 2021.

BRASIL. Tribunal Superior do Trabalho (TST). (3ª Turma). *Recurso de Revista n. 73000-64.2010.5.17.0008*. Relator: Min. Alexandre de Souza Agra Belmonte, 24 de maio de 2017. Disponível em: <https://tst.jusbrasil.com.br/jurisprudencia/862103844/recurso-de-revista-rr-730006420105170008>. Acesso em: 4 nov. 2021.

BRASIL. Tribunal Superior do Trabalho. (3ª Turma). *RRAg-21738-31.2016.5.04.0201*. Relator: Min. Alexandre de Souza Agra Belmonte, 27 de agosto de 2021. Disponível em: <https://tst.jusbrasil.com.br/jurisprudencia/1270990892/rrag-217383120165040201/inteiro-teor-1270991092>. Acesso em: 4 nov. 2021.

BRASIL. Tribunal Superior do Trabalho. *Precedentes Normativos*. 2021. Disponível em: <https://www3.tst.jus.br/jurisprudencia/PN_com_indice/PN_completo.html#Tema_PN85>. Acesso em: 8 nov. 2021.

BRASIL. Tribunal Superior do Trabalho. Súmulas do Tribunal Superior do Trabalho. 2024. Disponível em: <https://www3.tst.jus.br/jurisprudencia/Sumulas_com_indice/Sumulas_Ind_51_100.html#:~:text=O%20balconista%20que%20recebe%20comis-s%C3%A3o,%2C%2020%20e%2021.02.1995>. Acesso em: 31 jan. 2024..

BRITO FILHO, José Claudio Monteiro de. *Direito sindical*: análise do modelo brasileiro de relações coletivas de trabalho à luz do direito comparado e da doutrina da OIT: proposta de inserção da comissão de empresa. 3. ed. São Paulo: LTr, 2009.

CACHIONI, Meire; TODARO, Mônica de Ávila. Política nacional do idoso: reflexão acerca das intenções direcionadas à educação formal. *In*: ALCÂNTARA, Alexandre de Oliveira; CAMARANO, Ana Amélia; GIACOMIN, Karla Cristina (orgs.). *Política Nacional do Idoso*: novas e velhas questões. Rio de Janeiro: IPEA, 2016. p.175-198.

CAMPELLO, Cynthia; BRITO FILHO, José Cláudio Monteiro de; MARANHÃO, Ney. A Lei n. 13.467/2017 e os direitos dos trabalhadores: uma análise da reforma sob o enfoque de teorias da justiça. *In*: ROCHA, Cláudio Jannotti da; PORTO, Lorena

Vasconcelos; ALVARENGA, Rúbia Zanotelli de. *O direito e o processo do trabalho no século XXI*: direito material do trabalho. Belo Horizonte: Virtualis, 2019. p. 305-321.

CANHISARES, Mariana; CURY, Teo. Brasil tem déficit de 28.000 geriatras. *Infográficos*, 2019. Disponível em: <https://infograficos.estadao.com.br/focas/planeje-sua-vida/brasil-tem-deficit-de-28000-geriatras>. Acesso em: 12 nov. 2021.

CANTALI, Fernanda Borghetti. *Direitos da personalidade*: disponibilidade relativa, autonomia privada e dignidade humana. Porto Alegre: Livraria do Advogado, 2009.

CARELLI, Rodrigo de Lacerda. O princípio da proteção em xeque. *Revista do Tribunal Superior do Trabalho*, São Paulo, v. 83, n. 4, p. 316-325, out./dez. 2017. Disponível em: <https://juslaboris.tst.jus.br/handle/20.500.12178/128111>. Acesso em: 4 nov. 2021.

CHANG, E-Shien *et al.* Global reach of ageism on older persons' health: a systematic review. *PLoS ONE*, v. 15, n. 1, e0220857, 2020. Disponível em: <https://journals.plos.org/plosone/article?id=10.1371/journal.pone.0220857>. Acesso em: 4 nov. 2021.

CHAVES, Daniela Lustoza Marques de. *Mercado de trabalho e discriminação etária*: a vulnerabilidade dos trabalhadores "envelhescentes". São Paulo: LTr, 2006.

COELHO, Nuno Manuel Morgadinho dos Santos; MELLO, Cleyson de Moraes. Uma nova metódica dos direitos da personalidade. *In*: COELHO, Nuno Manuel Morgadinho dos Santos *et al.* (coords.). *Os direitos da personalidade à luz dos novos paradigmas jurídico-metodológicos*. Rio de Janeiro: Processo, 2021. p. 15-18.

CONTRATAÇÕES 40+: conheça a websérie criada pelo InfoJobs. *InfoJobs*, 18 maio 2021. Disponível em: <https://www.infojobs.com.br/blog/contratacoes_40_mais 15994.aspx?t=2>. Acesso em: 12 nov. 2021.

COSTA, Evandro da; MARTINS, Eduardo Alexandre; LIZ, Mariza Farias de. Políticas públicas e direitos do idoso ao lazer. *In*: RUSCHMANN, Doris van de Meene; SOLHA, Karina Toledo (orgs.). *Turismo e lazer para a pessoa idosa*. Barueri, SP: Manole, 2012. p. 285-297.

COZZOLINO, João Gabriel Martins; MATTOS, Mariana Moncorvo de. Direito à saúde e consentimento informado do idoso. *In*: GAMA, Guilherme Calmon Nogueira da (coord.). *Direitos da personalidade da pessoa idosa*. Curitiba: Appris, 2019.

CUPIS, Adriano de. *Os direitos da personalidade*. Lisboa: Livraria Morais, 1961.

CUPIS, Adriano de. *Os direitos da personalidade*. Tradução: Afonso Celso Furtado Rezende. São Paulo: Quórum, 2008.

DALLEGRAVE NETO, José Afonso. Normas regulamentadoras e saúde do trabalhador em tempos de coronavírus. *In*: BELMONTE, Alexandre Agra; MARTINEZ, Luciano; MARANHÃO, Ney (coords.). *O Direito do Trabalho na crise da Covid-19*. Salvador: JusPodivm, 2020. p. 239-256.

DAMILANO, Cláudio Teixeira; STÜRMER, Gilberto. O direito social ao trabalho em tempos de crise: uma análise à luz do princípio da solidariedade para garantia da dignidade da pessoa humana. *In*: PADILHA, Norma Sueli; VILLATORE, Marco Antônio (coords.). NAHAS, Thereza Christina; NACONESKI, Celina (orgs.). *O mundo do trabalho contemporâneo e os reflexos econômicos e sociais da pandemia pela Covid-19*. São Paulo: Matrioska, 2020. p. 83-98.

DELGADO, Mauricio Godinho. *Curso de direito do trabalho*. 16. ed. rev. e ampl. São Paulo: LTr, 2017.

DESENVOLVE 40+ Magalu: um programa de formação em tecnologia para maiores de 40 anos. *LET'S CODE*, 2021. Disponível em: <https://letscode.com.br/desenvolve-magalu>. Acesso em: 13 nov. 2021.

DORNELES, Leandro do Amaral D. de. Hipossuficiência e vulnerabilidade na teoria geral do direito do trabalho contemporânea. *Revista LTr*, v. 77, n. 3, p. 293-303, mar. 2013.

DWORKIN, Ronald. *Levando os direitos a sério*. Tradução: Nelson Boeira. São Paulo: Martins Fontes, 2002.

EM 2021, CNPq tem o menor orçamento do século 21. *Poder360*, 31 maio 2021. Disponível em: <https://www.poder360.com.br/educacao/em-2021-cnpq-tem-o-menor-orcamento-do-seculo-21/>. Acesso em: 14 out. 2021.

FELIX, Jorge. O idoso e o mercado de trabalho. *In*: ALCÂNTARA, Alexandre de Oliveira; CAMARANO, Ana Amélia; GIACOMIN, Karla Cristina (orgs.). *Política Nacional do Idoso*: novas e velhas questões. Rio de Janeiro: IPEA, 2016. p. 241-263.

FEUSER, Marja Mariane. *Políticas públicas na proteção dos envelhescentes contra atos de discriminação etária no mercado de trabalho formal*. 2020. 124 f. Dissertação (Mestrado em Direito) - Universidade do Extremo Sul Catarinense, Criciúma, 2020. Disponível em: <http://repositorio.unesc.net/bitstream/1/7662/1/Marja%20Mariane%20Feuser.pdf>. Acesso em: 4 nov. 2021.

FILIZOLA, Iana. Isenção do Imposto de Renda: saiba quando idosos podem dispor desse benefício. *Jornal Contábil*, 28 set. 2021. Disponível em: <https://www.jornalcontabil.com.br/isencao-do-imposto-de-renda-saiba-quando-idosos-podem-dispor-desse-beneficio/>. Acesso em: 19 jan. 2022.

FIORILLO, Celso Antonio Pacheco. *Curso de direito ambiental brasileiro*. 21. ed. São Paulo: Saraiva Educação, 2021.

FONTE, Felipe de Melo. *Políticas públicas e direitos fundamentais*: elementos de fundamentação do controle jurisdicional de políticas públicas no Estado Democrático de Direito. 2. ed. São Paulo: Saraiva, 2015.

FRANÇA, Rubens Limongi. Direitos da personalidade: coordenadas fundamentais. *In*: MENDES, Gilmar Ferreira; STOCO, Rui (orgs.). *Pessoas e domicílio*. São Paulo: Revista dos Tribunais, 2011. v. 3. p. 653-667. (Coleção doutrinas essenciais: direito civil, parte geral).

FURTADO, Emmanuel Teófilo. *Preconceito no trabalho e discriminação por idade*. São Paulo: LTr, 2004.

GARCIA, Maria. O direito do idoso à educação na sociedade contemporânea. *In*: CAVALCANTI, Ana Elizabeth Lapa Wanderley; LEITE, Flávia Piva Almeida; LISBOA,

Roberto Senise (coords.). *Direito da infância, juventude, idoso e pessoas com deficiência*. São Paulo: Atlas, 2014. p. 193-204.

GOLDENBERG, Mirian. *A bela velhice*. Rio de Janeiro: Record, 2013.

GONÇALVES, Diogo Costa. *Pessoa e direitos de personalidade*: fundamentação ontológica da tutela. Coimbra: Almedina, 2008.

HESSE, Konrad. *Temas fundamentais do direito constitucional*: textos selecionados e traduzidos por Carlos dos Santos Almeida, Gilmar Ferreira Mendes, Inocêncio Mártires Coelho. São Paulo: Saraiva, 2009.

HOWLETT, Michael; RAMESH, M.; PERL, Anthony. *Política pública*: seus ciclos e subsistemas: uma abordagem integradora. Tradução: Francisco G. Heidemann. Rio de Janeiro: Elsevier, 2013.

IBGE: crise ajudou a criar 1,3 milhões de desempregados. *G1*, 8 set. 2010. Disponível em: <http://g1.globo.com/economia-e-negocios/noticia/2010/09/ibge-crise-ajudou-a--criar-13-milhao-de-desempregados.html>. Acesso em: 14 out. 2021.

IGLECIAS, Patrícia. Direitos da personalidade e direito ao meio ambiente ecologicamente equilibrado: simbiose necessária. *In*: CORREIA, Atalá; CAPUCHO, Fábio Jun (coords.). *Direitos da personalidade*: a contribuição de Silmara J. A. Chinellato. Barueri, SP: Manole, 2019. p. 226-234.

INSTITUTO DE PESQUISA ECONÔMICA APLICADA (IPEA). *Nota Técnica n. 81*. Diretoria de Estudos e Políticas Sociais: Os dependentes da renda dos idosos e o coronavírus: órfãos ou novos pobres? 2020. Disponível em: <https://www.ipea.gov.br/portal/images/stories/PDFs/nota_tecnica/200724_nt_disoc_n_81_web.pdf>. Acesso em: 4 fev. 2021.

INSTITUTO DE PESQUISA ECONÔMICA APLICADA (IPEA). Nota Técnica. *Pobreza e crise econômica*: o que há de novo no Brasil metropolitano. Rio deJaneiro, 2009. Disponível em: <http://repositorio.ipea.gov.br/bitstream/11058/5817/1/NT_n01_Pobreza-crise-economica_Presidencia_2009-maio.pdf>. Acesso em: 20 nov. 2021.

INSTITUTO DE PESQUISA ECONÔMICA APLICADA (IPEA). O que é? Subprime. *Revista Desafios do Desenvolvimento*, ano 5, n. 45, 2008. Disponível em: <https://www.ipea.gov.br/desafios/index.php?option=com_content&view=article&id=2156:catid=28&Itemid=23>. Acesso em: 15 nov. 2021.

INTERNATIONAL LABOUR ORGANIZATION (ILO). *Global call to action*: for a human-centred recovery from the Covid-19 crisis that is inclusive, sustainable and resilient. 2021. Disponível em: <https://www.ilo.org/wcmsp5/groups/public/---ed_norm/---relconf/documents/meetingdocument/wcms_806092.pdf>. Acesso em: 10nov. 2021.

INTERNATIONAL LABOUR ORGANIZATION (ILO). *R162 - Older Workers Recommendation, 1980 (No. 162)*. 1980. Disponível em: <https://www.ilo.org/dyn/normlex/en/f?p=NORMLEXPUB:12100:0::NO::P12100_ILO_CODE:R162>. Acesso em: 9 nov. 2021.

INTERNATIONAL LABOUR ORGANIZATION (ILO). World Employment And Social Outlook (WESO). *Trends 2019 International Labour Office*. Geneva: ILO, 2019. Disponível em: <https://fpabramo.org.br/wp-content/uploads/2019/06/relatorio_oit.pdf>. Acesso em: 14 mar. 2021.

INTERNATIONAL TRADE UNION CONFEDERATION (ITUC). *ITUC Global Rights Index*: the world's worst countries for workers. 2019. Disponível em: <https://www.ituc-csi.org/IMG/pdf/2019-06-ituc-global-rights-index-2019-report-en-2.pdf>. Acesso em: 4 nov. 2021.

JESUÍNO, Jorge Correia *et al.* Contribuições para uma gerontologia crítica. *In*: SILVA, Antonia Oliveira; CAMARGO, Brigido Vizeu (orgs.). *Representações sociais do envelhecimento e da saúde*. Natal: EDUFRN, 2017. p. 59-83.

JORGE NETO, Francisco Ferreira; CAVALCANTE, Jouberto de Quadros Pessoa. *Direito do trabalho*. 9. ed. São Paulo: Atlas, 2019.

JUBILUT, Liliana Lyra. Itinerários para a proteção das minorias e dos grupos vulneráveis: os desafios conceituais e de estratégias de abordagem. *In*: JUBILU, Liliana Lyra; BAHIA, Alexandre Gustavo Melo Franco; MAGALHÃES, José Luiz Quadros de. (coords.). *Direito à diferença*: aspectos teóricos e conceituais da proteção às minorias e aos grupos vulneráveis. São Paulo: Saraiva, 2013. v. 1. p.13-30.

KAFRUNI, Simone. Desemprego afetou principalmente trabalhadores idosos no primeiro semestre. *Correio Braziliense*, 1 ago. 2020. Disponível em: <https://www.correiobraziliense.com.br/app/noticia/economia/2020/08/01/internas_economia,877445/desemprego-afetou-principalmente-trabalhadores-idosos-no-primeiro-seme.shtml>. Acesso em: 9 out. 2021.

KALACHE, Alexandre. Idadismo tóxico. *Folha de São Paulo*, 31 mar. 2021. Disponível em: <https://www1.folha.uol.com.br/folha-100-anos/2021/03/idadismo-toxico.shtml>. Acesso em: 10 nov. 2021.

KALACHE, Alexandre; LITVAK, Mórris. Idosos devem se preparar para o futuro do trabalho. *Folha de São Paulo*, 26 maio 2021. Disponível em: <https://www1.folha.uol.com.br/amp/folha-100-anos/2021/05/idosos-devem-se-preparar-para-futuro-do-trabalho.shtml>. Acesso em: 10 nov. 2021.

KANT, Immanuel. *Fundamentação da metafísica dos costumes*. Tradução: Paulo Quintela. Lisboa: Edições 70, 2007.

KLOSTER, Jalane Tansin. *Direitos da personalidade*: a discriminação no mercado de trabalho devido ao fator etário. 2009. 150 f. Dissertação (Mestrado em Ciências Jurídicas) – Centro Universitário de Maringá, Maringá, 2009.

KUHN, Thomas S. *A estrutura das revoluções científicas*. 5. ed. São Paulo: Perspectiva, 1997.

LA covid resucita el Estado del bienestar. *La Vanguardia*, 13 mar. 2021. Disponível em: <https://www.lavanguardia.com/economia/20210313/6374135/covid-resucita-estado-bienestar.html>. Acesso em: 12 abr. 2021.

LAIN, D. Working past 65 in the UK and the USA: segregation into 'Lopaq' occupations? Work Employment and Society, n. 26, p. 78-94, 2012. Disponível em: <https://journals.sagepub.com/doi/10.1177/0950017011426312>. Acesso em: 8 ago. 2023.

LEITE, Carlos Henrique Bezerra. *Curso de direito do trabalho*. São Paulo: Saraiva Jur, 2021.

LEVY, Becca R. *et al*. Longevity increased by positive self-perception of aging. *Journal of personality and social psychology*, Washington, v. 83, n. 2, p. 251-270, 2002. Disponível em: <https://www.apa.org/pubs/journals/releases/psp-832261.pdf>. Acesso em: 4 nov. 2021.

LEVY, Bel. Estudo analisa registro de óbitos por Covid-19 em 2020. *Fiocruz*, 25 ago. 2021. Disponível em: <https://portal.fiocruz.br/noticia/estudo-analisa-registro-de-obitos-por-covid-19-em-2020#:~:text=Nesse%20grupo%2C%20a%20faixa%20et%C3%A1ria,11%25%20mais%20de%2090%20anos>. Acesso em: 19 jan. 2022.

LUCCA, William de. Sindicato consegue que bancário volte ao teletrabalho. *Sindicato dos Bancários*, 27 jul. 2020. Disponível em: <https://spbancarios.com.br/07/2020/sindicato-consegue-que-bancario-volte-ao-teletrabalho>. Acesso em: 14 out. 2020.

MACIEL, José Fabio Rodrigues. Ações afirmativas e os direitos humanos. *In*: BUCCI, Daniela; SALA, José Blanes; CAMPOS, José Ribeiro de. (coords). *Direitos humanos*: proteção e promoção. São Paulo: Saraiva, 2012. p. 162-180.

MADALENO, Rolf. *Direito de família*. 10. ed. Rio de Janeiro: Forense, 2020.

MAGALHÃES, Maria Lúcia Cardoso de. A discriminação do trabalhador idoso - responsabilidade social das empresas e do estado. *Revista do Tribunal Regional do Trabalho da 3ª Região*, Belo Horizonte, v. 48, n. 78, p. 31-43, jul./dez. 2008. Disponível em: <https://www.trt3.jus.br/escola/download/revista/rev_78/maria_lucia_cardoso_magalhaes.pdf>. Acesso em: 4 nov. 2021.

MARCHIONDO, L. A.; GONZALES, E.; WILLIAMS, L. J. Trajectories of perceived workplace age discrimination and long-term associations with mental, self-rated, and occupational health. The Journals of Gerontology: Series B, Psychological Sciences and Social Sciences, 2017. Disponível em: <https://pubmed.ncbi.nlm.nih.gov/28977664/>. Acesso em: 7 ago. 2023.

MARQUES, Claudia Lima; MIRAGEM, Bruno. *O novo direito privado e a proteção dos vulneráveis*. 2. ed. rev., atual. e ampl. São Paulo: Revista dos Tribunais, 2014.

MARTINEZ, Luciano; SANTOS JÚNIOR, Aloísio Cristovam. O dever de acomodação razoável em favor dos empregados imunodeficientes nos tempos do coronavírus. *In*: BELMONTE, Alexandre Agra; MARTINEZ, Luciano; MARANHÃO, Ney (coords.). *O Direito do Trabalho na crise da Covid-19*. Salvador: JusPodivm, 2020. p. 257-277.

MARTINS, Sergio Pinto. *Direito do trabalho*. 28. ed. São Paulo: Atlas, 2012. MASCARO, Alysson Leandro. *Crise e pandemia*. São Paulo: Boitempo, 2020.

MATOS, Eneas. Direitos da personalidade: a reparação do dano à integridade física no Código Civil. *In*: CORREIA, Atalá; CAPUCHO, Fábio Jun (coords.). *Direitos da personalidade*: a contribuição de Silmara J. A. Chinellato. Barueri, SP: Manole, 2019. p. 118-141.

MELLO, Celso Antônio Bandeira de. *Conteúdo jurídico do princípio da igualdade*. 3. ed. Malheiros, 2000.

MELO, Raimundo Simão de. *Direito ambiental do trabalho e a saúde do trabalhador*: responsabilidades legais, dano material, dano moral, dano estétic, indenização pela perda de uma chance, prescrição. 5. ed. São Paulo: LTr, 2013.

MESSA, Ana Flávia. A proteção constitucional da pessoa idosa. *In*: MARTINS, Sérgio Pinto; MESSA, Ana Flávia (coords.). *Empresa e trabalho*: estudos em homenagem a Amador Paes de Almeida. São Paulo: Saraiva, 2010. p. 84-96. Disponível em: <https://bibliotecadigital.saraivaeducacao.com.br/epub/582648?title=Empresa%20e%20Trabalho%20-%20Estudos%20em%20homenagem%20a%20AMADOR%20PAES%20DE%20ALM EIDA,%201%C2%AA%20edi%C3%A7%C3%A3o>. Acesso em: 17 out. 2021.

MINISTÉRIO PÚBLICO DO TRABALHO (MPT). *Enunciados da CCR/MPT*. 2021. Disponível em: <https://mpt.mp.br/pgt/ccr/enunciados-da-ccr-mpt>. Acesso em: 9 out. 2021.

MINISTÉRIO PÚBLICO DO TRABALHO (MPT). *Nota Técnica 16/2020 do GT nacional Covid-19*. Nota Técnica sobre a proteção à saúde e igualdade de oportunidades no trabalho para trabalhadoras e trabalhadores do grupo de risco ao Covid-19 ou que convivam com familiares do grupo de risco em face das medidas governamentais de contenção da pandemia. Brasília, DF: MPT, [2020]. Disponível em: <https://mpt.mp.br/pgt/noticias/nota-tecnica-16-trabalhadores-e-trabalhadoras-grupo-de-risco-pgt-mpt.pdf>. Acesso em: 24 set. 2020.

MINISTÉRIO PÚBLICO DO TRABALHO (MPT). *Nota Técnica do GT Covid n. 5/2021*. Sobre cobertura vacinal como fator de proteção coletiva e de respeito aos direitos fundamentais dos trabalhadores e trabalhadoras no meio ambiente do trabalho. Brasília, DF: MPT, [2021]. Disponível em: <https://mpt.mp.br/pgt/noticias/nt-gt-covid-19-5-2021.pdf>. Acesso em: 6 nov. 2021.

MINISTÉRIO PÚBLICO DO TRABALHO (MPT). *Temário MPT*: tabela taxonômica e glossário. 2011. Disponível em: <https://www.cecult.ifch.unicamp.br/pf-cecult/public-files/projetos/10596/temario_completo_do_ministerio_publico_do_trabalho.pdf>. Acesso em: 11 jul. 2021.

MORAES, Guilherme Peña de; OLIVEIRA NETO, Hélio Nascimento de. Arts. 1º ao 10. *In*: ALCÂNTARA, Alexandre de Oliveira; MORAES, Guilherme Peña de; ALMEIDA, Luiz Cláudio Carvalho de (orgs.). *Estatuto da Pessoa Idosa*: comentários à Lei 10.741/2003. Indaiatuba, SP: Foco. p. 1-33.

NASCIMENTO, Amauri Mascaro; NASCIMENTO, Sônia Mascaro. *Curso de direito do trabalho*: história e teoria geral do direito do trabalho: relações individuais e coletivas do trabalho. 29. ed. São Paulo: Saraiva, 2014.

NERI, Marcelo C. *Desigualdade de impactos trabalhistas na pandemia*. Rio de Janeiro, RJ: FGVSocial, 2021.

NUNES, Danilo Henrique; SIQUEIRA, Dirceu Pereira; GONÇALVES, Thiago Florentino. O direito social ao lazer na transformação de estados constitucionais. *Revista Húmus*, v. 9, n. 25, p. 48-62, 2019. Disponível em: <http://www.periodicoseletronicos.ufma.br/index.php/revistahumus/article/view/10403>. Acesso em: 16 out. 2021.

ORGANIZAÇÃO DAS NAÇÕES UNIDAS (ONU). Assembleia Geral da ONU. *Declaração Universal dos Direitos Humanos*. 1948. Disponível em: <https://www.ohchr.org/EN/UDHR/Pages/Language.aspx?LangID=por>. Acesso em: 16out. 2021.

ORGANIZAÇÃO DAS NAÇÕES UNIDAS (ONU). Objetivos de Desenvolvimento Sustentável. *Transformando nosso mundo*: a Agenda 2030 para o desenvolvimento sustentável. Nova Iorque, 2015. Disponível em: <https://brasil.un.org/sites/default/files/2020-09/agenda2030-pt-br.pdf>. Acesso em: 12 nov. 2021.

ORGANIZAÇÃO DAS NAÇÕES UNIDAS (ONU). *Plano de ação internacional contra o envelhecimento*. Tradução: Arlene Santos. Brasília, DF: Secretaria Especial dos Direitos Humanos, 2003. v. 1. (Série Institucional em Direitos Humanos). Disponível em: <http://www.observatorionacionaldoidoso.fiocruz.br/biblioteca/_manual/5.pdf>. Acesso em: 4 nov. 2021.

ORGANIZAÇÃO DOS ESTADOS AMERICANOS (OEA). *Convenção Interamericana sobre a Proteção dos Direitos Humanos dos Idosos*. Acordado pelo Conselho Permanente na sessão realizada em 9 de junho de 2015. 2015. Disponível em: <http://www.ampid.org.br/v1/wp-content/uploads/2014/08/conven%C3%A7%C3%A3o-interamericana-sobre-a-prote%C3%A7%C3%A3o-dos-direitos-humanos-dos-idosos-OEA.pdf>. Acesso em: 2 ago. 2021.

ORGANIZACIÓN INTERNACIONAL DEL TRABAJO (OIT). *Coyuntura laboral en América Latina y el Caribe*: la inserción laboral de las personas mayores: necesidades y opciones. 2018. Disponível em: <https://repositorio.cepal.org/bitstream/handle/11362/43603/1/S1800398_es.pdf>. Acesso em: 4 nov. 2021.

PACHÁ, Andréa. *Velhos são os outros*. Rio de Janeiro: Intrínseca, 2018.

PAMPLONA FILHO, Rodolfo; CONI JUNIOR, Vicente Vasconcelos. A Lei Geral de Proteção de Dados Pessoais e seus impactos no direito do trabalho. *Revista Direito Unifacs – Debate virtual*, Salvador, n. 239, p. 1-42, maio 2020. Disponível em: <https://revistas.unifacs.br/index.php/redu/article/view/6744/4066>. Acesso em: 16 nov. 2020.

PAMPLONA FILHO, Rodolfo; MAISTRO JUNIOR, Gilberto Carlos. Autonomia privada coletiva, negociação coletiva e pluralidade sindical: reflexões sobre a possível superação democrática da crise do modelo sindical brasileiro. *In*: SILVA NETO, Manoel Jorge e (org.). *Desafios à autonomia negocial coletiva*: estudos em homenagem ao Professor José Augusto Rodrigues Pinto. Brasília: ESMPU, 2021. p. 297-329.

PAPALÉO NETTO, Matheus; SALLES, Renata Freitas Nogueira; CARVALHO, Maria Cristina Guapindaia. O estudo da velhice no século XX: histórico, definição do campo e termos básicos: considerações especiais sobre a terceira e quarta idades. *In*: PAPALÉO NETTO, Matheus; KITADAI, Fábio Takashi (eds.). *A quarta idade*: o desafio da longevidade. São Paulo: Atheneu, 2015. p. 35-47.

PARANÁ. Tribunal Regional do Trabalho da 9ª Região (TRT9). (3. Turma). *0001194-17.2013.5.09.0127*. Relator: Des. Thereza Cristina Gosdal, 3 de junho de 2015. Disponível em: <https://www.escavador.com/processos/790107/processo-0001194-1720135090127-do-trt-da-9-regiao>. Acesso em: 4 nov. 2021.

PAZ, Serafim Fortes. Trabalho na velhice: uma relação possível? *In*: DIAS, Jussara; FREIRE, Lucienne (orgs.). *Diversidade*: avanço conceitual para a educação profissional e o trabalho – ensaios e reflexões. Brasília: Oficina Internacional del Trabajo, 2002. p. 83-96. Disponível em: <https://www.mpma.mp.br/arquivos/CAOPDH/diversidade_avan%C3%A7o_conceitual_para_a_educa%C3%A7%C3%A3o_profissional_e_o_trabalho_2002.pdf>. Acesso em: 4 nov. 2021.

PINHEIRO, Iuri; SILVA, Fabricio Lima. *Manual do compliance trabalhista*: teoria e prática. Salvador: Juspodivm, 2020.

PIOVESAN, Flavia. Ações afirmativas da perspectiva dos direitos humanos. *Cadernos de Pesquisa*, v. 35, n. 124, p. 43-55, jan./abr. 2005. Disponível em: <https://www.scielo.br/j/cp/a/3bz9Ddq8YpxP87fXnhMZcJS/?format=pdf&lang=pt>. Acesso em: 4 nov. 2021.

PRINCÍPIOS das Nações Unidas para o Idoso. Resolução 46/91. Aprovada na Assembleia Geral das Nações Unidas, 16/12/1991. *UFRGS*, 2000. Disponível em: <https://www.ufrgs.br/bioetica/onuido.htm>. Acesso em: 14 out. 2021.

RAMOS, Paulo Roberto Barbosa. *Curso de direito do idoso*. São Paulo: Saraiva, 2014.

RAMOS, Paulo Roberto Barbosa. Direitos humanos e velhice. *In*: FERRAZ, Carolina Valença; LEITE, Glauber Salomão (coords.). *Direito à diversidade*. São Paulo: Atlas, 2015. p. 469-479.

RIBEIRO, Lauro. Direito do idoso. *In*: ANDRADE, Adriano *et al*. *Interesses difusos e coletivos*. Rio de Janeiro: Forense, 2018. v. 2. p. 583-642.

ROCHA, Maria Vital da; SOUZA, Rogério da Silva e. Qual a sua religião? O direito à intimidade religiosa enquanto direito da personalidade. *In*: CORREIA, Atalá; CAPUCHO, Fábio Jun (coords.). *Direitos da personalidade*: a contribuição de Silmara J. A. Chinellato. Barueri, SP: Manole, 2019. p. 203-225.

ROMERO, Dalia Elena *et al*. Idosos no contexto da pandemia da COVID-19 no Brasil: efeitos nas condições de saúde, renda e trabalho. *Cadernos de Saúde Pública*, v. 37, n. 3, p. 1-16, 2021. Disponível em: <https://www.scielo.br/j/csp/a/gXG5RYBXmdhc8ZtvKjt7kzc/?format=pdf&lang=pt>. Acesso em: 14 nov. 2021.

SANTA CATARINA. Tribunal Regional do Trabalho da 12ª Região (TRT12). (3ª Turma). *Recurso Ordinário n. 0003623-53.2011.5.12.0026*. Relator: José Erneso Manzi, 2 de julho de 2013. Disponível em: <https://trt-12.jusbrasil.com.br/jurisprudencia/643253498/recurso-ordinario-trabalhista-ro-36235320115120026-sc-0003623-5320115120026/inteiro-teor-643253597>. Acesso em: 4 nov. 2021.

SANTIN, Janaína Rigo. O idoso e o direito à saúde: evolução histórica e novas perspectivas. *In*: FERRAZ, Carolina Valença; LEITE, Glauber Salomão (coords.). *Direito* à diversidade. São Paulo: Atlas, 2015. p. 495-512.

SÃO PAULO. Tribunal Regional do Trabalho da 2ª Região (TRT2). *Ação Civil Coletiva n. 1000769-53.2020.5.02.0472*. Autor: Sindicato dos trabalhadores em empresas do ramo financeiro do grande ABC. Réu: Banco do Brasil SA. 2ª Vara do Trabalho de São Caetano do Sul, 5 de setembro de 2020. Disponível em: <https://pje.trt2.jus.br/consultaprocessual/detalhe-processo/10007695320205020472>. Acesso em: 30 set. 2020.

SARLET, Ingo Wolfgang. As dimensões da dignidade da pessoa humana: construindo uma compreensão jurídico-constitucional necessária e possível. *In*: SARLET, Ingo Wolfgang (org.). *Dimensões da dignidade*: ensaios de filosofia do direito e direito constitucional. Porto Alegre: Livraria do Advogado, 2005. p. 15-43.

SARLET, Ingo Wolfgang; FIGUEIREDO, Mariana Filchtiner. Reserva do possível, mínimo existencial e direito à saúde. *In*: SARLET, Ingo Wolfgang; TIMM, Lucino Benetti (orgs.). *Direitos fundamentais*: orçamento e reserva do possível. 2. ed. rev. e ampl. Porto Alegre: Livraria do Advogado, 2010. p. 13-50.

SARMENTO, Daniel. *Direitos fundamentais e relações privadas*. Rio de Janeiro: Lumen Juris, 2004.

SAYEG, Ricardo; BALERA, Wagner. *O capitalismo humanista*. Petrópolis: KBR, 2011.

SCHREIBER, Anderson. *Direitos da personalidade*. 3. ed. São Paulo: Atlas, 2014.

SCHUCH, Patrice; VÍCTORA, Ceres Gomes; SIQUEIRA, Monalisa Dias de. Cuidado e controle na gestão da velhice em tempos de Covid-19. *In*: MATTA, Gustavo Corrêa *et al*. (eds.). *Os impactos sociais da Covid-19 no Brasil*: populações vulnerabilizadas e respostas à pandemia. Rio de Janeiro: Observatório Covid 19; Fiocruz, 2021. p. 149-157. Disponível em: https://books.scielo.org/id/r3hc2/pdf/matta-9786557080320-14.pdf. Acesso em: 14 nov. 2021.

SHIPPEE, T.; SCHAFER, M.; SHIPPEE, N.; RINALDO, L. Long-term effects of age discrimination on mental health: The role of perceived financial hardship. *The Journals of Gerontology*: Series B, Psychological Sciences and Social Sciences, v. 74, n. 4, p. 664-974, 2017. Disponível em: <https://pubmed.ncbi.nlm.nih.gov/30977512/>. Acesso em: 8 ago. 2023.

SILVA, Leda Maria Messias da; CATTELAN, Jefferson Luiz. O assédio moral à luz da reforma trabalhista e a dignidade do empregado. *Revista da Faculdade de Direito do Sul de Minas*, Pouso Alegre, v. 36, n. 1, p. 237-256, jan./jun. 2020. Disponível em: <https://www.fdsm.edu.br/conteudo/artigos/38f0b2db8d0499969aebcabbb152d43f.pdf>. Acesso em: 18 abr. 2021.

SILVA, Leda Maria Messias da. Inconstitucionalidade da sobreposição do negociado em relação ao legislado na Lei n. 13.467/2017 e a dignidade do trabalhador. 58º Congresso Brasileiro de Direito do Trabalho. *In*: Congresso Brasileiro de Direito do Trabalho da LTr, 58., 2018, São Paulo. *Anais* [...]. São Paulo: LTr, 2018. p. 32. Disponível em: https://docplayer.com.br/123130428-Jornal-58o-congresso-brasileiro-de-direito-do--trabalho.html. Acesso em 12 jul. 2021.

SILVA, Leda Maria Messias; PEREIRA, Marice Taques. *Docência (in)digna*: o meio ambiente laboral do professor e as consequências em seus direitos da personalidade. São Paulo: LTr, 2013.

SILVA, Nilson Tadeu Reis Campos. *Direito do idoso*: tutela jurídica constitucional. Curitiba: Juruá, 2012.

SILVA, Otávio Pinto e. Liberdade sindical. *In*: MASSONI, Túlio; COLUMBU,Francesca (orgs.). *Sindicatos e autonomia privada coletiva*: perspectivascontemporâneas. São Paulo: Almedina, 2018. p. 57-76.

SIQUEIRA, Monalisa Dias de. Narrativas de adoecimento, vulnerabilidade e dependência: atuação política e reivindicação de políticas públicas para idoso. Interseções, Rio de Janeiro, v. 15, n. 2, p. 275-300, dez. 2013. Disponível em: <https://www.e-publicacoes.uerj.br/index.php/intersecoes/article/view/9507/7359>. Acesso em: 18 abr. 2021.

SIS 2016: 67,7% dos idosos ocupados começaram a trabalhar com até 14 anos. Agência IBGE, 2 dez. 2016. Disponível em: <https://censo2010.ibge.gov.br/noticias-censo.html?busca=1&idnoticia=3326&t=sis-2016-67-7idosos-ocupados-comecaram-trabalhar-14anos&view=noticia>. Acesso em 14 out. 2021.

SOUSA, Eliane Ferreira de. *Direito à educação*: requisito para o desenvolvimento do País. São Paulo: Saraiva, 2010.

SOUZA, Edinilsa Ramos de *et al*. O idoso sob o olhar do outro. *In*: MINAYO, Maria Cecília de Souza; COIMBRA JUNIOR, Carlos E. A. (orgs.). *Antropologia, saúde e envelhecimento*. Rio de Janeiro: Fiocruz, 2002. p. 191-209.

STANDING, Guy. *O precariado*: a nova classe perigosa. Tradução: Cristina Antunes. Belo Horizonte: Autêntica, 2014.

STEPANSKI, Daizy Valmorbida. Um Estatuto para uma Sociedade em Movimento.*In*: STEPANSKI, Daizy Valmorbida; COSTA FILHO, Waldir Macieira da; MULLER, Neusa Pivatto (orgs.). *Estatuto da Pessoa Idosa*: dignidade humana como foco. Brasília, DF: Secretaria de Direitos Humanos, 2013. p. 55-70.

SUPREMO TRIBUNAL FEDERAL. Tabelamento de dano moral na CLT não é teto para indenizações, decide STF. Disponível em: https://portal.stf.jus.br/noticias/verNoticiaDetalhe.asp?idConteudo=509630&ori=1. Acesso em: 12 nov. 2023.

SZANIAWSKI, Elimar. *Direitos da personalidade e sua tutela*. 2. ed. rev., atual. e ampl. São Paulo: Revista dos Tribunais, 2005.

TAVARES, Marcia. Os 8 profissionais que irão gerenciar a longevidade (e a diversidade etária) nas empresas. *Weage*, 5 fev. 2020. Disponível em: <https://weage.com.br/site/os-8-profissionais-que-irao-gerenciar-a-longevidade-e-a-diversidade-etaria-nas-empresas/>. Acesso em: 18 abr. 2021.

TEIXEIRA, João Luís Vieira. *O assédio moral no trabalho*: conceito, causas e efeitos, liderança *versus* assédio, valoração do dano e sua prevenção. 3. ed. São Paulo: LTr, 2016.

TEIXEIRA, Selena Mesquita de Oliveira *et al*. Reflexões acerca do estigma do envelhecer na contemporaneidade. *Estudos interdisciplinares sobre o envelhecimento*, Porto Alegre, v. 20, n. 2, p. 503-515, ago. 2015. Disponível em: <https://seer.ufrgs.br/RevEnvelhecer/article/view/45346/35454>. Acesso em: 18 abr. 2021.

VATICANO. Carta Encíclica. *Encíclica Rerum Novarum*. Do Sumo Pontífice Papa Leão XIII. A todos os nossos veneráveis irmãos, os patriarcas, primazes, arcebispos e bispos do orbe católico, em graça e comunhão com a sé apostólica. Sobre a condição dos operários. Roma, 15 maio 1891. Disponível em: <https://www.vatican.va/content/leo-xiii/pt/encyclicals/documents/hf_l-xiii_enc_15051891_rerum-novarum.html>. Acesso em: 15 nov. 2021.

VELHICE não é doença: SBGG atua em defesa da causa. *SBGG*, 24 out. 2021. Disponível em: <https://sbgg.org.br/velhice-nao-e-doenca-sbgg-atua-em-defesa-da--causa/>. Acesso em: 14 nov. 2021.

VELLAS, Pierre. *As oportunidades da terceira idade*. Tradução: Claudio Stieltjes e Regina Taam. Maringá: Eduem, 2009.

VIITASALO, N.; NÄTTI, J. Perceived age discrimination atwork and subsequent long-term sickness absence among Finnish employees. *Journal of Occupational and Environmental Medicine*, v. 57, n. 7, p. 801-805, 2015. Disponível em: <https://pubmed.ncbi.nlm.nih.gov/26147548/>. Acesso em: 7 ago. 2023.

VILAS BOAS, Marco Antonio. *Estatuto da Pessoa Idosa comentado*. 5. ed. Rio de Janeiro:Forense, 2015.

VILLAR, Pilar Carolina; CIBIM, Juliana Cassano. Direito ambiental, sustentabilidade e as empresas. In: VILLAR, Pilar Carolina; CIBIM, Juliana Cassano (coords.). Direito, gestão e prática: direito ambiental empresarial. São Paulo: Saraiva, 2017.p. 363-390.

WORLD HEALTH ORGANIZATION (WHO). Global Campaing to combat ageism. Global report on ageism. 2021. Disponível em: <https://www.who.int/publications/i/item/9789240016866>. Acesso em: 18 abr. 2021.

WORLD HEALTH ORGANIZATION (WHO). Organização Pan-Americana da Saúde (OPAS). *Envelhecimento ativo*: uma política de saúde. Tradução: Suzana Gontijo. Brasília, DF: OPAS, 2005. Disponível em: <https://bvsms.saude.gov.br/bvs/publicacoes/envelhecimento_ativo.pdf>. Acesso em: 18 abr. 2021.

WOLOWSKI, Matheus Ribeiro de Oliveira. *O assédio moral por excesso de trabalho*: uma abordagem teórica e empírica. São Paulo: LTr, 2018.

WYZYKOWSKI, Adriana. *Autonomia privada e vulnerabilidade do empregado*: critérios para o exercício da liberdade negocial individual no direito do trabalho. Rio de Janeiro: Lumen Juris, 2019.

ZENNI, Alessandro Severino Vallér; TERRA, João Lucas Silva. Vulnerabilidade do deficiente e a educação como instrumento da consecução do direito de ser pessoa. *In*: SILVA, Nilson Tadeu Reis Campos (org.). *O direito e as pessoas vulneráveis na contemporaneidade*. Rio de Janeiro: Lumen Juris, 2016. p. 75-104.